DOMINIK TROTTIER

ULTREYA

AUF DEM

CAMINO

ein Reisebericht vom Jakobsweg

Im Sinne des Persönlichkeitsrechts, wurden die Namen und andere Angaben einiger der in diesem Buch beschriebenen Personen entfremdet.

© 2019 Dominik Trottier

1. Auflage Januar 2019

Alle Fotos vom Autor privat
Umschlaggestaltung und Karte: Dominik Trottier
Druck: epubli - www.epubli.de; ein Service der Neopubli GmbH, Köpenicker Straße 154a, 10997 Berlin

ISBN Taschenbuch: 978-3-748501-76-3
ISBN eBook: 978-3-748504-78-8

Das Werk, einschließlich seiner Teile, ist urheberrechtlich geschützt. Jede Verwertung ist ohne Zustimmung des Autors unzulässig. Dies gilt insbesondere für die elektronische oder sonstige Vervielfältigung, Übersetzung, Verbreitung und öffentliche Zugänglichmachung.

Bibliografische Information der Deutschen Nationalbibliothek:
Die Deutsche Nationalbibliothek verzeichnet diese Publikation in der Deutschen Nationalbibliografie; detaillierte bibliografische Daten sind im Internet über http://dnb.d-nb.de abrufbar.

»Your work is going to fill a large part of your life, and the only way to be truly satisfied is to do what you believe is great work. And the only way to do great work is to love what you do. If you haven't found it yet, keep looking. Don't settle. As with all matters of the heart, you'll know when you find it.«

- **Steve Jobs**, Rede vor den Absolventen der Standford Universität (12. Juni 2005)

Inhalt

Vorwort	9

Südfrankreich

04. April 2012: Saint-Jean-Pied-de-Port	16

Navarra

05. April 2012: Roncesvalles	32
06. April 2012: Zubiri	49
07. April 2012: Pamplona	59
08. April 2012: Puente la Reina	72
09. April 2012: Estella	79
10. April 2012: Los Arcos	89

La Rioja

11. April 2012: Logroño	98
12. April 2012: Nájera	109
13. April 2012: Santo Domingo de la Calzada	119

Kastilien und León

14. April 2012: Belorado	126
15. April 2012: Agés	134
16. April 2012: Burgos	140
17. April 2012: Castrojeriz	145

18. April 2012: Frómista	152
19. April 2012: Carrión de los Condes	156
20. April 2012: Sahagún	161
21. April 2012: El Burgo Ranero	167
22. April 2012: León	170
23. April 2012: León	182
24. April 2012: Villar de Mazarife	187
25. April 2012: Astorga	191
26. April 2012: Foncebadón	198
27. April 2012: Ponferrada	206
28. April 2012: Villafranca del Bierzo	211

Galicien

29. April 2012: O Cebreiro	216
30. April 2012: Sarria	224
01. Mai 2012: Portomarín	231
02. Mai 2012: Palas de Rei	235
03. Mai 2012: Arzúa	239
04. Mai 2012: Santiago de Compostela	242
05. Mai 2012: Fisterra	254

| Nachwort | 265 |

Vorwort

Als ich im März 2012 nach mehrmonatiger Vorbereitung aufgrund einer Bewerbung nach Hamburg flog, glaubte ich fest daran, meinen Traum wahr werden lassen zu können. Lange habe ich auf diesen Tag gewartet, um mir endlich meinen Wunsch erfüllen zu können. Den Wunsch vom Traumberuf. Schon als kleines Kind war ich immer davon fasziniert.

Je älter ich wurde, desto mehr wuchs das Interesse an dem Beruf. Neben Feuerwehrmann, Lokführer oder Baggerfahrer, war mein erster ernstzunehmender Berufswunsch tatsächlich von Dauer und hält bis heute an.

Nach erfolgreich absolviertem Abitur, habe ich mich Ende 2011 schließlich bei einer der weltweit größten Airlines ziviler Luftfahrt für eine Ausbildung zum Piloten beworben. Nur wenige Wochen später erhielt ich von der Lufthansa eine Einladung zur Berufsgrunduntersuchung beim Deutschen Zentrum für Luft- und Raumfahrt (DLR).

Anhand mehrerer Tests soll hierbei festgestellt werden, ob der Bewerber grundsätzlich für den Beruf des Piloten geeignet ist. Abgefragt werden unter anderem Englisch-, Mathematik-, Physik- und Technikkenntnisse. Aber auch Bereiche wie Konzentration, logisches Denkvermögen und Merkfähigkeit werden geprüft.

Sofern diese Instanz erfolgreich durchlaufen wird, folgt innerhalb der nächsten Monate die sogenannte Firmenqualifikation. An zwei aufeinanderfolgenden Tagen nimmt der potentiell spätere Arbeitgeber an dieser Stelle die Persönlichkeit und damit die Konzerntauglichkeit der Bewerber unter die Lupe. Mithilfe unterschiedlicher Stresstests, wie etwa dem Interview mit einem renommierten Auswahlkapitän, Streitgespräche mit Psychologen und einem Flug im Simulator, wird festgestellt, ob die Kandidaten die grundlegenden Eigenschaften mitbringen, die es zum zukünftigen Lufthansa Mitarbeiter braucht.

Besteht man auch diese Teststufe, entscheidet sich letztlich bei der medizinischen Untersuchung, dem Medical, ob man eine Zusage für die Ausbildung bekommt und somit dem Traum vom Fliegen ein ganzes Stück näher rückt.

Nur ein Bruchteil der Bewerber besteht alle drei Untersuchungen, die sich über mehrere Monate verteilen. Genaue Zahlen sind nicht bekannt, aber man geht von etwa sechstausendfünfhundert Bewerbern im Jahr aus, von denen es lediglich fünf bis acht Prozent nach Bremen zur Verkehrsfliegerschule, beziehungsweise später zum Lufthansa Airline Training Center nach Phoenix in Arizona schaffen.

Die Bewerbung selbst kostet keinen müden Cent. Sogar Ausgaben für An- und Abreise sowie eine Übernachtung werden von einer in meinen Augen recht großzügigen Pauschale abgedeckt, die die Lufthansa den Bewerbern zurückerstattet. Auf diese Weise kann wirklich jeder sein Glück versuchen, ohne dafür tief in die Tasche greifen zu müssen. Das handhaben andere Airlines grundverschieden. Air Berlin beispielsweise zwackt jedem Bewerber rund vierhundert Euro ab, um überhaupt erst am Eignungstest teilnehmen zu können. Auch bei Swiss Air, ein Tochterunternehmen der Lufthansa, werden immerhin knapp zweihundert Euro fällig, wobei sich das Bewerbungsprozedere dort auf einen nochmal deutlich längeren Zeitraum ausbreitet. Die Anfahrtskosten, geschweige denn eine Übernachtung im teuren Zürich, werden hier nicht übernommen.

Des Weiteren unterscheidet sich die Lufthansa von anderen Fluggesellschaften auch darin, dass sie die Ausbildung der Nachwuchspiloten komplett vorfinanziert. Erst nach Berufseinstieg und der Auszahlung des ersten Gehalts, beginnen die Berufsanfänger den Kredit für ihre Ausbildung zu tilgen.

Zwar ist es möglich über eine private Flugschule aus eigener Tasche an die ersehnte Fluglizenz zu gelangen, allerdings stellt dies aufgrund der enorm hohen Kosten ein nur wenig kalkulierbares finanzielles Risiko dar. Denn die Garantie anschließend einen Job zu bekommen, fehlt hierbei gänzlich.

Wer bereit ist sich für bis zu zwölf Jahre dem Militär zu verpflichten, für den stellt nicht zuletzt die Ausbildung zum Flugzeugführer bei der Luftwaffe eine durchaus in Betracht zu ziehende Alternative dar. Nach dieser Zeit können sich Bundeswehrpiloten auf die zivile Luftfahrt umschulen lassen und sich damit bei kommerziellen Airlines weltweit bewerben. Da die Ausbildung und deren Folgejahre jedoch auch Auslandseinsätze in Krisengebieten beinhaltet, habe ich diese Option für mich persönlich frühzeitig ausgeschlossen.

Um Berufspilot zu werden und zukünftig das Cockpit sein Büro taufen zu können, ziehen die meisten Aeronauten in spe wohl gerade wegen den attraktiven Konditionen ausschließlich die Ausbildung bei der Lufthansa in Erwägung. Kaum einer der vielen jungen Luftfahrt-Enthusiasten lässt sich diese Gelegenheit entgehen, was sich folglich Jahr für Jahr in Form einer buchstäblichen Bewerberflut auswirkt. Dass sich bei der Airline mit dem Kranich auch Hinz und Kunz bewerben, macht sich spätestens bemerkbar, wenn man schließlich im Prüfungsraum des DLR in Hamburg zwischen neununddreißig weiteren Bewerbern sitzt und den Blick einmal im Raum schweifen lässt.

Vereinzelt hocken da total entspannte Kandidaten, die nichts zu verlieren haben und gänzlich unvorbereitet einfach ihr Glück herausfordern. Völlig gelassen raten sie einfach darauf los, ohne zu wissen worum es wirklich geht.

Auf der anderen Seite zittern hier junge Menschen um die Chance ihres Lebens. Sie wissen, warum sie hier sind und was auf dem Spiel steht. Diese Bewerber, zu denen auch ich mich zähle, haben sich lange und äußerst intensiv auf die Berufsgrunduntersuchung vorbereitet. Dabei galten neben einigen Standardwerken, vor allem sämtliche Erfahrungsberichte aus dem Internet als die wichtigste Lektüre. Schließlich ist es essentiell, sich vorab ein möglichst detailliertes Bild vom Ablauf der Tests zu machen.

Die Bewerbung bei der Lufthansa bietet nicht nur die ganz große Gelegenheit, einen der in unserer Gesellschaft wohl angesehensten Berufe bei einer der wohl renommiertesten Konzerne auszuüben, sondern sich zudem auch einen dauerhaften Fensterplatz ganz vorne im Flugzeug sichern zu können. Beides sind zweifelsohne hoch motivierende Argumente, aber es geht um so viel mehr als das. Es geht um meine Leidenschaft, der Traum vom Beruf des Piloten.

Der Druck ist enorm hoch. Gehört man nicht zu den Glücklichen, bleiben einem die Türen zur Pilotenausbildung bei der Lufthansa für immer verschlossen. Die Tests sind einmalig und lassen sich nicht wiederholen. Sollte ich bei den Untersuchungen scheitern, hat sich mein Traum ausgeträumt.

Da ich zuvor noch nie in Hamburg gewesen bin, hing ich zum Sightseeing drei Übernachtungen an meinen eigentlichen Aufenthalt an. Die Hansestadt gefiel mir gut, weshalb ich eigentlich nur sehr ungern schon die Heimreise antreten wollte.

Um am Bahnhof dann auf die obligatorisch verspätete Deutsche Bahn zu warten, setzte ich mich zunächst auf eine Bank. Plötzlich klingelte mein Handy.

»Hi, Mum«, nahm ich den Anruf meiner Mutter entgegen.

»Post von der Lufthansa«, flüsterte sie nur nervös.

Wow, das ging schnell. Aus Internetforen war ich informiert, dass Zu- und Absagen bereits wenige Tage nach den Tests im Briefkasten landen können. Angeblich soll es aber auch Fälle gegeben haben, in denen die ersehnte Post durchaus mehrere Wochen auf sich hat warten lassen. Besonders schlaue Füchse behaupteten außerdem herausgefunden zu haben, dass sich schon allein anhand des Formats des Briefumschlags entweder die frohe Nachricht oder die Hiobsbotschaft erkennen lässt.

»Mach ihn auf«, war alles, was ich zittrig über die Lippen bekam.

Meine Mutter zögerte nicht eine Sekunde, den Kuvert zu öffnen und mir den gesamten Inhalt des Briefs laut vorzulesen. Doch schon der erste Satz genügte, um mir einen alles entscheidenden Tritt in die Magengrube zu verpassen.

Von einem Moment auf den nächsten hatte sich meine größte Befürchtung bewahrheitet. Eine Absage. Der Traum war geplatzt. Und ich am Boden zerstört. Die anschließend fast sechsstündige Zugfahrt nachhause war grausam.

Weil ich über Jahre derart viel Hoffnung in die Bewerbung bei der Lufthansa gelegt hatte, verschwendete ich zuvor kaum Gedanken an Arbeit, Ausbildung oder Studium. Für mich persönlich war mein beruflicher Werdegang absolut klar.

Daher hielt ich es auch nicht für notwendig mich zu fragen: »Was wäre wenn…?«

Nun aber hatte ich die Gewissheit. Aus mir wird kein Pilot. Ich muss einen anderen Weg gehen.

Fürs Erste brauchte ich vor allem zwei Dinge. Zeit, um mir über meine Zukunft Gedanken zu machen. Und Abstand, um den Kopf freizubekommen sowie zuhause nicht tagtäglich an die Monate der vergeblichen Vorbereitung erinnert zu werden.

Auf der Suche nach einem neuen Ziel, einer neuen Herausforderung und nicht zuletzt einem Erfolgserlebnis, fasste ich mir einen ganz besonderen Weg ins Auge. Ich hoffte, dass mich dieser Vergangenes verarbeiten lassen und für Neues öffnen würde.

Anfang April 2012, nur zwei Wochen nach den Untersuchungen beim DLR, saß ich schließlich im Fernreisebus nach Südfrankreich. Ich begab mich auf den Jakobsweg nach Santiago de Compostela. Dort wurde ich in dreißig Tagen nicht nur zum Pilger, sondern auf knapp achthundert Kilometern auch zu einem anderen Menschen. Meine Erfahrungen habe ich in diesem Buch festgehalten.

Augsburg, im Mai 2012
Dominik Trottier

SÜD-
FRANKREICH

04. April 2012
Saint-Jean-Pied-de-Port

Ich fühle mich jetzt schon wie gerädert. Dabei bin ich noch keinen Meter gepilgert. Die alles andere als komfortable, planmäßig etwa vierundzwanzigstündige Busfahrt nach Bayonne im Süden Frankreichs fordert mich und meinen Körper bereits dermaßen heraus. Ich bin todmüde und kann mir nur schwer vorstellen, ab morgen mehrere Dutzend Kilometer Tag für Tag quer durch Spanien gen Westen zu flanieren. Alleine der Gedanke daran, das mit meinem viel zu schweren Gepäck zu tun, nimmt mir einen Teil der noch anhaltenden Vorfreude.

Als ob die Fahrt nicht schon lange und unangenehm genug gewesen wäre, verzögert sie sich zum Ärger aller Fahrgäste um ganze fünf Stunden. Da die Hydraulik des Buses einen Defekt aufwies, musste der Fahrer rechts anhalten und nach kurzer Inspektion telefonisch ein Ersatzteil ordern.

Mitten in der Pampa, nur wenige Kilometer von meinem eigentlichen Zielort entfernt, warten wir nun in den frühen Morgenstunden auf den französischen ADAC. Da wir keinerlei Informationen bekommen, wie lange das denn dauern könnte, gehe ich ähnlich wie bei Klausuren aus vergangenen Schultagen erstmal vom Schlimmsten aus. Vermutlich werden sich die Kollegen nämlich erstmal in aller Ruhe einen Kaffee gönnen und von Gott weiß woher anfahren müssen. Sollten sie aber unerwartet früher eintreffen, freue ich mich darüber umso mehr.

Um die Warterei zu überbrücken, habe ich nun die Qual der Wahl. Zwar ist es im Bus immerhin kuschlig warm, allerdings scheint nahezu jeder Fahrgast stark erkältet zu sein. Während ich hier Gefahr laufe, mich ihrer Riege anzuschließen, droht mir draußen an der immerhin frischen Luft, bei wiederum Minusgraden, der Hintern abzufrieren. Wie ich mich auch entscheide, in beiden Fällen scheint ein grippaler Infekt unausweichlich.

Für einen Augenblick überlege ich, ob ich nicht einfach von hier meine Pilgerreise beginnen soll. Allerdings verdränge ich diesen dummen Gedanken so schnell, wie er gekommen ist und begebe mich schließlich auf die Suche nach Sauerstoff.

Vor dem Bus bildet sich ein kleiner Stehkreis aus jungen Leuten, die ebenfalls vor der abgestandenen und längst aufgebrauchten Luft nach draußen geflohen sind. Ich schließe mich ihnen an und wir kommen ins Gespräch.

Es dauert nicht lange und schon haben wir unsere größte Gemeinsamkeit gefunden, die sich ausgesprochen noch etwas merkwürdig anhört: »Wir sind Pilger.«

Zwar haben wir noch keinen Fuß auf den Jakobsweg gesetzt, ein gemeinsames Ziel teilen wir aber schon jetzt.

Da wir seit mehr als vierundzwanzig Stunden kein Wort mehr gesprochen, geschweige denn mit jemand anderem uns über das Pilgern unterhalten haben, sind wir froh, nach dieser langen Zeit endlich Mitstreiter und Gleichgesinnte gefunden zu haben.

Während wir uns über die traumatische Busodyssee austauschen, stelle ich glücklich fest, dass ich soeben meine allerersten Pilgerbekanntschaften gemacht habe. Jedoch zeigt sich schnell, dass wir uns auf dem Jakobsweg voraussichtlich kein einziges Mal begegnen werden.

Abfahrt in Augsburg

»Steigt ihr auch in Bayonne aus?«, frage ich noch hoffnungsvoll.

Kollektives Kopfschütteln.

»Ich fange in León an. Das sind mindestens nochmal vier Stunden Fahrt von hier.«, stellt einer von ihnen ernüchternd fest.

Es folgen vier weitere Pilger, die erzählen, dass sie lediglich knapp zwei- bis dreihundert Kilometer vor Santiago auf dem Jakobsweg einsteigen werden. Eine von ihnen läuft sogar eine völlig andere Route, weiter nördlich direkt an der Küste entlang.

Offensichtlich bin ich in der Gruppe der Einzige, der sich vier Wochen Zeit genommen hat, um die meines Wissens wohl bekannteste und auch klassische Route des Jakobswegs zu pilgern, den Camino Francés. Von meinem gewählten Startpunkt werde ich knapp achthundert Kilometer zurücklegen müssen, um nach Santiago de Compostela zu gelangen.

Auf einmal kommen in mir starke Zweifel an meinem Vorhaben auf. War ich zu blauäugig, diese Reise ohne jegliche Pilgererfahrung anzutreten? Habe ich das Ganze womöglich total unterschätzt? Ist es übermütig oder gar naiv von mir zu glauben, morgen Früh bei Wind und Wetter die Pyrenäen überqueren zu können?

Vielleicht sollte ich auch einfach im Bus sitzen bleiben und nur etwa ein Drittel der ursprünglich geplanten Strecke laufen. Ich kann ja jederzeit wieder herkommen und dann das nächste Mal eine größere Distanz absolvieren.

Vor der Abreise war ich doch noch so zuversichtlich. Jetzt stell ich plötzlich alles in Frage. Ich wollte eine Herausforderung? Hier habe ich sie! Nach einem ersten Gespräch mit blutigen Pilgeranfängern wie mich selbst, bereits die Flinte ins Korn zu werfen und meine Ziele aus purem Respekt runterzuschrauben, entspricht nicht meinem sportlichen Ehrgeiz. In letzter Sekunde einen Rückzieher von meinem festen Entschluss machen? Mit diesem Gedanken kann und will ich mich nicht anfreunden und so bleibe ich nun dabei. Ich werde in Bayonne aussteigen und von dort mit dem Zug an den Ort fahren, wo schon so viele Menschen vor mir ihre ersten Pilgergehversuche erfolgreich unternommen haben.

Irgendwann tauchen die übermüdeten Mechaniker auf und reparieren unseren Bus im Halbschlaf. Wir vertreten uns noch ein wenig die Füße und als wir zurückkommen, kann die Fahrt endlich weiter gehen.

Nach nicht mal einer Stunde, nehmen wir im Morgengrauen schließlich eine Ausfahrt und halten nur wenige Meter später auf dem Seitenstreifen rechts an. Eine erneute Panne wird das wohl kaum sein. Oder?

Dann höre ich den Busfahrer über die Lautsprecher durchsagen: »Bayonne.«

Ach echt? Hier? Etwas provisorisch diese Haltestelle, aber bitte. Immerhin hat diese abenteuerliche Busfahrt nun ein Ende.

Weil ich im gesamten Bus tatsächlich der Einzige bin, der hier aussteigen möchte, geht auf einmal alles ganz schnell. Mit einem »Buen camino!« von meinen Pilgerkollegen verlasse ich den Bus. Draußen wird mir mein Rucksack vom Fahrer unsanft zugeworfen. Danach schließt er die Türen und fährt ab. Ohne mich. Ich stehe nur da und schaue dem Bus hinterher. Als er wieder auf die Autobahn auffährt, drehe ich mich um und versuche mich zu orientieren. Es scheint nun loszugehen.

Offiziell gesehen bin ich ja bereits ein waschechter Pilger. So steht es zumindest im *credencial*, meinem Pilgerausweis. Deshalb zähle ich die Busfahrt auch schon irgendwie zu meiner Pilgerreise. In gewisser Weise ist sie mein erstes Highlight. Hoffentlich folgen noch einige positivere Höhepunkte.

Lediglich meinen engsten Freunden habe ich von meinem Projekt erzählt. Das Projekt Jakobsweg. Bei allen Anderen sprach ich geheimnisvoll von einem »einmonatigem Spanienaufenthalt«.

Ähnlich geheimnisvoll läutete ich zudem meinen zeitweiligen social-media-Entzug ein, indem ich mit »Ich bin dann mal weg« einen vorerst letzten Statuseintrag auf Facebook verfasste. Eigentlich war ich davon überzeugt, dass viele den Titel des überaus erfolgreichen Buchs kennen und schlussfolgern würden, dass ich mich auf den Jakobsweg begeben werde. Offensichtlich war es aber nicht offensichtlich genug. Zumindest lautete der erste Kommentar auf meinen Eintrag: »Wohin geht´s?«

Es geht zunächst nach Saint-Jean-Pied-de-Port. Ein an Spanien grenzendes, französisches Städtchen, in dem ich und voraussichtlich viele Andere das Pilgerabenteuer beginnen werden.

Von dort werde ich dann ab morgen frohen Mutes die besagten achthundert Kilometer durch Nordspanien marschieren und dabei gleich vier spanische Regionen kennen lernen: Navarra, La Rioja, Kastilien und León sowie Galicien. Außerdem schlängelt sich der Camino Francés durch viele interessante und mir aus dem Spanischunterricht bekannte Großstädte wie Pamplona, Logroño, Burgos, León und schließlich Santiago de Compostela.

Während ich am Stadtrand von Bayonne das Industriegebiet durchquere, bin ich zunächst etwas überfordert mit der Situation. Der Busfahrer hat mich geradezu irgendwo im Nirgendwo aussteigen lassen. Lange Zeit irre ich einfach nur dumm umher und finde nichts, was mir den Weg zum Bahnhof dieser Stadt weist.

Schließlich spreche ich einen Passanten auf dem Gehweg an. Ich habe Glück, denn er kann mir helfen und immerhin auf Spanisch eine kurze Wegbeschreibung geben. Dazu deutet er mit seinem Finger in die Richtung, in der die *estación de tren* liegen muss.

Dort angekommen, verpasse ich aufgrund meiner Irrwege leider meinen Zug um wenige Minuten. Der Nächste fährt erst wieder in etwa drei Stunden ab. Also nutze ich die Zeit, kaufe mir ein Ticket, esse bei herrlichem Sonnenschein ein leckeres Sandwich *Le Complet* und schreibe zum ersten Mal in mein schwarzes Büchlein rein.

Letzteres habe ich in ähnlicher, wenn auch weitaus weniger ausführlicher Form, vergangenes Jahr im November auf der Interrail Europareise mit zwei meiner besten Kumpels getan. Dort führte ich allerdings Buch über total uninteressante Abfahrtszeiten unserer Züge und lediglich vereinzelte Geschehnisse vom Tag. Wir wollten unsere Tour bestmöglich dokumentieren, hatten aber nur selten Zeit und Lust ausführlich über sie zu schreiben. Also haben wir unsere Reise überwiegend mit einem Camcorder in Bild und Ton festgehalten, was uns natürlich schnell auf die Idee gebracht hat, ein Video daraus zu schneiden. Aus dem geplanten Video wurde schließlich ein richtiger Film, der mit einer Länge von über neunzig Minuten bei Familie und Freunden für viel Unterhaltung gesorgt hat. Bewegtbild war das ideale Medium, um unsere Erinnerungen teilen und verewigen zu können.

Für die Pilgerreise habe ich nun völlig andere Beweggründe. Jedoch möchte ich auch hier viele meiner Erfahrungen festhalten, um sie anschließend mit meinen Eltern, meiner Schwester und auch mit Freunden zu teilen.

Ich reise alleine, habe viel Zeit mitgebracht und verspüre fast schon das Bedürfnis, meine Gedanken in Schrift zu verewigen. Wenn ich alt und senil bin, werde ich mich glücklich schätzen, anhand dieser Notizen auf meine Pilgerfahrt zurückblicken zu können. Und auch wenn ich an dieser Stelle bereits in der hoffentlich fernen Zukunft in Nostalgie zu schwelgen wage, so möchte ich es später nicht bereuen müssen, meinen Jakobsweg in keiner Form festgehalten zu haben.

Ich sitze jetzt im Zug und sehe mir die anderen Fahrgäste an, die zweifelsohne aus demselben Grund hier sind wie ich. Nie im Leben hätte ich gedacht, dass es zu dieser Jahreszeit schon so viele Leute auf den Jakobsweg zieht. Unter ihnen gibt es bestimmt einige hartgesottene Pilgerveteranen, aber ich werde in diesem Zug bei Weitem nicht der Einzige sein, der sich zum ersten Mal auf den Jakobsweg begibt. Das macht mir Mut und lässt mich nun endgültig nicht mehr daran zweifeln, dass ich hier definitiv richtig bin. Pyrenäen? Her damit!

Unfreiwillig fange ich an zwischen den Anderen und mir Vergleiche aufzustellen. Zwar ist mein Rucksack noch nicht mal annähernd voll gepackt, aber selbst als Pilgerlaie weiß ich, dass er viel zu schwer und vermutlich auch etwas zu groß ist. Das Volumen umfasst nämlich ganze fünfundsiebzig Liter und lässt sich bei Bedarf sogar nochmal um zehn Liter erweitern. Abgesehen von meinen Wanderschuhen, deutet vermutlich auch meine Kleidung auf alles andere als einen erfahrenen Pilger hin.

Auf den zweiten Blick fallen meine Klamotten aber gar nicht mal so sehr aus dem Raster, der Größenunterschied unserer

Backpacks allerdings umso mehr. Ich hatte ihn mir vergangenes Jahr hinsichtlich der einmonatigen Europareise zugelegt und bin damit bestens zurechtgekommen. Je größer der Rucksack, desto mehr nimmt man natürlich mit. Mit Proviant wog er etwa dreiundzwanzig Kilogramm. Kein Problem, wenn man sich fast ausschließlich mit dem Zug fortbewegt. Vierzig Kilometer am Tag zu Fuß gehen möchte ich damit aber nicht.

Für den Jakobsweg setzte ich mir daher zum Ziel, das Gewicht mindestens zu halbieren und nur das Allernötigste einzupacken. In meinem Fall sind das folgende Dinge: eine lange und zwei kurze Hosen, eine Jacke, zwei Funktionsshirts, ein Deutschlandtrikot, eine Mütze, eine Sonnenbrille, drei Paar Socken, vier Unterhosen, Schlafsack, ein kleines Kissen, Zahnputzzeug, Deo, Reiseapotheke, zwei kleine Handtücher, eine 1 ½ Liter Aluminiumflasche, Wanderstöcke, ein zweites Paar Schuhe, Rückflugticket, Personalausweis, etwas Lesestoff, eine Digitalkamera, eine Karte mit Höhenprofil und mein OUTDOOR Reiseführer.

Im aktuellen Zustand wird er mir auf Dauer zu schwer sein. Ich werde mich wohl oder übel schon bald von ein paar dieser bereits recht wenigen Dinge trennen müssen.

Im Zug mir schräg gegenüber sitzt Paulo Coelho, der brasilianische Schriftsteller und Autor des Weltbestsellers *Der Alchimist*. Natürlich ist er es nicht wirklich, aber er sieht ihm zumindest verdammt ähnlich. Neugierig und interessiert überlege ich aus welchem Land er kommen könnte. Aufgrund seines äußerst lässigen Auftretens vermute ich, dass er die Reise nicht zum ersten Mal macht. Total entspannt isst er genüsslich einen Joghurt und summt dabei irgendwas vor sich hin. Danach checkt er mehrmals sporadisch sein Handy, schaut aus dem Fenster und betrachtet die Landschaft. Als Paulo sich dann bei einem jungen Pärchen wegen einer Kleinigkeit mit »grazie« bedankt, verrät er schließlich seine Herkunft.

Volltreffer! Mein Tipp wäre italienischer Opernsänger gewesen.

Nach etwa einer Stunde und fünfzig gefahrenen Kilometern hält der Zug an. Ich steige aus dem Pilgerexpress aus und sehe wie Einige mit ihrer Kamera vermutlich ein und dasselbe Bild knipsen. Ihr Motiv ist das Schild am Bahnhofsgebäude, auf dem der Name des Orts in großen Druckbuchstaben zu lesen ist.

ST-JEAN-PIED-DE-PORT.

Für einen kurzen Moment überlege ich es ihnen gleichzutun. Allerdings kostet es mich in diesem Moment ernsthaft Überwindung, die Kamera aus dem Rucksack zu fischen, nur um ein Foto zu schießen, das es ohnehin vielfach im Internet gibt. Warum soll ich mir die Mühe machen, noch ein weiteres beizusteuern? Also lasse ich es sein. Hier auf dem Jakobsweg bin ich kein Tourist, sondern Pilger.

Und während ich so darüber nachdenke, ob es sich überhaupt gelohnt hat die Kamera mitzunehmen, schließe ich mich dem Pulk in Richtung Ortskern an. Einige Pilger sehen wirklich sehr routiniert aus und wissen offensichtlich genau wo es lang geht. Ich lasse mich ein wenig zurückfallen und folge ihnen blind.

Direkt vor mir läuft das junge Paar aus dem Zug. Erst jetzt sehe ich, dass sie den Jakobsweg nicht zu zweit, sondern mit ihrem Hund gehen werden. Genau wie die Herrchen, hat auch der kleine Vierbeiner einen eigenen Rucksack, den er tapfer auf dem Rücken trägt.

Es geht bergauf, an diversen Geschäften vorbei und Menschen, die uns einen *buen camino* wünschen. Auf einmal biegt die Kolonne nach links ab und betritt nacheinander ein Gebäude. Vor dem Eingang angekommen, erkenne ich, dass es sich hierbei um das offizielle Pilgerbüro handelt, in dem es ordentlich zugeht.

Ein Neuankömmling nach dem anderen wird hier mit seinem oder ihrem Anliegen abgefertigt. Alle sind natürlich scharf auf den allerersten Stempel im *credencial*. Sofern man noch keinen hat, kann man sich auch ohne Weiteres einen neuen Pilgerausweis ausstellen lassen. Neben Informationsblättern für die anstehende Etappe, erhalten Pilger zudem Auskunft über die lokalen Herbergen.

Ich stelle mich in die wartende Schlange und muss aufpassen, dass ich mit meinem großen Rucksack in dem engen Raum nichts umwerfe. Erneut schaue ich mir die Gesichter der Pilger an. Mit meinen zwanzig Jahren bin ich hier das Küken, so viel steht fest. Zu meiner Erleichterung kann ich aber auch einige jüngere Pilger ausmachen, die wohl in dem früheren Zug saßen. Ich frage mich, ob sie als Gruppe angereist sind oder sich hier erst kennen gelernt haben.

Bevor ich mir weitere Gedanken über sie machen kann, wird ein Platz frei und ich setze mich. Total überdreht und euphorisch möchte der Mann von mir auf Spanisch wissen, welche Sprachen ich denn spreche.

»Alemán, ingles y castellano!«, antworte ich ihm nicht weniger euphorisch.

Überglücklich informiert er sich nun wiederum auf Englisch nach meinem Anliegen.

»Ich hätte gerne einen Stempel und ein Bett.« Schon notiert er sich meinen Namen und stempelt den ersten *sello* in meinen Pilgerausweis. Abschließend drückt er mir noch einen gelben Zettel mit einer Nummer in die Hand. Ich solle der Frau draußen vor der Tür mit der Gruppe folgen. Bevor ich das Pilgerbüro verlasse, schnappe ich mir noch rasch eine große Jakobsmuschel aus dem Körbchen auf seinem Tisch und werfe ein paar Euro in die daneben stehende Spendenkasse. Ich habe mir sagen lassen, dass die *concha del peregrino* an jedem Rucksack absolute Pflicht sei.

Draußen schließe ich mich der Frau mit der wartenden Gruppe an. Als ich auf mich aufmerksam mache, gibt sie in knappen

Worten zu verstehen, dass wir nun vollzählig seien und losgehen können.

Während wir der wortkargen Dame hinterherlaufen, spricht mich eine junge Pilgerin an und möchte wissen, woher ich komme. Ich stelle mich ihr kurz vor und frage sie dann dasselbe. Ihr Name ist Yoo-kyung, sie kommt aus Südkorea und ist mir auf Anhieb äußerst sympathisch. Nicht zuletzt, weil sie mir freundlicherweise auf meine unsichere Nachfrage hin ihren Vornamen buchstabiert.

Da wird mir plötzlich wieder bewusst wie sehr ich mich darauf gefreut habe, in den kommenden Tagen und Wochen Menschen aus aller Welt kennenzulernen und mit ihnen interessante Gespräche zu führen. Für Yoo-kyung ist der Jakobsweg bestimmt nicht nur eine Wanderung durch Spanien. Um den *camino* gehen zu können, hat sie einen wirklich weiten Weg von zuhause auf sich genommen. Noch kenne ich sie zwar nicht, aber alleine die Tatsache, dass sie hier ist, zeigt ihre Überzeugung und das finde ich bereits äußerst bemerkenswert. Für mich als Europäer dagegen ist die Reise ein Katzensprung. Sollte ich den Jakobsweg wegen irgendetwas abbrechen müssen, kann ich innerhalb weniger Stunden einfach nachhause fliegen. Diese Möglichkeit hat Yoo-kyung nicht.

Lange können wir uns nicht unterhalten, denn da stehen wir schon vor der Herberge, in der wir heute Nacht Quartier beziehen werden. Wir zeigen der Frau unsere Nummer auf dem Zettel und sie weist uns den Weg in die Schlafräume. Dort angekommen, stelle ich glücklich fest, dass die gesamte junge Meute von vorhin im selben Zimmer nächtigt wie ich. Das freut mich, da ich auf diese Weise auch den Rest von ihnen kennenlerne. Wir legen unsere Rucksäcke ab und stellen uns dann nacheinander vor.

Ein junger Kerl, dessen Gesicht und dunkle, lockigen Haare mir irgendwie bekannt vorkommen, macht den Anfang. Er heißt

Luis und läuft den Weg mit seiner Freundin Claire. Sie sind sechsundzwanzig Jahre alt und wohnen zusammen in Texas. Bevor sie die nächste Stufe in ihrer langjährigen Beziehung nehmen, wollen sich die beiden mit dem Jakobsweg nochmal gemeinsam vor eine große Herausforderung stellen. Da Luis gebürtig aus Mexiko stammt, sprechen beide neben Englisch, auch fließend Spanisch. *Muy bien*, denke ich mir und freue mich schon bald meine Kenntnisse meiner bevorzugten Fremdsprache weiter ausbauen zu können.

Danach sind zwei Jungs an der Reihe, die ebenfalls aus Südkorea kommen, aber etwas älter sind als Yoo-kyung. Sie kennen sich untereinander nicht, jeder von ihnen ist alleine angereist. Die Namen der Jungs finde ich nochmals etwas schwieriger auszusprechen, geschweige denn aufzuschreiben. Das werde ich dann bei späterer Gelegenheit nachholen.

Mit ihrer etwas schüchternen Art hält sich Yoo-kyung recht kurz. Nach unserem knappen Gespräch vor wenigen Minuten, erfahre ich nun allerdings noch, dass sie nach dem Jakobsweg noch eine Reise nach Dublin anschließen wird.

Als nächstes stellt sich der wohl äußerlich Auffälligste in der Gruppe vor. Auffällig deshalb, da er neben einem Nasenpiercing, an beiden Ohren auch große Tunnels trägt. Sein Name ist Mark, er kommt gebürtig aus Kolumbien und lebt in den Niederlanden. Er spricht natürlich ebenfalls Spanisch, aber auch fließend Holländisch und Englisch. Auch Mark macht einen sehr sympathischen Eindruck auf mich.

Zuletzt stelle ich mich noch in feinstem Schulenglisch namentlich vor und erzähle, dass ich in den USA geboren und in Deutschland aufgewachsen bin. Da ich nie gerne im Mittelpunkt der Aufmerksamkeit stehe, halte auch ich mich recht kurz. Meine Spanischkenntnisse möchte ich dann aber doch nicht unerwähnt lassen: »… pero solo un poquito.«

Wie in einer anonymen Selbsthilfegruppe, heißen mich meine neuen Pilgerfreunde im Einklang willkommen: »Hey, Dominik.«

Zufrieden schauen wir in die Runde und stellen fest, dass wir »multicultural« sind.

Wir bereiten unsere Betten, befestigen die Jakobsmuscheln an unseren Rucksäcken und gehen anschließend gemeinsam zum *supermercado* etwas Proviant für die morgige, erste Etappe einkaufen. Dabei unterhalten wir uns viel und lernen uns besser kennen. Ich schätze mich äußerst glücklich, von Beginn an in Gesellschaft von sympathischen Mitstreitern zu sein.

Auf dem Weg zurück zur Herberge erzähle ich Luis, dass er mich an irgendeinen Schauspieler erinnern würde: »I just don't know which one…«

Als ob er das nicht zum ersten Mal gehört hätte, fragt er grinsend: »Are you sure?«

Mark geht es offensichtlich genauso wie mir. Doch dann fällt es ihm ein: »Now I know! You look a lot like Legolas from The Lord of the Rings! You know, the Orlando Bloom character?«

Er hat Recht, an den habe ich auch gedacht. Luis fängt an zu lachen und behauptet, dass es wohl auch schon viele Leute gegeben hätte, die in ihm Justin Timberlake oder Harry Potter sehen würden. »But I'm fine with Legolas«, scherzt er und hat offensichtlich keine Einwände gegen seinen neuen Spitznamen, auf den wir Luis nach nicht mal zwei Stunden seit unserem Kennenlernen taufen.

Bestens gelaunt beschließen wir in ein Restaurant zu gehen und gemeinsam zu Abend zu essen. Also legen wir die Einkaufstüten in unserem Zimmer ab und begeben uns auf die Suche nach einer guten Adresse.

Nachdem wir einige in die engere Auswahl ziehen, entscheiden wir uns letztlich für einen lecker anmutenden Italiener. Auf der Terrasse schieben wir drei Tische zusammen, sodass wir nebeneinander Platz nehmen können. Um gleich mal auf unsere erfolgreiche Ankunft in diesem schönen Örtchen und den morgigen Beginn unserer Pilgerfahrt anzustoßen, bestellen wir Wein und Bier. Die Wahl des Essens fällt nicht ganz so leicht. Einige von uns wagen es bereits das Pilgermenü für zehn Euro zu bestellen. Ich dagegen kann nach längerer Überlegung der Pizza Prosciutto nicht widerstehen.

Es wird der erste Gang des Pilgermenüs serviert. Suppe. Suppe mit irgendetwas nicht genau Identifizierbarem darin. Ob es Fleisch oder Gemüse ist, lässt sich leider weder äußerlich noch geschmacklich so richtig feststellen. Jeder darf mal davon probieren. Der Gesichtsausdruck danach ist bei allen gleich. Das sorgt in der Gruppe für großes Gelächter. Keiner denkt auch nur daran zu reklamieren, dass die Suppe absolut ungenießbar ist. Einer der beiden Südkoreaner isst sie am Ende sogar ganz tapfer auf, sieht aber nicht wirklich glücklich dabei aus.

Anschließend kommt der zweite Gang. Fleisch. Ähnliche Enttäuschung, deutlich mehr als die Hälfte bleibt wieder übrig. Erneut werden Teller einander gereicht. Jeder von uns verzieht das Gesicht und stellt ein weiteres Mal fest, dass dieses Pilgermenü »disgusting« ist. Bis auf den Südkoreaner isst hier keiner auf.

Dann bekomme auch ich endlich meine Pizza und bin froh, dass ich diese bestellt habe. Sie sieht nicht nur appetitlich aus, sondern schmeckt auch ganz gut. Zumindest werde ich davon satt und kann auch noch den Anderen davon abgeben.

Mit dem Nachtisch des Pilgermenüs verhält es sich wie mit den zwei Gängen zuvor. Auch hier trauen sich ein paar Tapfere zu kosten, dieses Mal lässt aber auch der wohl Hartgesottenste unter ihnen sein Dessert nach zwei Bissen stehen. Zwei einfache Kugeln Schokoladeneis hätten es in meinen Augen getan, aber hier hat es der Koch wirklich zu gut mit uns angehenden Pilgern gemeint.

Wenigstens lassen wir uns den Wein und das Bier schmecken. Davon bestellen wir gleich nochmal nach, um auch ja gut schlafen zu können. Trotz der Enttäuschung bei den Pilgermenügerichten, könnte die Stimmung nicht besser sein. Wir können es kaum abwarten, morgen den ersten Fuß auf den Jakobsweg zu setzen.

Mehr angetrunken als gesättigt, werfen wir noch einen kurzen Blick in die Kirche von Saint-Jean und torkeln anschließend zurück zur Herberge.

Das war ein sehr gelungener Abend, nun kann ich die Augen aber kaum mehr offen halten. Schließlich bin ich jetzt seit über vierzig Stunden ohne Schlaf. Irgendwie gelingt es mir noch auf das Stockbett zu klettern, bevor ich total erschöpft eindöse.

heute: ca. 1.480 km (mit dem Bus) | verbleibend: 800 km (zu Fuß)

NAVARRA

05. April 2012

Roncesvalles

An diesem Morgen wache ich total verwirrt auf. Ich habe keine Ahnung, wo ich hier bin und woher das Tröten, Piepsen und die Musik kommt? Leicht panisch versuche ich die Uhrzeit von meiner Armbanduhr abzulesen. Das helle Display blendet mich und ich brauche ein paar Sekunden bis ich die Ziffern erkennen kann. *05:00*. Das kann nicht sein. Steht die nicht noch auf Winterzeit? Also ist es sechs Uhr morgens. Aber was zur Hölle ist hier los? Wo bin ich?

Mit einem Mal wird es verdammt hell. Im ersten Moment sehe ich nur verschwommen. Dann gelingt es mir ein paar silhouettenhafte Gestalten auszumachen, die merkwürdig gähnende Geräusche von sich geben. Ich versuche zu verstehen, was hier vor sich geht.

Plötzlich wird mir alles klar. Wo ich hier bin, was hier los ist und wer diese Leute sind. Ich liege hier im Schlafsaal einer Herberge in Saint-Jean-Pied-de-Port, werde heute meine Reise auf dem Jakobsweg beginnen und diese vermeintlich fremden Menschen sind meine ersten Pilgerfreunde.

Nach dieser Erkenntnis macht jemand das Licht wieder aus. Erleichtert lasse ich mich in mein Kissen plumpsen. Ich bin noch viel zu müde, um jetzt die Pyrenäen zu überqueren. Lasst mich schlafen!

Viel mehr Schlaf wird mir nicht gewährt, denn nur eine halbe Stunde später höre ich erneut diverse Wecker im Raum Lärm machen. Dieses Mal stehen aber auch ihre Besitzer auf. Ein weiteres Mal wird der Schalter für die grelle Deckenlampe betätigt. Alles andere als hellwach, quäle ich mich dann auch irgendwie aus dem Bett, ziehe meine Schuhe an und schwanke im Halbschlaf zum *comedor*, der Essstube, wo es hoffentlich ein anständiges Frühstück gibt. Ich habe Hunger und da ich keinen Kaffee trinke, wünsche ich mir leckere, warme Semmeln mit Eiern, Käse, Schinken und Nutella, um Energie für die erste Etappe zu tanken. Es gibt ja Brunch-, Lunch- und Dinner-Typen. Ich bin auf jeden Fall mehr so der Breakfast-Typ. Zudem sagt man ja auch, dass das Frühstück die wichtigste Mahlzeit am Tag ist.

Leider ist der Begriff Mahlzeit mit dem, was uns hier aufgetischt wird, völlig überbewertet. Das vermeintliche Frühstück entpuppt sich lediglich als zwei Scheiben labberiges Toastbrot mit Butter und längst abgelaufener Marmelade. Dazu gibt es eine Tasse Tee oder wahlweise Kaffee. Alles nicht allzu lecker, aber der Hunger treibt es rein.

Nach dem enttäuschenden Frühstück weicht der Hunger und macht Platz für die aufkommende Nervosität. Gleich ist es soweit und es geht los mit unserer allerersten Etappe auf dem Jakobsweg.

Zurück im Zimmer stehen einige Pilger bereits in den Startlöchern. Also packe auch ich schnell meinen Rucksack, schmiere meine Füße zur Prophylaxe mit einer Antiblasencreme ein und ziehe mir meine Wanderboots an. In weiser Voraussicht, dass es auf knapp eintausendfünfhundert Meter geht, trage ich heute den Zwiebellook. Mein Reiseführer behauptet, dass dieser auf der Etappe total angesagt sei. Zudem hält er mich nicht nur warm, sondern macht meinen Rucksack auch ein paar Gramm leichter. Praktisch.

Yoo-kyung, ihre zwei Landsmänner, deren Namen ich nach wie vor nicht richtig kenne, und Mark sind bereit. Ich habe meinen Backpack auch schon auf dem Buckel. Luis und Claire lassen es etwas ruhiger angehen. Wir sollen schonmal ohne sie loslaufen. Da wir ohnehin dasselbe Tagesziel haben, verabschieden wir die beiden hoch motiviert mit: »Buen camino! See you in Roncesvalles.«

Gleich als wir die Herberge verlassen, stellt uns der Jakobsweg bereits vor eine erste Entscheidung. Es gibt zwei mögliche Routen, um zu unserem heutigen Etappenziel Roncesvalles zu gelangen. Von der Distanz und dem Höhenprofil unterscheiden sie sich nur geringfügig. Jedoch verläuft der eine Weg überwiegend an der Landstraße entlang und der andere direkt über die Pyrenäen.

Ein Blick in meinen Wanderführer verrät uns, dass dieser ausdrücklich vor dem Weg über den Pass warnt. Übereifrige Pilgeranfänger sollen sich angeblich hierbei schon für lange Zeit die Füße ruiniert haben. Außerdem wird behauptet, dass dieser Weg bei schlechtem Wetter sehr unangenehm werden könne und mit nicht zu vernachlässigenden Gefahren verbunden sei. Solle man vorhaben den gesamten Pass an einem Stück zu bewältigen, so empfehle es sich sehr früh aufzubrechen und dies nur dann zu tun, falls man schon etwas Wandererfahrung mitbringt. Im Zweifelsfall solle man es aber lieber nicht darauf ankommen lassen und daher eine Übernachtung in Huntto oder Orisson einplanen.

Aufgrund der Tatsache, dass Mark, Yoo-kyung und ich nicht gerade Wandererfahrene sind, die Risiken scheuen und es außerdem ziemlich neblig ist, beschließen wir die sicherere, aber bestimmt auch weniger schöne Alternativroute an der Landstraße zu nehmen. Die zwei Südkoreaner, wie ich erfahre, waren beide beim Militär und sind damit zweifelsohne anspruchsvollere Wanderungen gewohnt. Um am ersten Tag aber nicht gleich in die Vollen zu gehen, entscheiden auch sie sich uns anzuschließen.

Der alternative Weg nach Roncesvalles ist leider nicht besonders gut ausgeschildert und so haben wir gewisse Anfangsschwierigkeiten, überhaupt die Startlinie zu finden. Aber damit sind wir nicht die Einzigen. Zwei Spanierinnen, die gestern ebenfalls in unserem Zimmer genächtigt haben, sehen ähnlich ratlos aus wie wir. Zum Glück gibt es in Saint-Jean-Pied-de-Port selbst zu dieser frühen Stunde schon Passanten, die uns den Weg weisen können. Uns wird sofort geholfen und ein *buen camino* mit auf den Weg gegeben.

Kaum haben wir den Ort verlassen, fängt es an zu regnen. Es schüttet zwar nicht, aber der Regen ist doch so stark, dass man sich zuhause selbst mit Regenschirm irgendwo unterstellen würde. Um uns schonmal daran zu gewöhnen und uns für die kommende Zeit als Pilger etwas abzuhärten, ziehen wir lediglich die Kapuze über den Kopf und stülpen das Regencover über unseren Rucksack. Als Pilger gibt es wahrscheinlich gar kein schlechtes Wetter, sondern eben nur schlechte Ausrüstung.

Trotz Mistwetter sind wir allerbester Laune und haben am Pilgern bereits ordentlich Spaß. Da sich die zwei Spanierinnen aber mit Englisch sichtlich schwer tun, springt Mark als multilinguales Talent kurzerhand als Dolmetscher für die drei Südkoreaner ein.

Nach einer Weile macht sich dann etwas Ernüchterung breit, da der Straßenverlauf uns zwingt hintereinander zu gehen. Auf diese Weise legen wir Kilometer für Kilometer am Rand der Landstraße zurück. So fällt es leider schwer eine Konversation lange aufrecht zu halten. Eigentlich ist es nur in den Ortschaften möglich, nebeneinander zu gehen und sich normal zu unterhalten. Doch bestehen die meist nur aus wenigen Häuschen und sind damit recht zügig durchquert. Danach geht der Gänsemarsch von vorne los.

Aufgrund der serpentinenartigen Strecke, ist es zudem teilweise recht schwer, anrasende Autos und Lastkraftwagen vor unserer Pilgerschar zu warnen. Oft kommt es vor, dass die Fahrer nur sehr knapp an uns vorbeirollen. Einige fangen an zu hupen und wie wild mit ihren Armen zu gestikulieren. Wir sind nicht ganz sicher, ob sie uns vor der Gefahr warnen oder uns damit einen *buen camino* kommunizieren wollen. Aber wir winken einfach freundlich lächelnd zurück.

Eigentlich, so dachten wir, sind wir ja auf dem sichereren Weg nach Roncesvalles. Nur fühlt es sich leider so gar nicht danach an. Auf der vermeintlich weniger gefährlichen Landstraße ist es für meine Begriffe schon nicht ohne. Aber was soll's, umkehren macht jetzt auch keinen Sinn mehr. Dafür sind wir dann doch schon zu weit gelaufen. Außerdem gibt es auch eindeutig nette Autofahrer, die extra für uns vom Gas gehen und uns mit einem sympathischen Winken begrüßen. Auch die Leute in den Ortschaften sowie die uns überholenden Radfahrer rufen uns »Buen camino!« zu.

Ich habe aufgehört zu zählen, aber ich persönlich freue mich über jede einzelne Person, die uns einen »Guten Weg« wünscht. Diesen Brauch sollte man mal im Alltag implementieren. Man fühlt sich dadurch nicht nur willkommen, sondern es steigert auch die Motivation. Es ist, als hätte man einen Coach, der einen unentwegt vom Spielfeldrand aus anfeuert. Aber auch Mitspieler, beziehungsweise Pilgerkollegen, rufen sich diese zwei aufmunternden Worte bei jeder Begegnung zu.

Ein großes Grenzschild am Straßenrand informiert uns schließlich darüber, dass wir nun Frankreich verlassen und Spanien betreten. Schon seit geraumer Zeit ist Spanien mit Abstand mein europäisches Lieblingsland. Ich mag die Sprache, die Menschen, ihre Kultur und bin zudem großer Fan von Rafael Nadal.

Mein erster Besuch in Spanien fand im Zuge eines privat organisierten Schüleraustausches statt. In den Sommerferien flog ich für mehrere Wochen zu meinem damaligen Austauschpartner Francesc und seiner Familie, die in einer wunderschönen Strandstadt nahe Valencia wohnten. Ein Jahr später unternahm ich einen weiteren Schüleraustausch. Dieses Mal ging es mit meinem Spanischkurs für eine Woche nach Elorrio ins Baskenland, wo ich meine Gastschwester Maite kennenlernte. Beide Austauschpartner habe ich in den darauffolgenden Jahren erneut besucht. Damit konnte ich nicht nur mein Vokabular unwahrscheinlich vergrößern, sondern, viel wichtiger, mir auch ein wertvolles Sprachgefühl aneignen, das mir wiederum im Unterricht zugute kam. Tatsächlich spreche ich mittlerweile besser Spanisch als Englisch.

Wenn ich von der Abifahrt nach Lloret de Mar und dem Partyurlaub mit meinen Jungs auf Ibiza mal absehe, ist mein letzter Spanienaufenthalt nun etwas mehr als zwei Jahre her. Zu Weihnachten 2009 besuchte ich mit meinen Eltern meine Schwester in Andalusien, der südlichsten Region Spaniens. In Estepona, in der Nähe von Marbella, absolvierte sie während ihres Bachelorstudiums ein Semester lang ihr Auslandspraktikum in einem Luxus-Strandresort. Obwohl sich in dieser Woche leider kaum die Gelegenheit ergab, Spanisch zu sprechen, war es dennoch schön eine weitere Gegend Spaniens kennengelernt zu haben.

Nun hat mich Spanien also wieder. Mehr als einen Monat werde ich mich hier aufhalten. In dieser langen und voraussichtlich sehr intensiven Zeit, werde ich aber hoffentlich nicht nur Spanisch lernen, sondern auch etwas über mich selbst.

Als der Regen irgendwann nochmals zunimmt, beschließen wir eine Pause einzulegen und eine Kleinigkeit zu essen, um uns für den Rest der Etappe zu stärken. Wir stellen uns unter einem Garagendach unter und packen die gestrig gekauften Lebensmittel aus. Jeder darf sich von jedem etwas nehmen. Wir teilen alles, was unsere Rucksäcke so hergeben: Brot, Wurst, Käse, Äpfel, Süßigkeiten und... Blasenpflaster.

Ich hatte es befürchtet, aber zumindest gehofft, dass Letzteres heute noch nicht zum Einsatz kommen würde. Beim Gehen habe ich es noch nicht bemerkt, allerdings spüre ich jetzt, wie sich an meinem linken Fuß klammheimlich und schon leicht schmerzhaft das anbahnt, worüber ich im Vorfeld fast ausschließlich Horrorgeschichten gehört und gelesen habe. Es ist noch nichtmal eine Etappe geschafft und schon zeichnet sich ab, dass ich große Schwierigkeiten mit meinen offensichtlich sehr empfindlichen Füßen haben werde. Na, das kann ja heiter werden.

Dass die Füße auf dem Jakobsweg sehr in Mitleidenschaft gezogen werden, war mir natürlich bewusst. Aber sich schon am ersten Tag, trotz vorbeugender Maßnahmen, eine Blase am Fuß zu laufen, ist wirklich ärgerlich. Zumal ich schließlich auf die ausdrückliche Warnung der Verkäuferin gehört und mir zu meinen Wanderschuhen auch spezielle Wandersocken gekauft habe. Ich dachte eigentlich, dass ich damit für die anstehende Belastung bestmöglich gewappnet bin. Aber vielleicht hätte ich auch noch den zweiten Rat der guten Dame im Geschäft befolgen sollen. Denn nun bereue ich es enorm, meine nagelneuen Schuhe zuvor nicht besser eingelaufen zu haben. In meinen Vorbereitungen habe ich mehr Wert auf körperliche Fitness gelegt, als auf meine Schuhe. Ich war wesentlich öfter joggen, anstatt mit meinen neuen Tretern durch die Gegend zu flanieren.

Als ich damit unter den Füßen dann doch mal von zuhause über die angrenzenden Felder gelaufen bin, habe ich dort zufällig zwei meiner Kumpels getroffen. Unweigerlich ging ihre Aufmerksamkeit direkt zu den noch hochglanzpolierten Schuhen.

Da sie es zu diesem Zeitpunkt noch nicht wussten, erzählte ich ihnen, dass ich im kommenden Monat auf den Jakobsweg gehen würde und dazu meine Schuhe noch etwas einlaufen müsse. »Etwas« hat nun aber ganz offensichtlich nicht ausgereicht.

Jammern hilft nicht, ich muss mich des Problems annehmen. Etwas nervös ziehe ich den linken Schuh und die Socke aus, um meinen Fuß zu begutachten. Außer der geröteten Druckstelle, kann ich zum Glück nichts schlimmes feststellen. Noch nicht. Damit das auch so bleibt, pappe ich mir vorsorglich ein Blasenpflaster an die Stelle und ziehe den Schuh dann wieder an.

Der Regen hat mittlerweile ein wenig nachgelassen und stellenweise zeigt sich sogar für wenige Augenblicke die Sonne. Nachdem wir den Ort verlassen, in dem wir pausiert haben, gelangen wir wenig später endlich an einen pilgerfreundlichen Weg und müssen nicht weiter der Straße folgen. So oder zumindest so ähnlich haben wir uns den Jakobsweg vorgestellt. Hier brauchen wir nun keine Gefahren mehr durch hupende Autos zu befürchten. Da der Trampelpfad sehr eng ist, müssen wir zwar auch hier hintereinander laufen, aber das nehmen wir aufgrund der schönen Kulisse gerne in Kauf. Links und rechts Natur pur. Die vielen Bäume, ein kleiner Bach und die herrlich frische Luft bilden eine willkommene Abwechslung zur monotonen Landstraße.

Leider führt uns dieser nette Weg aber nicht direkt zu unserem Etappenziel, sondern schickt uns nach einer Weile zurück auf den unsympathischen Asphalt. Dort machen die Autos weiterhin Lärm und ihre Fahrer betätigen die Lichthupe, sobald sie Pilger sehen. Ein bisschen enttäuscht sind wir schon, aber es war schließlich unsere Entscheidung nicht den konventionellen, sondern den alternativen und vermutlich weniger schönen Weg nach Roncesvalles zu nehmen. Uns bleibt also nichts anderes übrig, als weiterzulaufen und sich vor den Autofahrern in Acht zu nehmen.

Es geht stetig bergauf und von Minute zu Minute wird der Weg anstrengender. Obwohl die Temperatur nur knapp über Null Grad beträgt, fange ich so langsam an richtig zu schwitzen. Dass Pilgern kein Spaziergang über die Felder ist, wird mir spätestens jetzt bewusst. Der Rucksack folgt den Gesetzen der Schwerkraft und zieht mich unangenehm gen Boden. Immer und immer wieder justiere ich die Bändchen am Rucksack nach, um mir damit eine komfortablere Körperhaltung zu schaffen. Allerdings mag mir das nicht richtig gelingen und so muss ich unbeholfen mit einer etwas unnatürlichen, vorgebeugten Körperhaltung gehen, um nicht wie eine Pappfigur im Wind nach hinten umzukippen.

Die zwei südkoreanischen Ex-Militär haben offenbar kein Problem mit der Steigung, denn sie laufen ihr gewohntes Tempo ohne jegliche Ermüdungserscheinungen weiter. Als wir uns bei einer kleinen Verschnaufpause auf einer kleinen Grünfläche neben der Straße einen Apfel gönnen, trennen die beiden sich schließlich von uns für heute. So fit wie die sind, war das nur eine Frage der Zeit.

Da der Weg nun um einiges kräftezehrender ist als zu Beginn, haben wir unsere Gespräche fast komplett eingestellt. Eine der beiden Spanierinnen versucht es dann aber doch nochmal mit Smalltalk und fragt mich, wie ich denn gestern Nacht geschlafen habe. Weil ich eigentlich kaum Puste zum Sprechen habe, hole ich tief Luft und antworte ihr auf Spanisch äußerst knapp: »Nervioso… pero… bien.« Trotz der Aufregung habe ich verhältnismäßig ganz gut geschlafen. »Y tú?«, stelle ich ihr die Gegenfrage.

Sie fängt an zu kichern und sagt, dass sie selbst nicht schlafen konnte und daher ein Buch gelesen habe. Mitten in der Nacht hätte sie dann angeblich beobachtet, wie ich mich mehr als nur einmal im Bett aufgerichtet und verwirrt durch den Raum geblickt haben soll.

Ich vergewissere mich bei ihr, ob das wirklich ich gewesen bin. Denn heute Morgen war ich zwar ein wenig neben der Spur, aber geschlafen habe ich wie ein Stein.

Sie nickt.

Komisch. Offensichtlich habe ich mich nicht erst nach dem Aufwachen, sondern schon während dem Schlafen gefragt, wo ich hier eigentlich bin. Naja, ungewohnte Umgebung, ungewohnte Geräusche, unruhiger Schlaf. Hoffentlich wird das nicht zum Dauerzustand.

Etliche Höhenkilometer später werden wir erneut positiv überrascht. Die Wegweiser führen uns ein weiteres Mal abseits der Straße auf einen hübschen Fuß- beziehungsweise Radweg. Es geht nach wie vor steil bergauf und insbesondere Mark, der sich in den letzten Stunden immer mal wieder eine Zigarette angezündet hat, tut sich hierbei sichtlich schwer. Leider hat er auch nichts mehr zu trinken. Ich biete ihm meine Flasche an und sage, er könne sie austrinken. Aus schlechtem Gewissen lässt er mir aber doch noch etwas drin.

Als der Abstand zwischen ihm und dem Rest der Gruppe nach einer Zeit immer größer wird, beschließen wir zu pausieren und auf ihn zu warten. Irgendwann kommt er angeschlürft und steht merklich kurz vor dem K.O. Er schimpft über seine Hose, die sich aufgrund des Regenwetters mit Wasser voll gesogen habe und damit nun bleischwer geworden sei. Zudem möchte er seine Isomatte los werden, die für ihn nur unnötiger Ballast darstelle. Er lehnt sie an einen Wegweiser und hofft einem anderen Pilger damit eine Freude machen zu können. Die Spanierinnen halten das aber für keine gute Idee und schlagen vor, die Isomatte für ihn nach Roncesvalles abwechselnd zu tragen. Mark ist zwar davon überzeugt, dass er sie auf dem Jakobsweg zu keinem Zeitpunkt mehr brauchen wird, aber willigt ein. Um ihn für den Rest der Etappe zu Kräften kommen zu lassen, reiche ich ihm den letzten Schluck aus meiner Trinkflasche. Für unsere Unterstützung bedankt er sich mehr als nur einmal.

Während Mark seine Zigarettenschachtel auspackt und anfängt zu rauchen, teilt er uns schließlich folgendes mit: »Guys, you can go. Don't worry about me. I'm going to make it.«

Er klingt sehr entschlossen und sich seiner Sache sicher. Allerdings reagieren wir etwas zögerlich auf seinen Entschluss und befürchten, dass er womöglich lediglich ein schlechtes Gewissen hat, uns aufzuhalten. Obwohl wir ihn vom Gegenteil versuchen zu überzeugen, schüttelt er nur vehement den Kopf. Dann vergewissert er unserer Gruppe ein weiteres Mal ausdrücklich, dass er mit Musik im Ohr und diversen Pausen den Anstieg nach Roncesvalles heute noch schaffen werde. Damit gibt er uns nun endgültig zu verstehen, dass wir nicht mehr auf ihn warten sollen. Also laufen Yoo-kyung, die zwei Spanierinnen und ich ohne ihn weiter.

Nach einem schier nicht enden wollenden, steinigen Pfad bergauf, gelangen wir irgendwann auf eine scheinbar still gelegte Straße. In der nebligen Ferne können wir ein Kreuz erkennen. Weil mich jeder weitere Anstieg heute matt gesetzt hätte, bin ich froh, dass wir nun für heute die nötigen Höhenmeter geschafft haben.

Aufgrund fehlender Wegweiser sind wir für einen kurzen Augenblick etwas desorientiert, bis wir schließlich vor uns andere Pilger sehen können. Wir gehen ihnen nach und werden auf der Suche nach Pfeilen und Jakobsmuscheln wieder fündig.

Nun ist es wirklich nicht mehr weit bis nach Roncesvalles. Yoo-kyung war bisher, wie auch ihre zwei Landsmänner, sehr ruhig und hat kaum geredet, aber so kurz vor dem heutigen Etappenziel kommt sie aus sich heraus. Sie freut sich sogar derart, dass sie schon fast den Tränen nahe ist. Auch die Spanierinnen fangen an zu jubeln: »Por fin llegamos!« Endlich sind wir da!

Als wir die ersten Gebäude von Roncesvalles sehen können, vernehmen wir bei zunehmend nebliger Sicht ein Hogwarts anmutendes Schloss. Nur kurze Zeit später stehen wir davor und es stellt sich heraus, dass das vermeintliche Schloss eine Abtei und zugleich unsere Schlafstätte heute Nacht ist. Wir betreten die Herberge und zahlen bei zwei netten holländischen Hospitaleros am Empfang zehn Euro für die Übernachtung. Laut meinem Reiseführer, ist das die mit Abstand teuerste kirchliche beziehungsweise öffentliche Pilgerherberge Spaniens. In unserem Zustand wären wir aber bestimmt gewillt, auch noch mehr für eine warme Dusche und ein Bett hinzublättern. Denn das ist alles, wonach wir uns jetzt sehnen.

Zuvor werden wir aber zu einem Raum gewiesen, in dem bereits mehrere Dutzend Pilger ihre Wanderboots zum Trocknen und Ausstinken in einem Regal abgestellt haben. Ich gehe sicher, dass dort keine allzu ähnlichen Schuhe stehen und stelle meine dazu.

Als wir vier den Raum verlassen, treffen wir auf die zwei Südkoreaner, die schon wesentlich früher angekommen sind und bereits geduscht haben. Beide sind wohlauf und freuen sich uns zu sehen. Sie informieren sich nach Mark und wir erzählen ihnen, dass er darauf bestand, die restliche Strecke alleine zu gehen.

Die letzten zwei Betten im ersten Stock haben die zwei Spanierinnen bekommen. Yoo-kyung und ich sind somit die ersten Pilger im zweiten Stock. Was das bedeutet, wird uns erst bewusst, als wir direkt neben der Rezeption vor der nach oben führenden Steintreppe stehen.

»Bitte lass das für heute wirklich die allerletzten Höhenmeter sein!«, seufze ich verzweifelt vor mich hin.

Eigentlich ja kein Problem für uns Jungspunds, aber nach dem heutigen Tag sehr wohl eine Herausforderung. Einen Aufzug gibt es offensichtlich nicht. Das hätte mich in diesem Gebäude ehrlich gesagt auch gewundert. Also bleibt uns nichts anderes übrig, als unsere unverschämt schweren Rucksäcken in den zweiten Stock zu hieven.

Wie gerne würden wir uns jetzt einfach nur ins Bett fallen lassen und bis morgen Früh durchschlafen. Allerdings sind wir vom Regen und den Anstrengungen des heutigen Tages nass bis auf die Haut. Noch nie in meinem Leben war das Bedürfnis nach einer warmen Dusche so groß wie heute. Daher lasse ich es mir nicht nehmen ganze dreißig Minuten unter dem wohltuend warmen Wasser zu stehen. Da der Duschhahn nach etwa dreißig Sekunden immer wieder automatisch ausgeht, muss ich zwar mindestens sechzig Mal auf den Knopf drücken, aber das ist mir in diesem Moment völlig egal.

Als ich wie neugeboren vor dem Spiegel stehe, bekomme ich die Spuren zu sehen, die mein Rucksack hinterlassen hat. Rote Striemen zieren meine schmerzenden Schultern. Zudem hat sich die Druckstelle an meinem Fuß trotz des Pflasters nochmals verschlimmbessert und ich werde höllisch aufpassen müssen, dass das nicht weiter ausartet. Ich bin unglaublich stolz auf die Leistung, die mein Körper heute erbracht hat. Aber ich führe mir auch vor Augen, dass das gerade mal die erste Etappe war und noch mindestens dreißig weitere folgen werden.

Ich brauche eine Weile bis ich über den langen Flur humpelnd wieder an meinem Bett angelangt bin. Dort fällt mir auf, dass ich meinen Rucksack und damit sämtliche Wertsachen unbeaufsichtigt zurückgelassen habe. Ich überprüfe den Inhalt und bin erleichtert, dass nichts fehlt. Jeder Mensch hätte sich theoretisch daran vergehen und so tun können, als sei es sein eigener Rucksack. Grundsätzlich glaube ich immer an das Gute im Menschen. Warum also nicht auch im Pilger? Meine Wertsachen werde ich dennoch von nun an besser bei mir tragen.

Yoo-kyung und ich hängen unsere durchnässten Klamotten auf der Heizung zum Trocknen auf.

»Mark!«, ruft sie plötzlich.

Total erschöpft, aber überglücklich uns wiederzusehen, trottet er auf uns zu. Ohne viel Worte zu verlieren, zeigen wir ihm wo die Duschen sind und schlagen vor anschließend gemeinsam irgendwo zu Abend essen zu gehen. Mark nickt uns müde zu und so verabreden wir uns für neunzehn Uhr vor den Schlafkabinen.

Weil Roncesvalles eine überschaubare Auswahl an Restaurants und Gaststätten hat, dauert es nicht lange, sich einen Überblick vom Angebot zu verschaffen. Wir entscheiden uns schließlich für eine kleinere Bar, in der bereits einige Leute sitzen und es zudem lecker riecht. Der Karte können wir entnehmen, dass es das Pilgermenü erst zu späterer Uhrzeit gibt. Das soll uns aber nach dem gestrigen Reinfall nur recht sein und greifen daher ohnehin lieber zu Nudeln mit Tomatensoße. Dazu trinken wir ein leckeres Bier und führen eine amüsante Unterhaltung mit einem italienischen Pilger, der ebenfalls bei uns am Tisch sitzt.

Wir verlassen die Bar als es anfängt dunkel zu werden. Auf dem Weg zurück zur Herberge, begegnen wir überraschend Luis und Claire. Die beiden haben von der Alternativroute nichts gewusst und sind den Weg über den Pass gelaufen. Sie sind gerade erst in Roncesvalles angekommen und, ähnlich wie nach unserer Ankunft, schöpfen sie nun aus den allerletzten Energiereserven. Wir können uns nur allzu gut vorstellen wie anstrengend ihre Etappe gewesen sein muss. Daher wollen wir die beiden nicht länger von ihrer wohlverdienten Dusche und einem leckeren Abendessen abhalten. Um ihnen bei der Suche nach etwas Essbarem zu helfen, empfehlen wir die Bar, aus der wir gerade kommen. Sie bedanken sich und wir wünschen uns bereits eine gute

Nacht, da wir uns heute voraussichtlich nicht mehr sehen werden.

In der Herberge begutachten wir die zum Trocknen aufgehängte Wäsche und hegen starke Zweifel daran, ob sie bis morgen Früh ausreichend trocknen wird. Daher beschließen wir nach unserer ersten Etappe bereits einen Waschtag einzulegen. Im Keller der Abtei gibt es zum Glück nicht nur eine Waschmaschine, sondern auch einen Trockner. Gegen eine Gebühr in Höhe von acht Euro müssen Mark, Yoo-kyung und ich lediglich unsere Wäsche in einen Korb legen. Danach kümmern sich freiwillige Mitarbeiter der Herberge um den Rest.

»What a service!«, staunen wir nicht schlecht und wollen gerade den Keller über die Treppe verlassen, als wir erneut positiv überrascht werden. Dieses Gebäude verfügt sehr wohl über einen Fahrstuhl. Hellauf davon begeistert, dass wir uns nun das erneute Treppensteigen sparen können, befördert uns der ziemlich unscheinbare Lift in kürzester Zeit einige Höhenmeter nach oben.

Im Erdgeschoss sehen wir uns die weiteren Räumlichkeiten der Abtei an. Neben einem Aufenthaltsraum mit Bänken und Tischen, gibt es hier auch eine gut ausgestattete Küche, sowie einige Getränke- und Snackautomaten. Um ein weiteres Mal auf unsere erste und erfolgreiche Etappe anzustoßen, spendiert Yoo-kyung jedem von uns eine Dose Bier. Damit setzen wir uns an einen der Tische, nehmen einen großen Schluck und stellen nach einem Blick auf das Etikett der Dose lachend fest, das Yoo-kyung unbeabsichtigt zum alkoholfreien Bier gegriffen hat.

Während wir auf unsere Wäsche warten, gehen wir nochmal in den Raum mit den Automaten und sehen uns nach etwas Proviant für die morgige Etappe um. Auf dieselbe Idee kommen auch zwei deutsche Pilgerinnen, deren offensichtlicher Partnerlook nicht zu übersehen ist. Ich unterhalte mich kurz mit ihnen und erfahre, dass sie aus Düsseldorf kommen und bereits vor zwei Tagen mit dem Jakobsweg begonnen haben. Genau wie Luis und Claire, sind auch sie die Route über den Pass gelaufen. Allerdings haben die beiden auf den Wanderführer gehört und in Orisson einen Zwischenstopp eingelegt, bevor sie heute Morgen dann die verbleibenden neunzehn Kilometer nach Roncesvalles bewältigt haben.

Gegen einundzwanzig Uhr, holen Yoo-kyung, Mark und ich schließlich unsere Wäsche im Keller der Herberge ab. Auf dem Weg zurück treffen wir auf die Spanierinnen, die Mark seine Isomatte vorbeibringen wollen. Er schmunzelt und bedankt sich nochmal herzlich für ihre Hilfe. Da er aber dringend das Gewicht seines Rucksacks reduzieren müsse, bleibe er bei seinem Entschluss, fortan auf die Isomatte zu verzichten.

Auf einem Tisch im ersten Stock befindet sich ein Sammelsurium an T-Shirts, Hosen, Jacken, Wanderführern, Zeitschriften, Kissen, Unterwäsche, Wanderstöcken und sonstiger Pilgerkrimskrams. Mark legt die Isomatte und seine frisch gewaschene, sauganfällige Hose dazu und ist glücklich seinen Rucksack nun ein paar Gramm leichter gemacht zu haben. Und wer weiß, vielleicht konnte er tatsächlich damit einem anderen Pilger einen Gefallen tun.

Jetzt wollen auch Yoo-kyung und ich das Gewicht unserer Backpacks optimieren. Wir entleeren deren gesamten Inhalt auf unseren Betten und prüfen anschließend bei jedem Gepäckstück, ob es einen wirklichen Mehrwert hat oder nur unnötiger Ballast ist. Da sich bei einigen Dingen erst noch herausstellen muss, ob sie tatsächlich von Nutzen sind oder nicht, kann ich mich zunächst lediglich von einer Zeitschrift und einem meiner beiden Baumwollhandtücher trennen. Yoo-kyung dagegen fällt es weitaus schwerer der von Pilger angelegten Sammlung etwas beizusteuern. Das ist in ihrem Fall aber zu verkraften, da sie bereits top vorbereitet war und wirklich nur das allernötigste dabei hat. Ihr Rucksack wiegt weniger als acht Kilogramm.

Punkt zehn Uhr erlischt das Licht. Es gibt keinen Lichtschalter in den einzelnen Schlafkabinen. Entweder du hast Glück und liegst mit der Taschenlampe bereits im Bett. Oder du hast Pech und stolperst irgendwo durch die Dunkelheit.

Ich habe Glück gehabt. Gute Nacht!

heute: 26 km | verbleibend: 774 km

06. April 2012

Zubiri

Ich sitze gerade auf meinem Bett in einer Herberge in Zubiri, die für eine Übernachtung inklusive angeblich »üppigem Frühstück« ganze fünfzehn Euro gekostet hat. In diesem Zimmer nächtigen heute eine vierköpfige spanische Familie, ein etwas älteres Ehepaar aus Kanada, Mark, Yoo-kyung und ich.

Eigentlich bin ich in diesem Moment viel zu müde, um die Geschehnisse des heutigen Tages zu Papier zu bringen. Denn vergangene Nacht habe ich in der riesigen Herberge von Roncesvalles kein Auge zu bekommen. Die Schlafkabinen waren absolut in Ordnung, aber die Geräuschkulisse war einfach zu… naja, sagen wir mal gewöhnungsbedürftig. Ich konnte damit schlichtweg nicht einschlafen. Notgedrungen musste ich mir also ein Konzert aus Husten, Rotzen, Furzen, Schlafreden und vor allem Schnarchen von bestimmt mehr als einhundert Pilgern anhören.

Ich bewundere die Menschen, die diese Dinge aus Müdigkeit einfach zu einem monotonen Rauschen verschwimmen lassen oder gar komplett ausblenden können. Ich kann das nicht. Und schon gar nicht, wenn der größte Störenfried von allen in derselben Kabine im Bett direkt neben mir liegt! Die gesamte Nacht über durfte ich seiner knatternden Atmungsstörung lauschen und es gab nichts, was ich hätte tun können. Ohropax sind mir zuwider, das Kissen über den Kopf zu ziehen war nutzlos und selbst Schäfchen zählen führte nicht zum erhofften und dringend benötigten Schlaf. Ständig führte ich mir vor Augen, mit wie vielen fremden Menschen ich mir hier eigentlich gerade das Schlafzimmer teile. Ich weiß nicht wie viele Stunden vergingen, bis ich endlich anfing, mich mit der schlaflosen Situation abzufinden. Hoffentlich hatte ich heute Nacht einfach nur Pech.

Weil ich nun aber völlig übermüdet bin, versuche ich mich im Folgenden kurz zu fassen. Sofern das denn bei all den interessanten Begegnungen und Gesprächen überhaupt möglich ist.

Als heute Morgen in Roncesvalles die Wecker klingeln, halte ich meine Augen geschlossen und lausche was um mich herum passiert. Anders als gestern, weiß ich dieses Mal ganz genau, wo ich hier bin.

Ich höre einige Leute gähnen, die sich aus dem Bett quälen, mit ihren Schlappen zum Badezimmer schlürfen, wieder zurückkommen, ihre Sachen zusammenpacken, dann diverse Reißverschlüsse zumachen und schließlich die Treppe ins Erdgeschoss runtergehen. Durch das offene Fenster höre ich dann wie die Frühaufsteher draußen vor der Herberge mit ihren Wanderstöcken klackern und ihre Schuhe auf dem Boden ausklopfen, um sie von Dreck zu befreien.

Abgesehen von denjenigen, die sich vom erneuten Weckerlärm überhaupt nicht beeindrucken lassen und einfach unbeirrt weiter schnarchen, macht sich jetzt die zweite Welle von Pilger für die heutige Etappe bereit. Ich denke es wird nun auch für mich Zeit aufzustehen. Also mache ich meine Augen auf, steige aus dem Bett und schaue aus dem Fenster. Aufgrund ihrer lädierten Füße, erinnert die Gangart mancher Pilger in ihren Wanderboots an die von Skifahrern in ihren ungelenken Skischuhen.

Schmunzelnd, aber humpelnd, gehe ich ins Bad und mache mich fertig. Zurück an meiner Schlafkoje warten bereits Yookyung und Mark auf mich. Sie sind startklar. Schnell packe ich meine sieben Sachen ein und schon brechen wir gemeinsam zu unserer zweiten Etappe auf. Als wir Roncesvalles verlassen, haben wir noch nichts gefrühstückt. Zwar haben wir großen Hunger, aber unser Tatendrang treibt uns ohne Umschweife direkt auf den Jakobsweg.

Etwa drei Kilometer später landen wir in Burguete. Mein Pilgerhandbuch unterrichtet uns, dass das angeblich der Ort gewesen sein soll, in dem der Schriftsteller Ernest Hemingway des Öfteren Zuflucht gesucht hat, wenn ihm das Treiben in Pamplona zu viel wurde. Ahja, und wo hat er gefrühstückt? Hoffen wir mal, dass er dazu nicht nach Roncesvalles gehen musste.

Wir haben Glück und finden eine Bar, in der wir immerhin ein leckeres Croissant und einen ColaCao zu uns nehmen können. Letzteres ist eine heiße Schokolade und der Name wohl einer der bekanntesten Marken in Spanien. Dort ist der Markenname nämlich zu einer Art Synonym mutiert, etwa so wie die Deutschen Tempo anstatt Taschentuch sagen. Mark und ich kaufen uns noch zwei gekühlte Powergetränke für unterwegs, dann schnallen wir unsere Rucksäcke gestärkt wieder auf und verlassen die Bar.

Noch im selben Ort treffen wir auf die zwei Düsseldorferinnen, die ich gestern vor den Automaten flüchtig kennen gelernt habe. Die beiden tragen nun nicht nur die gleiche Jacke sowie die gleiche Hose, sondern haben auch die gleichen Wanderstöcke und sogar den gleichen Rucksack. Ob die beiden sowas wie beste Freundinnen sind? Man grüßt sich freundlich auf deutsch und Mark kommentiert das albernd mit: »Jesus, so many Germans on the camino.«

Genau genommen hat er ja völlig Recht. Es sind tatsächlich auffällig viele Deutsche auf dem Weg. Das wird in erster Linie natürlich auf den umstrittenen Kerkeling-Effekt zurückzuführen sein, der zweifelsohne zum zahlenmäßig überdurchschnittlichen Anstieg deutscher Pilger auf dem Jakobsweg beigetragen hat. Die meisten oder gar alle, die das Buch des wohl beliebtesten Comedian Deutschlands gelesen haben, werden von seiner Reise inspiriert gewesen sein. Es ist also wenig überraschend, dass sich viele Landsfrauen und Landsmänner derselben Herausforderung stellen möchten. Ich kann es unserem berühmten Pilgerkollegen aber nicht verübeln, denn ohne ihn wäre auch ich sicherlich nicht hier. Hape Kerkeling ist den Weg im Sommer 2001 gegangen und hat fünf Jahre später seinen Reisebericht »Ich bin dann mal weg« veröffentlicht. Kurz nach der Jahrtausendwende war auf dem Jakobsweg natürlich vieles anders als heute, dennoch konnte ich bereits einige Parallelen zu seinen darin beschriebenen Erfahrungen feststellen.

Hinter Burguete bekommen wir die ersten Tiere seit Antritt der Reise zu sehen, darunter überwiegend Pferde. Einige der Vierbeiner kommen an den Zaun, da sie offensichtlich sehr an uns Pilgern interessiert sind. Vermutlich wollen sie aber nur, dass wir ihnen etwas zu fressen geben. Angeregt von den Pferden, fängt Mark plötzlich an etwas zu singen. Ich erkenne es auf Anhieb, da es sich vor geraumer Zeit wie ein Lauffeuer auf Facebook verbreitet hat und mehrere Million Mal auf YouTube aufgerufen worden ist. Das etwa einminütige Lied besteht aus lediglich einer Strophe und einem Refrain. Besonders Kreative haben das besagte Musikstück in Dauerschleife aneinandergereiht und auf der Videoplattform hochgeladen. Obwohl es total bescheuert und nach einer Weile auch ziemlich nervtötend ist, scheint es weltweit immer noch sehr beliebt zu sein.

Mark singt das Lied rauf und runter und hört gar nicht mehr damit auf. Ich bezweifle stark, dass er sich die volle Länge des Videos nur einmal angetan hat. Yoo-kyung kennt den Text zwar nicht, amüsiert sich aber an seinem Gesang köstlich. Also lassen wir ihn weiter trällern.

Dieser Kolumbianer ist schon ein komischer Kauz. Zuhause wäre ich ihm nie begegnet, so viel ist sicher. Alleine der Altersunterschied von knapp drei Jahren oder die verschiedenen Musikgeschmäcker, in jedem Fall aber seine Vorlieben für Piercings und Tattoos hätten uns im normalen Alltag vermutlich nie einander kennen lernen lassen. Hier auf dem Jakobsweg spielt all das keine Rolle. Der Typ ist einfach eine coole Socke, man kann ihn nur mögen.

Auf den folgenden Kilometern lernen wir Joana aus dem Baskenland kennen. Für den Fall, dass es anfängt zu regnen, ist sie bereits mit einem großen, blauen Regenponcho verkleidet. Die Baskin hat ihren Jakobsweg heute Morgen in Roncesvalles begonnen und wird lediglich bis nach Logroño laufen. Das sind in etwa einhundertvierzig Kilometer, die sie in sieben Etappen zurücklegen möchte. Da sie von ihrer Arbeit nur eine Woche Urlaub bekommen hat, möchte Joana später in Abschnitten stets dort weiterlaufen, wo sie zuletzt aufgehört hat. Ihr Heimvorteil macht sie natürlich recht flexibel in der Planung, allerdings wird ihre Erfahrung auf dem Jakobsweg damit zweifelsohne eine ganz andere sein, als die der Pilger, die den *camino* an einem Stück laufen. Joana ist aber bei Weitem nicht die einzige Teilzeitpilgerin. Tatsächlich habe ich bereits Einige kennengelernt, die den Weg abschnittsweise bewältigen. Zwischendurch treten sie die Heimreise an und kehren später wieder zurück. In den meisten Fällen fehlt ihnen wie Joana die Zeit oder aber die körperliche Energie für längere Distanzen.

Irgendwann komme ich mit Joana auf meinen Schüleraustausch im Baskenland zu sprechen. Sofort nimmt sie das zum Anlass, meine Sprachkenntnisse auf die Probe zu stellen. Zwar ist mein Spanisch ein wenig eingerostet, aber ich genieße die anschließende Unterhaltung mit ihr, unter anderem über das Guggenheim Museum in Bilbao. Längst vergessen geglaubte Vokabeln fliegen mir aus dem Gedächtnis zu und ich erlange *lento pero seguro*, langsam aber sicher, mein einstiges Sprachgefühl zurück. »Hablas muy bien castellano, Dominique!« Scheint als hätte ich ihren Test bestanden.

Am Rand des Weges stoßen wir auf einen weiteren Pilger.

»Hi. My name is Lucas. I'm from Chicago, Illinois.«, stellt er sich uns kurz vor und erzählt dann, dass er gerade auf seine Weggefährten warte und sich schon Sorgen um sie mache. Hoffnungsvoll fragt er, ob wir sie vielleicht gesehen haben. Aber leider können wir ihm nicht helfen, da wir auf den letzten Kilometern keinen Pilgern begegnet sind, die auf seine Beschreibung zutreffen.

»Why don't you just walk with us to the next town and wait for your friends there?«, fragt ihn Mark.

»Yeah, I guess that's a good idea… «, stimmt ihm Lucas nachdenklich zu und schaut noch einmal in die Richtung, aus der wir gerade gekommen sind. Doch dann schließt er sich uns an und wir laufen nun zu fünft weiter. Während sich Mark und Yookyung mit dem US-Amerikaner unterhalten, tausche ich mich mit Joana auf Spanisch weiter über das Baskenland aus.

Im Dorfzentrum von Viscarret machen wir schließlich an einer Bar Rast. Aufgrund von Mangel an jeglicher Konkurrenz im Umkreis, ist diese bereits äußerst gut besucht. Vor dem Eingang haben einige Pilger es sich auf Bänken gemütlich gemacht und genießen ihre Mittagspause. Wir legen unsere Rucksäcke ab und betreten die Bar. Drinnen läuft laute Partymusik, die mich unweigerlich an meine Skifahreranalogie von heute Morgen erinnert. Obwohl für heute gerade mal Halbzeit ist, feiern hier Einige schon eine kleine Après Etappen Party. Damit uns der Barmann überhaupt versteht, müssen wir unsere Bestellung bei ihm schreiend aufgeben. Anschließend gehen wir mit unseren Getränken und *bocadillos* schnell wieder nach draußen, wo wir uns zu den zwei besten Freundinnen aus Düsseldorf gesellen.

»Jetzt sind wir uns schon einige Male begegnet und haben uns immer noch nicht einander vorgestellt«, bemerkt die dunkelhaarige der beiden und zeigt dann auf ihre blonde Begleitung im Partneroutfit: »Also, das ist meine Schwester Julia und ich bin die Merle.« Geschwister, natürlich. Daran hatte ich noch gar nicht gedacht.

Just in diesem Moment kommen Claire und Luis um die Ecke gebogen. Wir haben die beiden seit gestern Abend nach ihrer Ankunft in Roncesvalles nicht mehr gesehen. Sie holen sich ebenfalls was zu essen und schließen sich dann unserem Stehkreis an.

Nach der Mittagspause geht es mit neuem Elan weiter. Merle, Julia, Luis, Claire, Yoo-kyung, Mark und ich machen uns wieder auf den Weg. Joana und Lucas bleiben noch etwas länger in der Bar und unterhalten sich angeregt mit den vielen Pilgerkollegen. Da wir heute aber ohnehin alle das gleiche Etappenziel haben, werden wir uns spätestens in Zubiri wieder sehen.

Zu siebt brechen wir in dieser abermals multikulturellen Konstellation auf und lassen Viscarret hinter uns. Bestens gelaunt führen wir eine Unterhaltung, die bei Außenstehenden sicherlich den Eindruck erwecken könnte, dass wir uns bereits seit einer halben Ewigkeit kennen. Wir erzählen uns munter diverse Anekdoten aus unserem Leben, nehmen kein Blatt vor den Mund und lachen viel.

Obwohl wir uns erst vor zwei Tagen kennengelernt haben, fühlt sich diese Pilgergemeinschaft schon jetzt vertraut und familiär an. Ja, sogar fast schon als hätten wir gemeinsam den Kindergarten besucht, wären zusammen zur Schule gegangen und würden schon sehr lange sehr gute Freunde sein. Es ist schwer zu beschreiben, warum wir das bereits am dritten Tag unserer

Pilgerreise so empfinden. Aber ich glaube, dass wir einfach sehr erleichtert sind. Wir waren vielleicht alle etwas angespannt und wussten nicht so recht was uns auf dem Jakobsweg erwartet. Doch jetzt sind wir angekommen, fühlen uns wohl und genießen den Kontakt zu uns gleichgesinnten Menschen aus aller Welt.

Aber wie wahrscheinlich ist das? Es muss schon Einiges zusammenkommen, dass wir am selben Tag unsere Reise auf dem Jakobsweg beginnen, dieselbe Herberge zugewiesen bekommen, dort sogar im selben Schlafsaal landen und uns dann noch derart gut miteinander verstehen. Wir schätzen uns daher sehr glücklich und in unserer Euphorie fällt sogar folgender Satz:»If that's not destiny, I don't know what is.«

Ich bin froh, dass der Jakobsweg erst begonnen hat und der Großteil erst noch vor mir liegt. Doch es gibt eine Kleinigkeit, die mich das Pilgern leider weniger genießen lässt. Die Schmerzen an meinen Füßen nehmen stetig zu. Ich habe sie mir heute noch nicht angesehen, aber ich erwarte nichts Gutes. Immer mehr bereue ich es, die Schuhe vorab nicht ausreichend eingelaufen zu haben. Seit heute Vormittag plagt mich der Gedanke, es aufgrund meiner Füße im schlimmsten Fall gar nicht nach Santiago de Compostela schaffen zu können. Es wäre einfach unglaublich enttäuschend für mich, schon vorzeitig die Heimreise antreten zu müssen. Ich denke, ich sollte jetzt zumindest versuchen zuversichtlich zu bleiben. Positiv denken. *Ultreya*!

Letzteres bekommen wir heute gelegentlich in einigen Dörfern von überwiegend etwas älteren Bewohnern zugerufen. Weil wir es zwar schon einmal gehört haben, aber nicht die genaue Bedeutung kennen, müssen wir im Internet danach suchen.

Wikipedia behauptet, das *Ultreya* ein altes Grußwort aus dem Spanischen sei, welches sich die Pilger früher auf dem Jakobsweg zugerufen haben, um sich gegenseitig aufzumuntern und Mut zu machen. Es bedeute so viel wie »Vorwärts!« oder »Weiter!«. Man könnte also sagen, dass es in gewisser Weise eine überholte Form vom heutigen *buen camino* ist.

Die Stimmung ist nach wie vor unverändert gut, aber weitere Beschwerden sind zu verkünden. Zwar scheine ich in unserer Gruppe der Einzige zu sein, der sich an seinen Füßen bereits eine Blase gelaufen hat. Aber wovon ich dank meiner Wanderstöcke bisher verschont geblieben bin und worüber die meisten anderen klagen, sind fiese Knieschmerzen. Der Abstieg nach Zubiri ist damit für keinen von uns wirklich angenehm und so müssen wir ständig die Gangart anpassen, um unsere Wehwehchen an Knien und Füßen bestmöglich zu entlasten.

Bei einer letzten Pause, etwa fünf Kilometer vom heutigen Etappenziel entfernt, kaufen wir uns an einem Imbisswagen ein kaltes Getränk und tanken noch einmal Kraft. Danach brechen wir wehleidig ein letztes Mal für heute auf und gehen wenige Minuten später passenderweise an einem Stoppschild vorbei, das unter Pilgern bestimmt schon Kultstatus erreicht hat. Auf das herkömmliche Straßenschild hat jemand mit einem schwarzen Marker die Worte *Don't* und *walking* ergänzt und es damit zu einer Motivationshilfe für Pilger umfunktioniert.

»Don't STOP walking«

Wir nehmen das Schild beim Wort, setzen einen Fuß vor den anderen und kommen so unserem Ziel nun immer näher. Im strömenden Regen geht es auf Schlammwegen recht steil hinab, was uns gerade zum Ende der heutigen Etappe nochmal alles abverlangt. Vor uns sehen wir ein älteres Pärchen, das es sich leider unnötig schwerer macht. Obwohl beide einen Regenponcho tragen, der sie von Kopf bis Fuß, einschließlich Rucksack, bereits vor der Feuchtigkeit schützt, halten sie in der linken Hand einen Regenschirm. Mit zwei Wanderstöcken zum Abstützen würden sie sich bei diesem Abstieg und dem rutschigen Boden sicherlich einen größeren Gefallen tun.

Irgendwann gelangen wir ans Ende des Weges und haben wieder Asphalt unter den Füßen. Über eine mittelalterliche Brücke, die den Fluss Arga überquert, betreten wir schließlich Zubiri. Der Ortsname ist baskisch und heißt übersetzt so viel wie »Ort an der Brücke«. Auch hier weiß unser Pilgerführer wieder mehr: »Die Legende erzählt, dass tollwütige Tiere, die dreimal unter der Brücke hindurchgeführt werden, von der Tollwut geheilt sind.« Interessant.

Merle und Julia gehen in ihre zuvor reservierte private Herberge. Luis und Claire nehmen sich ein Zimmer in einem Hotel. Mark, Yoo-kyung und ich gehen in eine andere private Herberge, die auf den Namen El Palo de Avallano hört.

Und hier sitze ich nun, frisch geduscht auf meinem einladend gemütlichen Bett. Wenn ich jetzt nicht aufstehe, schlafe ich sofort ein. Aber wir haben uns zum Abendessen verabredet und wollen schließlich gebührend auf unsere zweite, absolvierte Etappe anstoßen. Also los. Chinchín!

heute: 23 km | gesamt: 49 km | verbleibend: 751 km

07. April 2012

Pamplona

An diesem Morgen wache ich mit leichten Kopfschmerzen auf. Und nicht nur ich. Gestern Abend hat uns der Wein definitiv zu gut geschmeckt.

Gegen sechs Uhr gingen wir zusammen in eine Bar und gönnten uns zunächst ein Feierabendbierchen. Leider gibt es auf dem Jakobsweg das vergünstigte *menú del peregrino* wohl grundsätzlich nur zu bestimmten Uhrzeiten und so mussten wir über eine Stunde warten, bis wir endlich unsere hungrigen Mäuler stopfen konnten. Vor- und Nachspeise waren in Ordnung, das Hauptgericht aber eine ähnliche Bauchlandung wie vor zwei Tagen in Saint-Jean-Pied-de-Port. Der guten Laune tat dies aber keinen Abbruch, im Gegenteil. Von Müdigkeit und unseren körperlichen Beschwerden war keine Spur. Mehrmals prosteten wir uns mit unseren Gläsern zu und waren uns einig, dass das einzig Gute am Pilgermenü bisher nur der *vino tinto* ist. Tatsächlich fange auch ich an Gefallen am Genussmittel Rotwein zu finden. Zuvor habe ich äußerst selten Wein getrunken. Da wo ich herkomme, trinkt man schließlich »a Hoibe Bier«.

Nach dem Essen, musste ich mal für kleine Pilger und lief am Tresen der Bar vorbei. Dort sprach mich ein deutscher Pilger auf unsere »sehr lebendige« Gruppe an und ich erzählte ihm kurz wie wir uns erst vor wenigen Tagen kennengelernt haben. Er machte einen netten Eindruck, also habe ich ihn gefragt, ob er sich an unseren Tisch dazuzugesellen möchte. Allerdings winkte er dankend ab und meinte, er sei gerade am Gehen und wolle heute ohnehin früh ins Bett.

Er hieß Martin und seinem Beispiel hätten wir mal folgen sollen.

Zurück am Tisch standen vor uns nämlich schon zwei neue Weinflaschen, die uns Mark zur Feier des Tages spendiert hatte. Es gibt ein spanisches Wort, das unseren Abend ab diesem Moment womöglich am besten umschreibt. *Botellón*. In zivilisiertem Deutsch lässt sich das wohl am ehesten als »ausufernden Alkoholkonsum« übersetzen.

Ich weiß nicht mal wie spät es wurde, als wir die Bar irgendwann verließen und uns eine gute Nacht wünschten.

Joana und Lucas haben wir im Übrigen gestern nicht mehr getroffen. Da wir noch keine Handynummern ausgetauscht haben, waren wir leider auch nicht in der Lage sie zu kontaktieren. Jedoch sind wir davon überzeugt, dass sich unsere Wege erneut kreuzen werden.

Schade ist es trotzdem, denn wir hätten gestern Abend mit dem Rotwein gut Verstärkung gebrauchen können...

Nach einem großartig üppigen Frühstück in der Herberge und mit garantiert ein wenig Restalkohol im Blut, macht sich unsere fast vollständige Gruppe heute Morgen auf den Weg. Luis und Claire haben gestern bereits angekündigt, dass sie heute ausschlafen möchten und daher erst später aufbrechen werden.

Trotz Kater, freuen wir uns auf einen neuen Tag auf dem Jakobsweg und vor allem auf unser heutiges Etappenziel. Die wohl bekannteste Stadt der Stierkämpfe, Pamplona.

Über diverse Brücken und auf schönen Pfaden überqueren wir heute, bei glücklicherweise trockenem Wetter und vereinzelt sogar ein paar Sonnenstrahlen, mehrmals den Fluss Arga. Aufgrund der Strapazen des gestrigen Tages und des gestrigen Abends, stellt sich die heutige Etappe aber leider deutlich anstrengender heraus als es die Pilgerführer behaupten. Also lassen wir es allesamt etwas gemütlicher angehen und jeder läuft das für sich angenehme Tempo. Wir gehen zu Beginn ein Stück zusammen, trennen uns nach einer kleinen Pause, warten aufeinander und laufen dann wieder vereint. So geht das heute einige Male. Während Mark, Yoo-kyung und Merle zu Kopfhörern und Musik greifen, setze ich mich mit Julia dann später etwas von der Gruppe ab. Wir unterhalten uns über zuhause und das, was uns dort nach dem Jakobsweg erwarten wird.

»Am 9. Mai habe ich einen Eignungstest an einer Hochschule in München. Mein Rückflug von Santiago geht daher leider schon am 6. Mai«, erzähle ich Julia und äußere ihr meine Zweifel: »Ich hoffe, meine Füße schaffen es überhaupt, mich in dieser Zeit ans Ziel zu bringen.«

Julia und Merle haben dagegen noch gar kein Rückflugticket gebucht. Damit sind sie natürlich deutlich flexibler und können sich den Tag der Ankunft in Santiago offen halten.

Ich spreche es nicht aus, aber ich befürchte, dass ich mich womöglich aufgrund meines verdammten Zeitdrucks von meinen Pilgerfreunden schon bald verabschieden muss. Der Gedanke daran gefällt mir aber überhaupt nicht und so versuche ich schnell das Thema zu wechseln.

Nach einer Weile macht sich bei Julia und mir bemerkbar, wie sehr unsere Kräfte nachlassen. Wir wissen natürlich warum, aber ein weiterer Grund für die schwindende Energie ist schnell gefunden. Abgesehen vom Frühstück, haben wir heute definitiv zu wenig gegessen. Wir wollten möglichst früh in Pamplona ankommen, um uns am Nachmittag die Stadt ansehen zu können. Da die Etappe mit etwa einundzwanzig Kilometern ohnehin zu den kürzeren gehört, haben wir das Mittagessen dann einfach ausfallen lassen. Das war keine gute Idee.

Eine noch viel schlechtere Idee ist es, in diesem hungrigen Zustand nun über warme Mahlzeiten zu sprechen. Wir begehen den großen Fehler und fangen an unsere Lieblingsgerichte aufzuzählen: »Pizza Prosciutto e Funghi, Spaghetti Carbonara, Beef-Bacon-Burger, Caesar Salad…«

Das macht die Situation nicht wirklich besser und uns nur noch hungriger. Die verbleibenden Kilometer schleppen wir uns ohne Pause durch die im Zickzack verlaufenden Straßen und Vororte. Julia, die ihren Outdoor-Pilgerführer bei jedem Wetter stets griffbereit hat und dieser daher schon etwas mitgenommen aussieht, zitiert daraus: »Nach 1.7km erreichen Sie die Magdalena-Brücke über den Fluss Arga, wo die ersten Ausläufer von Pamplona beginnen.«

Bevor wir heute also ein letztes Mal den Fluss Arga überqueren und damit in Pamplona einkehren, setzen wir uns auf eine Bank und beschließen auf den Rest der Gruppe zu warten.

Es dauert nicht lange, da können wir Julias Schwester und Yoo-kyung sehen. Mark jedoch fehlt. Als die beiden unsere Bank erreichen und unsere besorgten Gesichter sehen, gibt Merle Entwarnung: »Alles gut. Mark möchte nur alleine sein, er kommt nach.«

Wenn wir jetzt zu einer Herberge gehen, wird Mark uns vermutlich in der 166.000 Einwohner großen Stadt nur schwer finden. Wir haben untereinander leider immer noch keine Handynummern ausgetauscht und so gäbe es keine Möglichkeit ihm Bescheid zu geben, wo wir sind. Obwohl wir einen entsetzlichen Kohldampf haben, ist es für uns mehr als selbstverständlich daher auf ihn zu warten.

»Ich denke, in einer halben Stunde ist er hier«, schätzt Merle.

Keine fünfzehn Minuten später, sehen wir Mark uns mit seinen Wanderstöcken aus der Ferne zuwinken. Kurz darauf steht er neben uns und bedankt sich, dass wir auf ihn gewartet haben.

Während wir uns im Reiseführer über mehrere Herbergen informieren, vergehen weitere zehn Minuten bis wir uns schließlich darauf einigen, zunächst das Touristenbüro anzusteuern. Anstatt einer vollen Pilgerherberge, möchten wir uns heute günstige Einzel-, beziehungsweise Doppelzimmer gönnen, um mal wieder zu Kräften zu kommen.

Gerade als wir uns auf den Weg machen wollen, hören wir jemanden unsere Namen rufen. Diese Stimmen kennen wir doch. Wir drehen uns überrascht um und blicken in die glücklichen Gesichter von Claire und Luis. Die beiden müssen einen Sprint eingelegt haben. Tatsächlich geben sie zu, dass ihr ebenfalls unbeschreiblich großer Hunger auch sie heute angespornt hat schnellstmöglich in Pamplona anzukommen. Ohne die beiden auch nur für einen Moment verschnaufen zu lassen, machen wir uns aus diesem Grund gleich los.

»Wie sagt man *come on* auf koreanisch?«, möchte Merle als Motivationsmacher für unsere Gruppe von Yoo-kyung wissen.

Offensichtlich gibt es keine wörtliche Übersetzung dafür, denn sie muss kurz überlegen. Dann bleibt sie plötzlich stehen, hebt die rechte Faust in die Luft, die linke gen Boden und ruft: »Assa!«

Ihr Auftritt könnte direkt aus einem Mangaheft stammen und wirkt ungewollt so komisch, dass wir uns vor Lachen nicht mehr halten können. Allerdings gefällt es uns derart gut, dass wir ihr es sofort nachmachen. Wie in einem Comic, nehmen wir alle die Superheldenpose ein und rufen dann ganz laut: »Assa!«

Wir sind völlig begeistert und haben keine Zweifel, dass *Assa* das Zeug dazu hat, der Nachfolger von *buen camino* zu werden.

Bisher hat Julia immer sichergestellt, dass wir uns nicht verlaufen und stets die richtigen Abzweigungen nehmen. Doch heute möchte sie diesen Job abgeben und fragt mich kurz vor Ende dieser Etappe sichtlich erschöpft: »Bist du gut im Kartenlesen?«

»Schon, ja«, prahle ich und bekomme sofort ihr Pilgerhandbuch in die Hand gedrückt.

Damit übernehme ich nun die verantwortungsvolle Aufgabe, die Gruppe auf dem kürzesten Weg zur Touristeninformation von Pamplona zu führen. Während ich mir die effizienteste Route im Kopf zurecht lege, gehen wir zunächst über die besagte Magdalena Brücke. Die abgedruckte Karte steht aufgrund unserer entgegengesetzten Orientierung auf dem Kopf. Trotz meines ansonsten hervorragenden Orientierungssinns, lasse ich mich davon zu sehr irritieren und weiß mir daher nicht anders zu helfen, als den Stadtplan einmal um hundertachtzig Grad zu drehen. Für einen hämischen Kommentar ist Julia zum Glück schon zu müde.

Entgegen der schriftlichen Beschreibung Pamplona nun durch das Stadttor *Portal de Francia* zu betreten, biegen wir links auf die *Calle de Juan de Labrit* ab. Außen, entlang der Stadtmauer, passieren wir die gotische Kathedrale von Pamplona. Weil sich hungrig nunmal kein Sightseeing machen lässt, folgen wir unbeeindruckt dem weiteren Straßenverlauf. Nach einem weiteren Blick ins Handbuch, stehen wir auf einmal vor dem Haupteingang der berühmten Stierkampfarena sowie einer Büste von Ernest Hemingway, einst Liebhaber der Stierkämpfe. Beides lassen wir buchstäblich links liegen.

Wenige Meter weiter, treffen wir auf die *Calle Estafeta*. Das ist die Straße, durch die während des umstrittenen San-Fermín-Festes im Juli jedes Jahr die Stiere und Stierläufer in Richtung der Arena rennen. Aber auch dafür zeigt im Moment keiner von uns großes Interesse.

Ein paar Gebäudeblocks weiter, stehen wir dann endlich vor unserem vorläufigen Ziel und werden sogleich bitter enttäuscht. Wir können es nicht fassen. An einem Samstag Nachmittag, wo sie doch am allermeisten gebraucht wird, hat diese Touristeninformation allen Ernstes geschlossen. Was nun?

Keiner von uns möchte heute in einer der Pilgerherbergen absteigen, da wir nach diesem Tag schlichtweg mal wieder ausreichend guten Schlaf brauchen. Eigentlich haben wir uns eine Auskunft und eine Adressliste von günstigen Hotels erhofft. Jetzt stehen wir hier vor verschlossener Tür und wissen nicht wohin mit uns.

Am Ende unserer Kräfte macht es nur wenig Sinn in der Hauptstadt Navarras nun auf gut Glück einzelne Unterkünfte abzuklappern. Ratlos legen wir eine Krisensitzung ein und diskutieren über mögliche Optionen. Zu einer Lösung führt das allerdings nicht, denn nach müde kommt schließlich doof. Hungrig, erschöpft und nicht mehr in der Lage rational zu denken, fangen wir ohne jegliches Zutun an, uns über unser ausweglos scheinendes Schicksal zu amüsieren. Wir wissen nicht warum, aber wir kugeln uns vor Lachen auf dem Boden.

Als wir uns von dem Anfall wieder beruhigen, wird uns klar, dass wir heute kein Dach mehr über den Kopf bekommen und die Küche kalt bleibt, wenn das so weiter geht. Allein der Gedanke reicht und wir schmeißen uns erneut vor Lachen weg.

Luis ist einer der Ersten, der sich zusammenreißen kann und sich das geschlossene Tourismusbüro nochmal genauer ansieht. Dann macht er uns auf eine Liste aufmerksam, die außen angebracht und wirklich kaum zu übersehen ist. In unserem heiteren Zustand muss sie uns offensichtlich entgangen sein. Die Liste enthält nicht nur Hotels mit Adressen und Telefonnummern, sondern verweist auch auf den mit Markierungen versehenen Stadtplan, der direkt daneben hängt. Wir zögern keine Sekunde und rufen an. Wie zu befürchten war, sind viele Hotels bereits ausgebucht. Bei einem der letzten Nummern auf der Liste haben wir aber dann Glück. Ohne auf die Idee zu kommen ein Foto von der Karte zu machen, versuchen wir uns den Weg dorthin bestmöglich einzuprägen. Mit den garantiert allerletzten Energiereserven schleppen wir uns von dannen.

Auf dem Weg zum Hotel gehen wir an mehreren Restaurants vorbei, die mit ihren Gerüchen uns das Wasser im Munde zusammenlaufen lassen. Die Auswahl an Speisehäusern ist alles andere als überschaubar. Dennoch besteht unter allen Beteiligten schnell ein Konsens darüber, dass wir heute Abend in einem amerikanischen Burger Restaurant dinieren werden. Die Versuchung ist natürlich groß bereits jetzt mit Sack und Pack das Restaurant zu betreten und einen saftigen Burger zu verschlingen. Allerdings sitzt uns die Zeit im Nacken und wir müssen uns ein wenig beeilen, da unsere telefonisch reservierten Zimmer nur für sechzig Minuten freigehalten werden.

Rechtzeitig, aber mit kleineren Umwegen, kommen wir schließlich am Hotel an. Gegen eine Vorabzahlung für die Nacht, erhalten wir an der Rezeption die Schlüssel zu unseren Schlafräumen gereicht. Merle, Julia und Yoo-kyung teilen sich heute ein Dreibettzimmer. Luis, Claire und ich beziehen ein Weiteres. Einstimmig und ohne Einwände beschließen wir, dass Mark das noch einzig verfügbare Einzelzimmer bekommen soll.

»Thank you so much, guys! Drinks on me!«

Nach einer schnellen Dusche, ziehen wir die frischesten Klamotten an, die wir in unseren Rucksäcken haben, und gehen erneut in die Innenstadt, um nun endlich etwas zwischen die Zähne zu bekommen. Das Burger Restaurant, für das wir uns vorab entschieden haben, nennt sich ganz einfach *Hollywood*. Und wo irgendwas mit Hollywood drauf steht, muss auch irgendwas mit Hollywood drin sein.

In diesem Fall sind das dekorative Filmplakate, die die Wände schmücken. Wie es der Zufall so will, hängt dort auch ein Filmposter von einem der *Fluch der Karibik* Teile mit Orlando Bloom in der Rolle des Will Turner. Sofort stellen wir Luis daneben und schießen ein Foto.

Da im Hollywood zum frühen Abend noch nichts los ist, haben wir freie Platzwahl und entscheiden uns kurzerhand für einen großen Tisch neben einem *The Godfather* Plakat. Hoffentlich lässt die Abwesenheit von anderen Gästen nicht auf die Qualität des Essens schließen. Was wir jetzt brauchen sind leckere Burger.

Und die bekommen wir zum Glück wenig später auch. Die Burger sind wirklich köstlich. Feinstes Fleisch, vortrefflich medium gebraten, mit knusprigem Speck, knackigem Salat und zart schmelzendem Käse. Dazu leckere Pommes und ein noch leckerer Dip. Wir lassen uns das Mahl sichtlich schmecken und stoßen darauf mit unseren Cocktails, Softdrinks und Coronitas an.

Nachdem der Hunger gestillt ist, kommt ein Thema auf, über das ich mich heute bereits mit Julia kurz ausgetauscht habe. Es geht um unsere Rückreisetermine in die Heimat. Offensichtlich sind wir nicht die Einzigen, die sich darüber schon Gedanken gemacht haben.

Die Tatsache, dass ich meinen Rückflug nach München bereits gebucht habe und damit leider massiv unter Zeitdruck stehe, fällt mir nicht leicht zu akzeptieren. In ziemlich genau einem Monat werde ich spät abends in eine Maschine von Santiago de Compostela nach Barcelona steigen, mir dort im Flughafengebäude die Nacht um die Ohren schlagen und dann am nächsten Morgen den ersten Flug nach München nehmen.

Bis zu meiner Rückreise am 6. Mai habe ich für die verbleibenden knapp siebenhundertdreißig Kilometer genau achtundzwanzig Tage Zeit. Durchschnittlich müsste ich also etwa sechsundzwanzig Kilometer am Tag zurücklegen, um rechtzeitig zu meinem Rückflug am Airport in Santiago de Compostela anzukommen.

Zwar ist mein primär erklärtes Ziel die Kathedrale von Santiago, aber ich möchte zusätzlich auch noch gerne ans Kap Finisterre. Das sogenannte *Ende der Welt* befindet sich etwa einhundert Pilgerkilometer westlich von der Hauptstadt Galiciens entfernt. Diese Distanz ist in vier, mindestens aber in drei Tagesetappen zu schaffen. Wenn ich dort eine Übernachtung inklusive der Rückfahrt nach Santiago mit einberechne, wäre ich damit bereits bei dreißig Durchschnittskilometern am Tag.

Sollte ich mir zuvor dann noch in einer der Städte einen Tag Pause gönnen, müsste ich in den kommenden Wochen entsprechend mehr Tageskilometer absolvieren. Gemessen am Zustand meiner Füße, scheint mir diese Zielsetzung aber eher sportlich. Alternativ könnte ich auch mein Pilgerdasein schon in Santiago beenden und dann einfach den Bus ans Kap nehmen. Die Zeit rast ohnehin bereits viel zu schnell an mir vorbei. Stress ist das allerletzte, was ich am Ende des Jakobsweg aufkommen lassen möchte.

Ich wäre gerne flexibler mit meinen Etappenzielen, aber ich bin es leider überhaupt nicht. Denn eines habe ich mir von Anfang an vorgenommen. Bevor ich nicht vor der Kathedrale in Santiago de Compostela stehe, werde ich nicht einen Fuß in Busse oder andere Verkehrsmittel setzen. Auch zu Pferde, auf dem Esel oder per Anhalter werde ich keine Etappe überspringen. Ich werde die achthundert Kilometer pilgern.

Außerdem bin ich hier auf der Suche nach einem Erfolgserlebnis. Ich möchte am Ende von mir selbst aufrichtig behaupten können, die komplette Strecke nach Santiago zu Fuß zurückgelegt zu haben. Daher habe ich nahezu keinen Spielraum und bin darauf angewiesen, die verbleibenden Tage und Kilometer bis aufs Letzte durchzurechnen.

Claire möchte einen Tag pausieren und spielt daher mit dem Gedanken mit Luis eine Nacht länger in Pamplona zu bleiben. Die beiden können sich das zeitlich sehr gut leisten, da sie zwar auch schon ihren Rückflug im Voraus gebucht haben, dieser allerdings erst wesentlich später im Mai geht. Pamplona ist, wie ich bereits im Spanischunterricht in der Schule gelernt habe, *una ciudad muy bonita*. Gerne würde auch ich hier länger bleiben.

Genau wie Julia und Merle, hat auch Mark noch kein Rückflugticket gebucht. Yoo-kyung dagegen, die nach ihrer Ankunft in Santiago für einen Kurzurlaub nach Dublin fliegen wird, geht es ähnlich wie mir und bedauert ebenfalls die dadurch entstandene Zeitvorgabe.

Es herrscht betretenes Schweigen. Wir sprechen es nicht aus, aber uns wird allmählich klar, dass wir in dieser Konstellation voraussichtlich nicht gemeinsam bis nach Santiago de Compostela pilgern werden können.

Jetzt erst bemerken wir die kaum wahrnehmbare Musik, die über die Lautsprecher äußerst leise im Restaurant läuft. Wir schenken dem Song, der gerade im Radio abgespielt wird, unsere ungeteilte Aufmerksamkeit. Claire wirft fast ihr Glas um, als es aus ihr herausplatzt: »Guys, that is a sign!«

Es singt Al Green *Let's stay together*.

Wir schmunzeln und wollen dem Ganzen nochmal einen Versuch geben. Also bestellen wir die Rechnung und beschließen, unsere Kalkulationen in einer Bar bei einem Bier fortzusetzen.

Auf dem Weg dorthin machen wir ein Minimum an Sightseeing. Neben einer Stierkampf-Skulptur, vor der wir ein Erinnerungsfoto knipsen, bekommen wir unter anderem auch das berühmte neue Rathaus Pamplonas zu sehen.

In einem netten Pub am *Plaza del Castillo* setzen wir uns schließlich an einen Tisch und breiten all unser zur Verfügung stehendes Kartenmaterial aus. Wir rechnen mehrere Etappenziele und Distanzen durch, um sich irgendwo wieder treffen zu können. Logroño scheint dabei am geeignetsten zu sein. Wenn wir an einem der kommenden Tage lediglich zehn Kilometer gehen, Claire und Luis aber etwa dreißig, so könnten wir theoretisch dort wieder aufeinandertreffen.

Sehr zurückhaltend trage ich der Diskussion kaum bei. Ich habe es im Stillen durchgerechnet, die Gleichung geht für meine Wenigkeit nicht auf. Mit meinem dummen Zeitdruck bin ich hier das Problemkind.

Da der gestrige Abend sehr an meinen Kräften gezehrt hat, lasse ich es nach dem zweiten Bier für heute gut sein. Yoo-kyung und Julia sind ebenfalls müde und schließen sich mir an.

Auf dem Weg zurück ins Hotel, überqueren wir den Platz erneut. Gerade als wir in die Straße unserer heutigen Unterkunft abbiegen wollen, stoßen wir plötzlich auf eine alte Bekannte. Es ist Joana, die mit einer Pilgerfreundin durch die Gassen von Pamplona flaniert. Da wir uns immerhin zwei Tage nicht mehr gesehen, geschweige denn gesprochen haben, unterhalten wir uns sicherlich mindestens zehn Minuten. Überrascht stellen wir fest, dass wir in den vergangenen Tagen die gleichen Etappen gelaufen sind, uns aber trotz dessen immer wieder verpasst haben müssen. Auch Lucas, so glaubt sie, sei gerade in Pamplona.

Weil die beiden Spanierinnen zu dieser späten Stunde immer noch nichts gegessen haben, wollen wir sie nicht länger davon abhalten. Als wir uns voneinander verabschieden, erzählt Joana, es sei ein komisches Gefühl, dass ihre Reise auf dem Jakobsweg in vier Tagen vorerst schon wieder zu Ende geht.

Am Hotel angekommen, wünsche ich Yoo-kyung und Julia eine gute Nacht und gehe in das Zimmer, das ich mir mit Luis und Claire teile. Es ist Samstag und in Pamplona ist die Hölle los. Unser einziges Fenster im Zimmer liegt direkt an der Partymeile. Es ist geschlossen und die Rollläden habe ich komplett runtergelassen, dennoch höre ich das Partyvolk als stünde ich neben ihnen.

Weil ich aufgrund des Lärms ohnehin noch nicht schlafen kann, schalte ich den Fernseher an. Ich zappe einmal das komplette Programm durch und bleibe bei irgendeinem Fußballspiel zwischen zwei mir unbekannten Vereinen hängen. Der Kommentator lässt es immerhin schön spannend klingen.

Nach dem Ende der zweiten Halbzeit mache ich den Fernseher wieder aus und putze meine Zähne. Völlig ausgelaugt lege ich mich schlafen.

Ich bin gespannt, wie sich die beiden Amerikaner nun entscheiden werden. Claire klang zumindest ziemlich entschlossen einen weiteren Tag in Pamplona bleiben zu wollen. Für den Rest geht es morgen ins etwa fünfundzwanzig Kilometer entfernte Puente la Reina.

Das feiernde Volk scheint mittlerweile zum Glück weitergezogen zu sein. *Buenas noches.*

heute: 21 km | gesamt: 70 km | verbleibend: 730 km

08. April 2012

Puente la Reina

So gut habe ich in den vergangenen drei Nächten nicht geschlafen. Und weil heute Sonntag ist, klingeln unsere Wecker erst um neun Uhr. Eine Stunde später frühstücken wir zusammen in einem Café in der Nähe des Hotels. Ich gönne mir einen ColaCao und eine gefüllte Tortilla.

Leider hatten nicht alle eine so erholsame Nacht wie ich. Merle und Mark haben sich gestern Abend das Bier noch etwas länger schmecken lassen. Erst spät nach Mitternacht sind sie zurück ins Hotel gegangen. Als Mark dann in sein Einzelzimmer wollte, fand er seinen Schlüssel nicht. Er muss ihn offensichtlich irgendwo in der Bar verloren haben. Da zu dieser Uhrzeit die Rezeption nicht mehr besetzt war, klopfte er notgedrungen an die Tür von Merle, Julia und Yoo-kyung. Davon verständlicherweise weniger erfreut, haben sie kurzerhand ihre drei Einzelbetten zusammengeschoben und sich quer nebeneinander gelegt. So gab es immerhin Platz für eine vierte Person, aber nur bedingt den erhofften erholsamen Schlaf.

Das sind für die anstehende Etappe, die einen recht steilen Anstieg auf den *Alto del Perdón* und einen ebenso steilen Abstieg nach Puente la Reina bereithält, eher suboptimale Voraussetzungen. Zugegeben, manchmal kommt in mir der Moralapostel raus, der denkt er müsse den Zeigefinger heben und Menschen an ihre Vernunft appellieren. Nur lag ich gestern schon im Bett. Aber hätte jemand den beiden das heutige Höhenprofil gezeigt, hätten sie vielleicht früher Feierabend gemacht. Mark hätte in diesem Fall dann unter Umständen seinen Schlüssel nicht verloren und alle hätten somit zu ausreichend Schlaf gefunden.

Hätte, wäre, könnte. Im Nachhinein ist man immer schlauer. Der Konjunktiv hat auf dem Jakobsweg nichts zu suchen. Und wer weiß, wozu das gut war. Womöglich musste das gar passieren, um daraus zu lernen. Ähnlich wie Kinder, die eine heiße Herdplatte anfassen, wird Mark seine Schlüssel so schnell nicht nochmal verlieren. Aus dieser Perspektive betrachtet, hätte der gestrige Ausgang also doch tatsächlich einen Sinn gehabt. Und darum geht es hier auf dem Jakobsweg schließlich. Glaube ich zumindest.

Nach dem Frühstück teilen uns Claire und Luis mit, dass sie nun heute ihre Füße schonen und eine weitere Nacht in Pamplona bleiben werden. Für mich völlig nachvollziehbar, denn an ihrer Stelle hätte ich mich sicherlich genauso entschieden. Damit steht jetzt aber leider fest, dass ich die beiden mit ziemlich hoher Wahrscheinlichkeit nicht mehr sehen werde. Während die Anderen die Hoffnung auf ein erneutes Zusammentreffen noch nicht aufgeben wollen, muss ich mich also vorzeitig von ihnen verabschieden.

Gegen elf Uhr beginnen wir die Etappe und lassen als heute vermutlich letzte Pilger das Stadtzentrum Pamplonas hinter uns. Claire und Luis winken uns noch hinterher, bis wir schließlich um die Ecke biegen und sie nicht mehr sehen können.

Am Stadtrand passieren wir eine private Universität der Opus Dei, die hier in Pamplona wohl ihren Hauptsitz hat. Spätestens seit Dan Browns *Sakrileg*, habe ich zumindest schonmal von dieser Geheimorganisation gehört, die nicht zuletzt wegen ihrer angeblich praktizierten Selbstgeißelung schon lange äußerst kontrovers diskutiert wird. Wir laufen weiter und verlassen die Stadt nun endgültig.

Mit einigen »Assa!« - Rufen versuchen wir die etwas trübe Stimmung an diesem Morgen aufzuhellen. Anders als Mark und die beiden Geschwister, ist Yoo-kyung heute dem Schlafmangel zum Trotz überraschend fit. Ich gehe mit ihr etwas zügigeren Schrittes und wir verlieren uns in einer interessanten Konversation.

Weil Yoo-kyung ebenfalls eine eher ruhige und introvertierte Person ist, ergibt sich erst jetzt die Gelegenheit unser Gespräch vom ersten Tag fortzusetzen und sich besser kennenzulernen. Neben vielen Dingen, stellen wir unter anderem fest, dass das Reisen eine große Leidenschaft ist, die wir beide teilen. Während wir uns über einige Städte austauschen, die wir bereits besucht haben, bemerken wir zunächst gar nicht, wie flott wir uns eigentlich fortbewegen. Als wir dann irgendwann anhalten und nach dem Rest der Gruppe schauen, können wir sie schon nicht mehr sehen. Wir entscheiden auf sie am Ziel unserer Etappe zu warten und gehen weiter.

Aus der Ferne können wir bereits die vielen Windräder erkennen, die auf der Anhöhe stehen, die wir nun hinauf wollen. Zunächst geht es auf Schotterwegen stetig bergwärts, bis wir nach ein paar Kilometern ein äußerst winziges Dorf mit einem äußerst kompliziertem Namen erreichen. Begleitet von einer amüsanten Diskussion, wie denn nun »Zariquiegui« richtig ausgesprochen wird, gehen wir an der im 13. Jahrhundert erbauten Pfarrkirche *San Andrés* vorbei. So schnell wir den Ort betreten haben, so schnell verlassen wir ihn dann auch schon wieder. Weiter geht es mit steiler werdenden Pistenstücken, die vereinzelt matschig und damit recht unangenehm sind. Irgendwie bahnen wir uns einen

Weg nach oben und kommen schließlich bei phasenweisem Sonnenschein am *Alto del Perdón* an.

Von hier oben wird uns eine tolle Aussicht auf die schöne Landschaft und die weniger schöne, angrenzende Autobahn gewährt. Wir bewundern die bekannte, eiserne Skulptur einer Gruppe Pilger, vor deren hervorragender Kulisse wir ein paar Bilder von uns schießen. Zur Stärkung trinken wir eine Kleinigkeit und teilen uns noch eine Tafel Schokolade.

Danach widmen wir uns dem Abstieg. Leider ist dieser nicht weniger herausfordernd als der ihm vorangegangene Aufstieg. Vor allem aufgrund des Gefälles, ist es mitunter sehr gefährlich, wenn man nicht äußerst vorsichtig und konzentriert genug einen Fuß vor den anderen setzt.

Wir haben Glück und kommen ohne Sturz heile in Uterga an. Danach durchqueren wir Muruzábal und Obanos. Letzterer ist der Ort, in dem die beiden wichtigsten *caminos* zusammentreffen: der Aragonesische und unserer, der Navarrische Jakobsweg.

Alternativ gibt es einen kleinen Umweg von knapp drei Kilometern über Eunate. Dort gibt es eine kleine Kirche, die die Mehrkilometer laut Pilgerhandbuch in jedem Fall wert sein soll. Allerdings entscheiden wir uns dagegen, da uns die Müdigkeit nun doch einholt und wir uns bereits auf eine Dusche und etwas zu Essen freuen.

Mal wieder haben wir heute viel zu wenig Energie in Form von Nahrung zu uns genommen. Das Frühstück heute Morgen und die halbe Tafel Schokolade vorhin reichen schlichtweg nicht aus. Auf einer Waage habe ich schon lange nicht mehr gestanden. Bei derart viel Kalorien, die mein Körper hier über den gesamten Tag verbrennt, bezweifle ich aber stark mein Gewicht halten zu können. Ehrlich gesagt, wäre ich nicht überrascht, wenn ich im Mai mit ein paar Kilos weniger nachhause kommen würde. Bei meiner ohnehin schon sehr schlanken Statur wäre das zwar nicht unbedingt willkommen, aber das lässt sich ja dann wieder korrigieren. Um auf dem Jakobsweg nun nicht völlig vom Fleisch zu fallen, muss ich hier allerdings meine Essgewohnheiten definitiv anpassen.

Schließlich gelangen wir an unser heutiges Etappenziel Puente la Reina. Die erste Herberge im Ort ist nicht zu verfehlen. Wir stehen bereits auf dem Parkplatz der mit Efeu behangenen *albergue* Jakue. Davor steht eine Art Rezeptionshäuschen, das gerade aber nicht besetzt zu sein scheint. Mit knurrendem Magen legen wir unsere Rucksäcke ab und warten. Während wir uns in Geduld üben, stellt sich eine deutsche Pilgerin hinter uns an, die offensichtlich viel Redebedarf mitgebracht hat. In einem perfekten Monolog, lässt sie uns kaum zu Wort kommen.

Wir haben Glück und es dauert nicht allzu lange, bis die Rezeptionistin wieder in ihrem Häuschen sitzt. Allerdings fängt sie gleich an mit dem Kopf zu schütteln und sagt: »Es tut mir unheimlich leid, aber die Herberge ist voll. Wenn ihr nicht reserviert habt, haben wir keine freien Betten mehr.«

Ein Hoch auf Julia! Sie hat bereits heute Vormittag in weiser Voraussicht telefonisch fünf Schlafplätze für uns gebucht.

Die Dame lässt uns einchecken und wir begeben uns gleich zum Schlafsaal. Dort beziehen wir unsere Betten, gehen duschen und steuern dann auf direktem Wege das zur Herberge dazugehörige Restaurant an. Für etwas mehr als zehn Euro gibt es hier nicht etwa das klassische Pilgermenü, sondern gar ein ganzes Buffet mit einer wirklich üppigen Auswahl. Sollte das jetzt nur halb so gut schmecken wie es aussieht, dann sind wir schon sehr zufriedene Pilger.

Auf unsere Teller schaufeln wir von allem etwas. Gerade als wir uns nach einem freien Tisch umsehen, ruft und winkt uns die deutsche Dame von vorhin zu sich. Wir bedanken uns und nehmen neben ihr Platz. Anschließend kommen Yoo-kyung und ich wieder nicht zu Wort. Aber das ist uns nur Recht, denn wir sind zu sehr damit beschäftigt, uns mit dem wohl bisher leckersten Essen auf dem *camino* voll zu stopfen.

Irgendwann schaffen wir es dann doch gegen ihren Redefluss anzutreten und erzählen von unseren Pilgerfreunden, um die wir uns allmählich ernsthafte Sorgen machen. Ich entschuldige mich und verlasse das Restaurant, um nach ihnen zu sehen.

Im Schlafsaal stelle ich erleichtert fest, dass die Drei vor wenigen Minuten eingetroffen sind und gerade ihre Schlafsäcke auf den Betten ausbreiten.

»Alles okay?«, erkundige ich mich, woraufhin Merle nur knapp antwortet: »Sind in zehn Minuten bei euch.«

Ich nicke und gehe zurück ins Restaurant. Dort hat die deutsche Pilgerin mittlerweile ihre Digitalkamera rausgeholt, auf der sie Yoo-kyung Bilder von der heutigen Etappe zeigt. Ich unterbreche die Vorführung nur ungern, aber teile ihnen mit, dass Julia, Merle und Mark gleich da sein werden.

Tatsächlich gesellen sich nur wenige Minuten später die Nachzügler zu uns an den Tisch. Alle drei, insbesondere Merle und Mark, sehen ziemlich erschöpft aus. Merle ist nicht gut gelaunt, hat kaum Hunger und rührt auch nicht den Wein an. Mark lässt sich das feine Mahl dagegen nicht entgehen und haut sich den Bauch voll. Er scheint einfach nur glücklich angekommen zu sein.

Keine halbe Stunde später sind wir bereits bettfertig. Wie in allen Herbergen bisher, gibt es hier ausschließlich Stockbetten. In den meisten Fällen lag ich im Oberen. Das ist auch heute wieder der Fall, nur ist das Stockbett hier besonders wacklig und hat zudem bedauerlicherweise keine Leiter angebracht. Daher frage ich mich ernsthaft, wie ich denn da überhaupt raufkommen soll.

Nach ein paar slapstick-tauglichen, aber leider missglückten Versuchen, gelingt es mir dann schließlich in einer äußerst ungeschickten Klettereinlage irgendwie über das Nachbarbett in mein eigenes hochzukraxeln. Wie gut, dass ich vor einigen Jahren mit Parkour angefangen habe. Mein Kumpel Johann wäre stolz auf mich.

Wie ich hier allerdings morgen wieder runterkommen soll, ist eine andere Frage, auf die ich aber erst morgen Früh eine Antwort finden muss.

Während mir noch mindestens fünf weitere, deutlich wichtigere Fragen durch den Kopf gehen, kann ich meine Augen nun kaum noch offen halten und lege daher mein kleines Notizbuch weg.

Gute Nacht.

heute: 25 km | gesamt: 95 km | verbleibend: 705 km

09. April 2012
Estella

Das Frühstücksbüffet heute Morgen ist genauso hervorragend wie das gestrige Abendessen. Eins mit Stern. Gesättigt und gestärkt brechen wir gegen neun Uhr auf. Alle konnten gut schlafen und ihre Energiereserven aufladen. Vor der Herberge treffen wir ein voraussichtlich letztes Mal auf die redselige, deutsche Dame. Sie möchte sich von uns verabschieden, da sie heute zunächst in die Gegenrichtung laufen wird, um sich die Kapelle in Eunate anzusehen. Ein gegenseitiges »Buen camino!« trennt unsere Wege und wir stapfen hochmotiviert gen das rund zweiundzwanzig Kilometer entfernte Estella los.

Die Wegweiser führen uns zunächst in die Ortsmitte von Puente la Reina, wo kleine Geschäfte die Pilger zum Bummeln einladen. Merle besorgt für uns alle Obst, Julia hebt etwas Geld ab, Yoo-kyung legt sich nun endlich zwei eigene Laufstöcke zu und Mark sieht sich nach Souvenirs um. Ich setze mich auf eine Bank, schließe die Augen und genieße einfach die Sonne.

Als Mark den Laden verlässt, hält er zwei Schlüsselanhänger in der Hand. Sie haben die Pfeilform der uns täglich begleitenden, gelben Wegweiser und tragen auf der Rückseite die Gravur *Santiago*. Zum Zeichen unserer Pilgerfreundschaft möchte er mir einen davon schenken. Ich freue mich über seine nette Geste und bedanke mich bei ihm herzlich. Da ich keinen Schlüssel an mir trage, befestige ich das Souvenir am Brustgurt meines Rucksacks.

Das Wetter ist heute fantastisch und wir könnten nicht besser gelaunt sein. Nur ich habe was zu meckern und spreche das ungeduldig in einem äußerst unkultivierten Spanisch aus: »Dónde está la puente de la puta reina?!«

Mark lacht und gibt zu: »Pensaba lo mismo.« Das hat er sich also auch schon gefragt.

Erst am Ortsausgang von Puente la Reina bekommen wir schließlich die gleichnamige Brücke zu sehen. Während wir sie überqueren, unterrichtet uns Julia aus dem OUTDOOR Handbuch, dass die Königin von Navarra diese Brücke im 11. Jahrhundert erbauen ließ, um den Pilgern die Überquerung des Flusses Arga zu erleichtern. Letzteres tut sie tatsächlich auch heute noch.

Auf der Mitte der Brücke schießen wir einige Bilder, befreien uns aus dem anfänglichen Zwiebellook und laufen dann in kurzer Hose und T-Shirt weiter. Bei den warmen Temperaturen haben wir absolut keine Eile und so lassen wir uns heute viel Zeit.

Während wir ein etwas steileres Stück bergauf im Schneckentempo gehen, fangen meine vier Wegbegleiter auf einmal an, mir Löcher in den Bauch zu fragen. Meine zurückhaltende Art macht sie neugierig und sie wollen mehr über mich erfahren. Zunächst zögere ich etwas, doch dann lasse ich mich breitschlagen und erzähle den ein oder anderen Schwank aus meiner Jugend.

»Im Sommer 2008 bin ich mit einem Kumpel und meinem spanischen Austauschpartner mit dem Zug nach München gefahren, um ihm die Sehenswürdigkeiten der Hauptstadt Bayerns zu zeigen. Wir gingen vom Hauptbahnhof zu Fuß in Richtung Marienplatz los und waren noch keine zehn Minuten unterwegs, als wir plötzlich von zwei jungen Menschen angesprochen wurden, die uns das bunte Cover eines Magazins vors Gesicht hielten: *Hi, wir sind von der Zeitschrift Mädchen und wollen fragen, ob ihr kurz Zeit habt?*

Mein Kumpel und ich schauten uns gegenseitig an, als wären wir uns nicht so richtig sicher, ob das jetzt eher cool oder peinlich ist. Naiv und neugierig, wie man mit sechzehn Jahren nunmal ist, zeigten wir uns aber interessiert. Dann gaben sie uns mehr Informationen: *Wir sind auf der Suche nach Leuten, die Lust haben in einer unserer nächsten Ausgaben mit einem Foto und einem kurzen Kommentar abgedruckt zu werden. In der entsprechenden Rubrik geht es darum, was Jungs über unterschiedliche Themen denken. Der Job ist natürlich bezahlt und ihr werdet am Tag des Shoots mit Trinken und Essen verpflegt. Was meint ihr?*

Wir wussten immer noch nicht so recht, was wir davon halten sollten. Im ersten Moment klang es aber in jedem Fall nach leicht verdientem Geld. Und wer sagt als Teenager schon Nein zu einer kleinen Taschengeldspritze? Also tauschten wir E-Mail-Adressen aus, um die Details später schriftlich klären zu können.

Nach nur wenigen Metern, kurz vor dem Marienplatz, machten wir ungewollt ein zweites Mal auf uns aufmerksam. Dieses Mal wurden wir vom deutschen Privatfernsehen angesprochen und gefragt, ob wir an einem kleinen Spiel teilnehmen wollen. Mit den aus *Activity* bekannten Regeln, sollten Begriffe zu den anstehenden Olympischen Sommerspielen in Peking erraten werden. Natürlich haben wir mitgemacht. Schon am nächsten Tag konnten wir uns dann im Fernsehen pantomimisch die Disziplin Springreiten darstellen sehen.

Etwa zwei Wochen später wurden wir von der Mädchenzeitschrift mit einem vorläufigen Termin für den Fotoshoot kontaktiert. Ich befand mich zu diesem Zeitpunkt aber bereits bei meiner Gastfamilie in Valencia und musste daher meinen Termin verschieben. Weil dem Magazin für die kommende Ausgabe somit eine Person fehlte, wurde mein Kumpel kurzerhand gefragt, ob er noch einen anderen Freund mitbringen könne.

Zurück in Deutschland, sollte ich zu meinem Ersatztermin dann auch einen weiteren Kumpel mitbringen. Unser Thema, das wir in wenigen Sätzen kommentieren sollten, lautete Notlügen. Zuletzt ging es noch in die Maske und das Foto wurde geschossen. Um diesen ruhmvollen Tag ausklingen zu lassen, ging ich mit meinem Kumpel am Abend feiern. Einer der dortigen Partyfotografen hielt unsere immer noch geschminkten Gesichter, mit dem schon an einigen Stellen abbröckelnden Make-up, als Erinnerung an dieses einmalige Ereignis fest.

Zu diesem Zeitpunkt konnte ich aber nicht ahnen, dass ich drei weitere Male dafür bezahlt werden sollte, um in dieser Zeitschrift abgedruckt zu werden. Und darunter auch in einer Foto-Love-Story…«

Wir verlassen die kleine Ortschaft Mañeru und bekommen die ersten Weinberge zu sehen. Merle ist nun richtig gespannt. Sie und ihre Schwester kennen die Zeitschrift, da sie sie in ihrer Jugend selbst oft gelesen haben. »Worum geht es in der Geschichte? Musstest du ein Mädchen küssen?«

Ich hole kurz Luft und versuche ihnen dann die hochkomplizierte Handlung der Geschichte so anschaulich wie nur irgend möglich zu erläutern: »Janina trifft sich heimlich mit Tim. Das bin ich. Ein älterer, cooler Inlineskater, der die Herzen der Mädchen nur so zum Schmelzen bringt. Maya, die ältere Schwester von Janina, ist eifersüchtig und verpetzt ihr Geschwisterchen beim strengen Vater, der Janina schließlich Hausarrest gibt. Die ist natürlich stinksauer und haut dann einfach über den Balkon ab, um Tim zu treffen. Der ist aber auch sauer, weil sich Janina lange nicht bei ihm gemeldet hat. Tim skatet also gekonnt von ihr weg. Janina skatet ihm weniger gekonnt hinterher. Dabei stürzt sie und gerät in Lebensgefahr.

Erst dann dreht sich Tim um und sagt wortwörtlich: *Du dummes, süßes Mädchen. Ich habe dir schon so oft gesagt, du sollst nicht so schnell fahren.*

Wie aus dem Nichts, steht auf einmal Janinas Vater da, der zu Tim vorwurfsvoll sagt: *Wenn sie stirbt, ist es deine Schuld.*

Drama pur. Tim gibt ihr eine Mund-zu-Mund-Beatmung und rettet damit selbstverständlich in letzter Sekunde ihr Leben.

Auf dem letzten Bild des Fotoromans sitzen dann Tim und Janina am Ufer eines Bachs.

Er so: *Ich bin der glücklichste Mensch auf Erden*

Dann sie so: *Nein, das bin ich schon.*

The end… Herzerwärmend, findet ihr nicht?«

Mark bekommt sich nicht mehr vor Lachen: »Ich wette, sowas würdest du heute nicht mehr machen!«

Da hat er völlig Recht. »Auf gar keinen Fall. Rückblickend war das zwar eine ganz interessante Erfahrung, aber jetzt bin ich schließlich keine 16 mehr.«

»Wie lief denn das Fotoshooting ab? Hat es Spaß gemacht?«, möchte Yoo-kyung wissen.

»Ich konnte mich in den Inlineskates kaum auf den Beinen halten, da ich zuvor höchstens zweimal sowas unter den Füßen hatte. Hätten wir ein Video gedreht, hätte man es sofort gesehen. Aber auf Fotos bemerkt das am Ende natürlich keiner. Um dennoch möglichst authentisch zu wirken, wurden wir allerdings gebeten, die Zeilen, die später in Sprechblasen über unseren Köpfen eingefügt wurden, laut und wiederholend auszusprechen. Und offensichtlich waren wir mehr als authentisch.

Ich erinnere mich an eine Szene, in der das ach so arme Mädchen mit ihrem Kopf in einer künstlichen Blutlache auf dem Boden lag. Während ich sie einfach nur dumm anguckte und mich in meinem Wortlaut ständig wiederholte, wartete die Crew mit den Ärztestatisten lässig am Krankenwagen angelehnt, bis das richtige Foto dabei war. Plötzlich kam ein junger Mann angerannt und rief fassungslos: *Ja warum tut ihr denn nichts?* Als er aber über die Situation aufgeklärt wurde, beruhigte er sich wieder. So richtig lachen konnte er dennoch nicht darüber.

Ganze drei Tage hat es gedauert, bis an allen Locations in München die Bilder im Kasten waren. Am letzten Tag sollte ich noch einige meiner Freunde mitbringen, die dann als Volleyball spielende Statisten im Hintergrund ebenfalls für ihren Aufwand entlohnt wurden.

Einige Wochen später, bekam ich auf dem Rückweg einer Klassenfahrt nach Brüssel schließlich eine SMS mit der Mitteilung, dass die entsprechende Ausgabe nun an allen Kiosks deutschlandweit erschienen sei. Bei einer Pause an einer Autobahnraststätte schlich ich mich daher umgehend zu den Magazinen und griff möglichst unauffällig nach dem Heft mit dem knallig pinken Namen. Ohne lange blättern zu müssen, hatte ich die richtigen Seiten gleich gefunden. In den Folgeminuten war ich derart in meinen eigenen Fotoroman vertieft, dass ich noch auffälliger das Magazin vermutlich nicht hätte lesen können. Ich bemerkte zunächst nicht einmal meinen Kumpel, der plötzlich neben mir stand und mich fragend anblickte. Also habe ich ihm die Geschichte von meiner kurzweiligen Karriere als cooler Inlineskater Tim erzählt. Wahrscheinlich war es aber zu viel verlangt, diese für sich zu behalten. Zurück im Bus hatten sich nämlich mehrere Mädchen die *Mädchen* gekauft.«

Ich pausiere kurz und frage dann in die Runde: »Ihr kennt doch sicherlich diese Spaßrubriken am Ende jeder Abizeitung? *Traumpaar*, *Klassenclown* oder *Kommt zuerst ins Gefängnis*. Nun, einige Jahre nach dem Fotoroman, verhalf mir dieser schließlich zum ersten Platz in der schmeichelhaften Kategorie *Dreamboy*…«

»Das passt einfach zu dir! Irgendwie kann ich mir dich in einem Fotoroman total gut vorstellen… Tim.«, scherzt Merle.

Tatsächlich lässt sie es sich nicht nehmen, mich auf den folgenden Kilometern mehrmals bei diesem Pseudonym zu nennen. Mark zieht aber nach einer Weile vor, mir einen anderen, mehr klischeehaften, deutschen Namen zu verpassen und denkt kurz nach. Dann hat er eine Idee und tauft mich kurzerhand Günther. Weil er aber kein »ü« aussprechen kann, sagt er »Gunther«. Keine Ahnung, wie er auf den Namen kam, aber treffenderweise hieß so auch der Fotograf des Fotoromans.

»Was ist denn dein bisheriger Spitzname gewesen?«, möchte Mark von mir wissen.

»Dodo«, antworte ich und weiß genau was kommt.

»Dodo? Wie der ausgestorbene Vogel? Oder das Pokémon?«

Das höre ich nicht zum ersten Mal. Tatsächlich habe ich aber weder der Vogelart, noch dem Fantasiewesen diesen Namen zu verdanken. Ein ehemaliger Klassenkamerad hat mir den Namen in der Grundschule gegeben. Er ließ sich dabei von einer alten Kindergeschichte mit einem kleinen Affen namens Dodo inspirieren. Letzterer findet im Dschungel eine vom LKW gefallene Geige, womit er zunächst nur Lärm produziert, nach ein wenig Übung aber die anderen Dschungeltiere damit begeistern kann. Das ist eine durchaus schöne Geschichte, macht den Namen aber nicht unbedingt cooler. Beim Wechsel aufs Gymnasium hatte ich die Chance, einen neuen Spitznamen für mich in die Welt zu setzen. Diesen Moment habe ich aber verpasst und werde daher bis zum heutigen Tag von Freunden nach wie vor Dodo genannt.

Mark findet es sei an der Zeit einen neuen Spitznamen für mich zu etablieren und möchte mich von nun an »Dom« nennen. Damit zeige ich mich einverstanden, bezweifle aber, dass es Dom bis in die Heimat nach Deutschland schafft.

Wir sind nun beim Thema Schule angelangt und Mark glaubt aufgrund meiner soliden Spanischkenntnisse auf meine Leistungen schließen zu können: »Du hattest bestimmt nur gute Noten.«

Ich muss kurz auflachen und antworte ihm dann: »Ganz und gar nicht. Ich hatte zwar einige Fächer, die ich mochte und die mir Spaß gemacht haben, für den Rest konnte ich mich aber kaum motivieren. Ich bin sogar einmal sitzengeblieben.«

In diesem Jahr wurde ich Opfer einer schweren Computerspielsucht. Sämtliche Prioritäten im Leben verlagerte ich nach Azeroth, die Onlinewelt von *World of Warcraft*, in der man mit viel Zeit alles erreichen konnte. Anstatt auf Hausaufgaben und Lernen, konzentrierte ich mich auf das nächsthöhere Level und bessere Ausrüstung für meinen virtuellen Helden.

Es war nur allzu offensichtlich, was folgen würde. Die Leistungen in meinem Zeugnis reichten nicht für die Versetzung in die nächste Klasse aus und ich musste die neunte Jahrgangsstufe wiederholen. Dieser Weckruf war eine äußerst schmerzvolle Erfahrung für mich, aber rückblickend wohl notwendig, um mich schließlich aufzurütteln, mein Suchtverhalten zu beenden und mit dem Spiel aufzuhören. Wäre es nicht dazu gekommen, weiß ich nicht wie meine weitere Schullaufbahn verlaufen wäre.

Zwar wurde ich danach nicht plötzlich zum Musterschüler, und das schon gar nicht in Latein, allerdings konnte ich meinen Notenschnitt deutlich verbessern und war nicht mehr versetzungsgefährdet. Da ich zudem vom letzten G9 in den ersten G8 Jahrgang gerutscht bin, habe ich trotz des Sitzenbleibens mein Abitur im selben Jahr gemacht wie meine ehemaligen Klassenkameraden.

Mark erkennt einige Parallelen zu seiner eigenen Schulzeit. Auch er hatte eine kritische Phase, in der er vom selben Videospiel abhängig war. Genau wie ich, hat er die Konsequenzen zu spüren bekommen und anschließend aufgehört zu spielen. Es scheint als hätten wir beide nochmal die Kurve gekriegt.

Ich finde es interessant, mit ihm diese Ereignisse in unserem Leben zu reflektieren. Denn es verschafft eine Art Überblick und lässt uns gewisse Zusammenhänge verstehen. Schließlich macht uns die Vergangenheit zu dem, wer wir heute sind. Egal, ob wir die Schulzeit nun cum laude absolviert haben oder uns durchboxen mussten, heute haben wir die Möglichkeit zu dem zu werden, wer auch immer wir in Zukunft sein wollen. Zwar sind wir uns beide noch nicht ganz sicher, wer genau wir sein wollen, aber genau deshalb sind wir hier, um der Antwort auf diese Frage etwas näher zu kommen.

Nach einer kurzen Getränkepause in Cirauqui brechen wir wieder auf und ich erzähle Mark abschließend noch eine kleine Anekdote zu meinem einstigem Lieblingscomputerspiel.

»Bei Referaten habe ich mir schon immer schwer getan, vor Mitschülern über ein vorgegebenes Thema zu sprechen, das mich nur wenig interessierte. Im Englischunterricht durften wir uns eines Tages dann aber einen beliebigen Bereich aussuchen, um darüber ein Kurzreferat zu halten. Top vorbereitet und mit viel Leidenschaft, hielt ich also einen Vortrag über das Phänomen *World of Warcraft*. Nach dem Unterricht bekam ich von meiner Lehrerin eine glatte Zwei und erfuhr zudem, dass es sogar zu einer Eins gereicht hätte, wenn ich die vorgegebene Zeit nicht weit überschritten hätte.«

Wir gehen über eine alte, halb zerfallene, römische Brücke, über- und unterqueren eine Autobahn und gehen durch zwei weitere Ortschaften, Lorca und Villatuerta, bis wir heute schließlich in Estella ankommen.

Zunächst steuern wir die Herberge Anfas an, stehen dort letztlich aber vor verschlossener Tür. Aus dem Pilgerhandbuch erfahren wir, dass diese Herberge nur von Mai bis einschließlich September geöffnet hat. Also müssen wir uns nach einer Alternative umsehen und entscheiden uns spontan für die kirchliche Herberge San Miguel, die auf Spendenbasis funktioniert. Sie verfügt über zwei Schlafsäle mit insgesamt knapp dreißig Betten und befindet sich im Erdgeschoss eines Wohnblocks. Es gibt Internet, eine große Terrasse und eine Waschmaschine. Als Yoo-kyung und ich allerdings Letztere benutzen wollen, stellen wir fest, dass diese defekt ist. Da wir in unseren Rucksäcken nichts mehr frisches zum Anziehen haben, müssen wir unsere Wäsche wohl oder übel mit der Hand reinigen. Julia leiht uns dafür Rei in der Tube. Danach hängen wir unsere Klamotten auf der Terrasse auf und hoffen stark, dass sie bis morgen Früh ausreichend trocknen.

Der Name unserer heutigen Herberge weckt den Bierdurst in uns und so begeben wir uns auf die Suche nach einem Restaurant. Es könnte unter Umständen leider schon unser letzter gemeinsamer Abend sein.

heute: 22 km | gesamt: 117 km | verbleibend: 683 km

10. April 2012
Los Arcos

Obwohl es über Nacht nicht geregnet hat, ist unsere Wäsche heute Morgen immer noch klitschnass. Jetzt haben wir zwar saubere, aber keine trockenen Klamotten. Yoo-kyung und ich nehmen es mit Humor und ziehen eben einfach nochmal die Sachen von gestern an. Wir sind ja an der frischen Luft.

Bevor wir Estella verlassen, kommen wir an einer Apotheke vorbei, in der unsere weibliche Pilgerbegleitung für eine Weile verschwindet. Sie haben gehört, dass es dort unter anderem eine Waage gebe. Mark und ich können auf diese aber getrost verzichten. Daher setzen wir uns in der Zwischenzeit draußen auf eine Bank und führen unsere Konversation von gestern fort. Als die Damen dann irgendwann aus der Apotheke wieder rauskommen, beginnen wir die anstehende Etappe verhältnismäßig spät.

Vor Los Arcos gibt es nur sehr wenige Zwischenstopps, weshalb wir bereits nach etwa acht gelaufenen Kilometern in Villamayor de Monjardín unsere Mittagspause machen und ein *bocadillo* zu uns nehmen. Während wir dabei über das vermeintliche »real life« zuhause sinnieren, lernen wir am Nebentisch einen netten Kanadier kennen. Er scheint unser Gesprächsthema sehr interessant zu finden und teilt uns seine eigene Ansicht mit.

»Wisst ihr, ich finde *das hier* ist das real life und nicht zuhause. Zuhause wirst du von so vielen Einflüssen, wie Fernseher, Computer und Facebook, isoliert. Es schränkt dich ein zu sein, wer du wirklich bist. Hier auf dem Camino bist du frei von allem, du lernst dich selbst besser kennen und du spürst, wie es sich anfühlt zu leben. Du bist an der Natur, begegnest jedem Wetter und triffst auf so viele tolle Menschen, die dir ihre Geschichte erzählen.«

Wir scheinen hier einen wahren Herzblutpilger kennengelernt zu haben. Allerdings kommen wir leider nicht dazu mit ihm weiter zu philosophieren. Denn als ob er uns lediglich einen Denkanstoß mit auf den Weg geben wollte, steht er auf einmal völlig unerwartet auf und verabschiedet sich von uns. Merkwürdig. Naja, vielleicht treffen wir ihn später nochmal.

Bevor wir wieder aufbrechen, versuchen wir noch für wenige Minuten die letzten Sonnenstrahlen an diesem Tag zu genießen. Kaum ist die Sonne verschwunden, kommt plötzlich ein starker Wind auf. Ein kurzer Blick gen Himmel offenbart eine sich zusammenbrauende Schlechtwetterfront, die sich uns bedrohlich nähert. Das sieht überhaupt nicht gut aus und uns trennen immerhin noch mehr als zehn Kilometer vom heutigen Etappenziel. Um dem Allerschlimmsten zu entgehen, nehme ich meine Beine in die Hand, beschleunige mein Pilgertempo und lege somit in erstaunlich kurzer Zeit, erstaunlich viele Kilometer am Stück zurück.

Irgendwo vor Los Arcos werde ich von einer jungen Frau eingeholt. »Buen camino!«, sagt sie mit einem stark britischen Akzent und zieht an mir vorbei.

Ich erwidere ihren Gruß und bemerke dann den vermeintlichen Grund, der ihr den beeindruckenden Sprint überhaupt ermöglicht. Anstelle eines gewöhnlichen Backpacks, trägt sie lediglich einen federleichten Turnbeutel auf dem Rücken. Offensichtlich macht die Engländerin von einem Lieferservice Gebrauch, der zwar kein Essen, dafür aber allzu belastendes Gepäck zu einem der nächsten Etappenziele karrt. Die meisten Lieferanten fahren mit dem Auto, andere transportieren den Ballast auf einem Packesel.

Trotz der gefühlten Ziegelsteine auf meinem Buckel, werde ich persönlich diese Dienstleistung nicht in Anspruch nehmen. Denn meine Zielsetzung, keine der Etappen nach Santiago de Compostela mit dem Bus zu überspringen, beinhaltet auch die Absicht, bis dorthin mein Gepäck selbst zu schleppen. Außerdem gefällt mir schlichtweg die Vorstellung, immer alles an mir zu tragen, was ich zum Pilgern brauche.

Es dauert nicht lange, bis ich die Engländerin wieder aufgeholt habe. Das mag vielleicht aber auch daran liegen, dass sie es sich gerade auf einem Stein an einer Weggabelung gemütlich gemacht hat. Ohne sie in ihrer Verschnaufpause zu stören, gehe ich geradeaus an ihr vorbei und übernehme die Führung.

Auf einmal höre ich sie hinter mir rufen: »Excuse me! I'm so sorry, that's the wrong way!«

Ich drehe mich um und kann es nun auch sehen. Der Stein, auf dem sie saß, trägt einen gelben Pfeil, der den Weg in die andere Richtung weist. Sie entschuldigt sich ein weiteres Mal und sagt, dass sie sich nur kurz irgendwo hinsetzen wollte. *Fair enough*, denke ich mir, laufe den Weg zurück und nehme nun die richtige Weggabelung.

Zehn Minuten später, rast sie auf der von meinem Pilgerführer ganz treffend bezeichneten »Rennstrecke« erneut mit einem Affenzahn an mir vorbei. Dieses Mal aber mit männlicher Verstärkung.

Ich versuche mit den Tempomachern Schritt zu halten und zwänge ihnen eine Konversation auf: »Where do you come from?«

Von einer kurzen Unterhaltung scheint sie nicht abgeneigt zu sein und geht daher freundlicherweise ein wenig vom Gas. Vielleicht hat sie aber auch einfach nur ein schlechtes Gewissen wegen vorhin.

»We're from Manchester. I'm Ashley. This is my brother Georg and my husband Thomas.«, stellt sie mir sich und ihre Begleitung vor.

Die zwei Männer sind sehr zurückhaltend, also unterhalte ich mich überwiegend mit Ashley. Wir reden über die olympischen Sommerspiele im kommenden Juli in London, das Grand Slam Tennisturnier in Wimbledon und über unsere bisherigen Erfahrungen auf dem *camino*. Kurz bevor wir Los Arcos erreichen, fallen die ersten Regentropfen. Wir schaffen es gerade noch so uns irgendwo am Ortseingang unterzustellen, als es kurz darauf wie aus Kübeln anfängt zu schütten. Für uns hätte das Timing nicht besser sein können, für Mark, Yoo-kyung, Merle und Julia aber schon. Denn die bekommen nun eine heftige Dusche ab. Seit unserer Mittagspause gab es leider nicht einmal einen Baum, geschweige denn ein Dach, unter dem sie sich jetzt unterstellen könnten.

Ich sehe mich um und stelle fest, dass wir in einer Garage gelandet sind. Autos stehen hier keine, dafür aber ein Automat mit Getränken und Müsliriegeln. Gut für Pilger, die sich stärken wollen. Noch besser für diejenigen, die eine Zuflucht vor dem Regen suchen.

Weitere Pilger kommen in die Garage gestürzt. Es sind die Eltern von Ashley und Georg. Als hart abgebrühte Engländer, wartet die vereinte Familie lediglich die größte Schauer ab. Dann verabschieden sie sich, wünschen mir kollektiv einen britischen *buen camino* und stürzen sich wieder in das kalte Nass.

Langweilig wird mir hier jetzt jedoch nicht. Denn nur wenig später treffen drei etwas ältere Frauen ein, die, ebenfalls vom

Regen überrascht, in die Garage fliehen. Eine von ihnen zückt sofort ihr Handy und wählt hastig eine Nummer. Dann fängt sie an laut zu telefonieren und fuchtelt dabei wie wild mit ihren Händen in der Luft. Weil sie mit derart viel Akzent spricht und dazu noch extrem nuschelt, verstehe ich kaum ein Wort. Es könnte Spanisch sein, vielleicht ist es aber auch Portugiesisch.

Als sie das Telefonat beendet, ist sie plötzlich bester Laune und versucht etwas Stimmung in die Bude zu bringen. Sie beginnt den wohl bekanntesten Ohrwurm der vergangenen Monate zu singen. Ihre zwei Freundinnen stimmen munter mit ein und klatschen dabei fröhlich in die Hände. Zugegeben, einen gewissen Unterhaltungswert bietet deren Cover des Internethits *Ai se eu te pego* vom brasilianischen Latin-Pop-Sänger Michel Teló allemal. Gäbe es allerdings die Goldene Himbeere auch in der Musikbranche, so bin ich mir sicher, wären diese Damen die wohl wahrscheinlichsten Anwärterinnen auf den Titel.

Zum Glück kommt aber schon der vermutliche Grund für ihren hektischen Anruf mit einem VW-Bus direkt vor der Garage angefahren. Offensichtlich haben die drei angehenden Stars bereits ihren eigenen Chauffeur, der sie nicht im Regen stehen lässt.

Ich gönne mir einen Müsliriegel, trinke eine Kleinigkeit und nach etwa zehn Minuten kommt auch Julia in Los Arcos an. Allerdings stürmt sie hier nicht so rein wie bisher alle anderen, denn sie hat es ohnehin schon voll erwischt. Da scheint ein Regentropfen mehr oder weniger nun auch nichts mehr auszumachen. In einer Seelenruhe betritt sie die Garage, schnallt sich ihren Rucksack ab und lässt sich auf einen Stuhl plumpsen.

Als der Regen bereits deutlich nachlässt, kommt schließlich Yoo-kyung angetrottet. Sie sah schon wesentlich glücklicher aus. Während Julia beschließt, noch auf ihre Schwester zu warten, mache ich mich mit Yoo-kyung gleich los, um unser erneut vorab telefonisch reserviertes Hotel zu beziehen.

Durch den Ort begleitet uns ein älterer Herr, der darauf besteht, Yoo-kyung seinen Regenschirm über ihren Kopf zu halten. Als wir endlich am Hotel ankommen, bezahlen wir an der Rezeption für eine Übernachtung im Fünf-Bett-Zimmer und bekommen die Schlüssel gereicht.

Voller Vorfreude auf unsere Wohngemeinschaft, öffnen wir die Tür und inspizieren die Räumlichkeiten. Doch spätestens als Julia und Merle dazu stoßen, steht unser Entschluss fest. Nach weniger als einer Stunde, stehen wir wieder unten an der Rezeption und verlangen unser Geld zurück.

Die Hygiene hier lässt mehr als zu wünschen übrig. Im Kühlschrank liegen längst abgelaufene Lebensmittel, überall in der Küche krabbeln irgendwelche ekligen Viecher und im Gemeinschaftsraum wimmelt es von Spinnen. Vom Zustand des Badezimmers und der Dusche möchte ich gar nicht erst anfangen.

Zwar stellt sich der Hospitalero verwirrt, scheint aber mehr darüber verärgert zu sein, dass wir nicht auf seine verwahrloste Bruchbude reingefallen sind. Zum Glück zeigt er sich kooperativ und rückt das Geld wieder raus.

Ohne lange Überlegungen anzustellen, steuern wir zielstrebig die städtische Herberge mit dem Namen Isaac Santiago an. Dort werden wir positiv überrascht und lernen einen weitaus sympathischeren Hospitalero kennen, der, wie er uns erzählt, der flämischen Pilgerbruderschaft angehört. Darüber wird sich Mark freuen. Wir freuen uns zunächst darüber, dass in unserem Schlafraum nur zwei Betten belegt und noch genau fünf frei sind.

Bevor wir duschen gehen, hängen Yoo-kyung und ich nun endlich unsere noch immer feuchten Klamotten auf, die wir heute Morgen lediglich in eine Einkaufstüte gestopft und so im Rucksack transportiert haben.

Weil Mark noch nicht da ist und sich mit seiner Ankunft beunruhigend viel Zeit lässt, machen wir uns bei Anbruch der Dunkelheit auf die Suche nach ihm. Aufgrund mangelnder Unterstellmöglichkeiten, wird auch er ganz sicher nicht trocken geblieben sein. Weil wir untereinander immer noch keine Handynummern ausgetauscht haben, mussten wir uns einen anderen Weg einfallen lassen, um mit ihm zu kommunizieren. Daher haben wir auf dem Kieselboden vor dem ursprünglich vereinbarten Hotel mit übergroßen Buchstaben und einem unübersehbaren Pfeil versucht, ihm eine Nachricht zu hinterlassen. Damit hätte er nach seiner Ankunft in Los Arcos eigentlich direkt zu uns finden sollen. Wo bleibt er denn bloß?

Aber wir haben Glück und können Mark im Ort finden. Allerdings ist er in die entgegengesetzte Richtung unterwegs und so rufen wir ihm aus der Ferne zu. Als er dann wie ein begossener Pudel angeschlürft kommt, fragt ihn Merle verwundert: »Wo willst du denn eigentlich hin?«

»Ich habe eure Nachricht auf dem Boden gelesen und bin dann dem Pfeil gefolgt…«, erwidert ihr Mark völlig entkräftet.

Und wir dachten unsere Bodenmalerei sei unmissverständlich gewesen. Aber vielleicht hat sich auch einfach nur jemand einen Spaß erlaubt und die Richtung des Pfeils abgeändert. Das ist in seinem Zustand natürlich das Letzte, was er hätte gebrauchen können. Körperlich, aber auch emotional scheint der Weg und besonders die heutige Etappe bei ihm Spuren zu hinterlassen. Man sieht es ihm an, dass Einiges in ihm vorgeht.

Als wir ihm das Zimmer in der Herberge zeigen, lernen wir zwei Belgier kennen, die in den beiden anderen Betten schlafen. Genau wie der Hospitalero, kommen auch sie aus dem flämischen Belgien und sprechen somit ebenfalls Niederländisch. Mark unterhält sich ein wenig mit ihnen auf seiner Landessprache und kommt so immerhin auf andere Gedanken.

Da wir großen Hunger haben, gehen wir in einem Supermarkt einige Zutaten für das Abendessen einkaufen. Danach kochen wir uns das wohl unkomplizierteste Gericht auf Erden, nehmen neben den Belgiern am Tisch Platz und lassen uns die Pasta mit Tomatensoße schmecken. Dazu trinken wir ein Heineken.

Gegen zehn Uhr hauen wir uns bereits aufs Ohr.

Goedenacht, sagt man auf Niederländisch.

heute: 21 km | gesamt: 138 km | verbleibend: 662 km

LA RIOJA

11. April 2012
Logroño

Bevor wir heute Morgen aufbrechen, möchte der flämische Betreiber der Herberge als Erinnerung an seine Gäste noch ein Gruppenfoto von uns schießen. Den Gefallen tun wir ihm gerne und im Gegenzug verrät er uns den Weg zur nächstbesten Frühstücksmöglichkeit.

Beim Betreten des örtlichen Bäckers, begegnen wir überraschenderweise einem alten Bekannten. Es ist der nette Amerikaner aus Chicago, den wir seit unserer Mittagspause in Zubiri nicht mehr gesehen haben. Wir frühstücken zusammen und tauschen uns über die letzten Tage aus. Wie Joana bereits in Pamplona vermutet hatte, hat auch Lucas nahezu dieselben Etappenziele gehabt wie wir. Nichtsdestotrotz haben wir es irgendwie geschafft, uns nicht einmal über den Weg zu laufen.

Während Lucas, der im Übrigen seine vermissten Pilgerkollegen wieder gefunden hat, sich noch einen zweiten Kaffee bestellt, brechen wir nach dem Frühstück gegen neun Uhr auf und verlassen Los Arcos.

Zu Beginn dieser Etappe lernen wir die zwei Briten James und Linda kennen. Sie sind Mitbewohner und beide in ihren Mittzwanzigern. Genau wie Ashley, lässt auch Linda ihren Rucksack von einem Lieferdienst zum nächsten Ziel bringen. Allerdings tut sie dies nicht aus reinsten Komfortgründen. Denn seit gestern hat sie fürchterliche Schmerzen am Knie, kann sich nur humpelnd fortbewegen und versucht mehr auf ihren Wanderstöcken zu gehen, als auf ihren eigenen Beinen. James muss sie zusätzlich stützen, damit sie nicht das Gleichgewicht verliert und zur Seite umkippt.

In ihrer trostlosen Situation ist es nur allzu verständlich, dass sie starke Selbstzweifel plagen und nun befürchtet ihre Reise vorzeitig beenden zu müssen. James wird sie schon bald nicht mehr an ihrer Seite haben. Er ist lediglich mitgereist, um ihr auf den ersten Etappen moralische Unterstützung zu leisten und wird am Wochenende wieder nachhause fliegen. Zwar fragen wir uns, ob es überhaupt eine gute Idee ist, sich in diesem Zustand die noch immerhin mehr als sechshundert verbleibenden Kilometer zuzutrauen, aber wir versuchen dennoch Linda ein wenig aufzumuntern.

Wir begleiten die beiden noch eine Weile, bis Linda schließlich schmerzbedingt und unter Tränen eine Pause einlegen muss. Weil wir leider nichts für sie tun oder ihr in irgendeiner Form helfen können, lassen wir die beiden nun alleine und wünschen ihr: »Buen camino and all the best!«

Während wir mit einem unangenehmen Gegenwind zu kämpfen haben, verläuft der Weg abwechselnd teils sehr steil bergauf und dann wieder bergab. Unsere Gespräche haben wir mittlerweile größtenteils eingestellt. Das würde zusätzlich anstrengen. Doch irgendwann holt Merle ihr Handy aus dem Rucksack und ruft ihre Familie zuhause an. Sie beginnt von den vergangenen Tagen ausführlich zu berichten und telefoniert mindestens zwanzig Minuten, ohne auch nur einmal aus der Puste zu kommen. Ich bin schwer beeindruckt.

Plötzlich bleibt Mark stehen. »Leute, ich brauche eine Pause.«

»Ist alles in Ordnung bei dir?«, vergewissere ich mich.

»Ich brauche einfach mehr Pausen.«, seufzt er, setzt sich auf den Boden und sagt dann mit einem Lächeln im Gesicht: »Ich habe meine Zigaretten und Musik. Ihr kennt mich, ich komme auch heute wieder irgendwie ans Ziel.«

Also gehen wir ohne ihn weiter und durchqueren wenig später die Ortschaften Sansol und Torres del Río, wo wir am Ortsausgang eine kleine Pause machen. Ich ziehe meine Wanderboots aus, inspiziere meine schmerzenden Füße und beschließe nun meine Sportschuhe anzuziehen. Vielleicht lässt es sich damit ja schmerzfreier pilgern.

»Ist das Mark?«, wundert sich Yoo-kyung auf einmal und deutet in die Ferne abseits des Jakobswegs.

Ich drehe mich um und frage mich dasselbe. »Da scheint sich wohl irgendein Pilger verirrt...«, setze ich an, halte dann aber inne, da ich glaube, dass es tatsächlich Mark ist.

Erst auf den zweiten Blick haben wir keine Zweifel ihn aufgrund seiner Gangart, der kurzen Hose und der auffälligen Kopfhörer eindeutig identifizieren zu können.

Ähnlich wie gestern Abend in Los Arcos, rufen wir ihm aus der Distanz zu. Doch dieses Mal kann er uns nicht hören. Abgesehen von seiner Musik, ist die Entfernung einfach zu groß und der Wind lässt unser Geschrei nicht an sein Ohr. Wir brüllen uns zwar die Kehle aus dem Leib, aber Mark zeigt keine Reaktion. Er geht einfach unbeirrt weiter. Nachdem wir gestern aber endlich unsere Handynummern ausgetauscht haben, können wir ihn nun immerhin anrufen.

»Anrufbeantworter...«, stellt Merle fest und schreibt ihm eine SMS.

Aber weil Mark auch darauf nicht reagiert, muss entweder der Akku seines Handys leer sein oder er hat den Ton auf lautlos gestellt. Uns bleibt also nichts anderes übrig, als darauf zu hoffen, dass er zeitnah unsere Nachricht liest oder von irgendjemandem wieder auf den richtigen Weg gelotst wird. Wir überlassen ihn seinem Umweg-Schicksal und entscheiden langsam weiterzugehen.

»Kannst du mir bitte wieder meinen MP3-Player geben?«, fragt Julia ihre Schwester.

Zwar tragen die zwei Geschwister das gleiche Outfit, aber ihre Musikgeschmäcker sind komplett verschieden. Julia hört überwiegend Stimmungsmacher wie Schlager, Merle dagegen bevorzugt aktuelle Chart-Musik. Zu Beginn der heutigen Etappe waren aber beide von ihrer eigenen Playlist genervt und haben daher ihre MP3-Player untereinander ausgetauscht, um die Musik zu variieren.

Merle fängt an nach dem Gerät ihrer Schwester zu suchen. Sie prüft sämtliche Taschen an ihrer Jacke und der Hose. Ohne Erfolg. Dann stellt sie ihren Rucksack ab und fängt an panisch darin zu wühlen. »Geht schonmal weiter, das kann dauern.«, sagt sie genervt.

Wir haben uns von Torres del Río noch keine hundert Meter entfernt, da hören wir Merle uns hinterherrufen: »Mark hat gerade geantwortet, er ist gleich da!«

Perfekt. Während wir auf ihn warten, beichtet Merle ihrer Schwester, dass sie den MP3-Player nicht mehr finden könne und ihn offensichtlich irgendwo verloren habe. Julia nimmt es zum Glück gelassen. Jetzt müssen sich die beiden wohl mit der Chart-Musik abwechseln.

»I'm so glad I found you, guys!«, ist das Erste was Mark sagt, als er wieder neben uns steht.

»Danke für eure SMS. Ich habe keine Wegweiser mehr gesehen und bin dann einfach meiner Intuition gefolgt.«

Wir erzählen ihm, dass wir ihn auf seinem Irrweg aus der Ferne beobachten konnten und immer wieder laut geschrien haben.

»Ich war in Gedanken verloren... Tut mir leid, Leute!«, sagt er bedrückt und teilt uns dann mit, dass er es heute nur bis in den nächsten Ort schaffen werde, da er total erschöpft sei.

Das kann ihm von uns keiner übel nehmen, denn dem Großteil der Gruppe geht es ähnlich. Das für heute erklärte Ziel hieß eigentlich Logroño. Allerdings liegt diese Stadt von hier nochmal knapp zwanzig Kilometer Fußmarsch entfernt. Auf der Hälfte der Strecke dahin liegt Viana, das zudem auch die nächstgrößere Ortschaft mit einer Herberge ist.

»Vielleicht sollten wir uns einfach in einen Bus setzen, bis nach Logroño fahren und uns dort für den Rest des Tages erholen?«, schlägt Merle vor und googelt auf ihrem Handy bereits nach Telefonnummern von Busunternehmen.

»Kommt schon, das schaffen wir!«, versuche ich den Teamgeist hochzuhalten und Merle von der Idee mit dem Bus abzubringen.

Fest steht, dass ich mich in keinen Bus setzen werde. Fest steht aber auch, dass ich aufgrund meines straffen Zeitplans heute in jedem Fall noch nach Logroño gelangen muss. Sollten sich die vier entscheiden, in Viana zu bleiben, werde ich mich wohl heute endgültig von ihnen trennen müssen. Es ist verrückt, aber den verbleibenden Jakobsweg kann ich mir ohne sie zu diesem Zeitpunkt nur schwer vorstellen. Wir sind mittlerweile einfach eine eingeschweißte Truppe und das trotz der Tatsache, dass wir uns erst vor sieben Tagen kennengelernt haben.

Erneut ärgere ich mich darüber, dass mein Rückflug nach Deutschland schon so früh geht. Der Eignungstest für das Studium, wofür ich mich vor dem Jakobsweg beworben hatte, ließ sich leider nicht auf einen späteren Termin verschieben. Ehrlich gesagt bin ich nichtmal richtig davon überzeugt, dass es überhaupt das ist, was ich machen möchte. Ich könnte jetzt auch einfach den Termin absagen, meinen Rückflug umbuchen und heute ebenfalls in Viana nächtigen. Aber soll ich das wirklich tun?

Julia zitiert aus ihrem Pilgerhandbuch: »Das folgende Stück hat es in sich. Der steinige Untergrund und das ständige Auf und Ab bis kurz vor Viana ist einfach zermürbend, da Sie ständig Gangart und Tempo ändern müssen.«

Mark scheint der Ehrgeiz gepackt zu haben. Denn jetzt ist es er, der darauf besteht bis nach Viana zu Fuß zu gehen und nicht den Bus zu nehmen. »Ich werde wieder zu kämpfen haben, aber ihr braucht nicht mehr auf mich zu warten.«

Den ersten Kilometer gehen wir noch zusammen, doch dann möchte Mark, dass wir ihn ein zweites Mal an diesem Tag alleine zurücklassen.

Der Pilgerführer behält absolut Recht. Die restlichen neun Kilometer nach Viana haben es tatsächlich nochmal richtig in sich und ziehen sich extrem zäh in die Länge. Mit jedem schmerzenden Schritt kommen wir Viana ein Stückchen näher.

Durch die teils recht großen Steine macht es der unebene Boden zuweilen recht schwer sich die Landschaft anzugucken. Der Blick ist meist gen Boden gerichtet, um nicht zu stürzen. Ob die Gegend hier schön ist oder nicht, bin ich nur bedingt im Stande zu beurteilen. Wenn ich hier mit meinem schweren Rucksack auf die Schnauze fliege, kann die Pilgerfahrt auch ganz schnell in jedem Moment beendet sein.

In Viana schließlich angelangt, suchen die drei Damen in der erstbesten Bar eine Toilette auf. Da sind die Herren der Schöpfung in freier Natur deutlich privilegierter. Anschließend geht es ein paar Höhenmeter nach oben in den Ortskern. Dort begeben wir uns zur städtischen Herberge, in der die zwei Düsseldorferinnen und die Südkoreanerin einchecken. Ich bin mir meiner Entscheidung nun mittlerweile sicher und werde heute schweren Herzens noch nach Logroño weiterziehen.

Sie bringen ihre Sachen in den Schlafraum und als sie wenig später zurückkommen, ist Mark erfreulicherweise bereits eingetroffen. Er bedauert meinen Entschluss und versucht mich auf seine Art zum Bleiben zu überreden: »Dude, don't leave me alone with these girls.« Eigentlich ist mir gar nicht danach zumute, aber er schafft es mich mit seinem Kommentar zum Lachen zu bringen.

Danach bemüht er sich weiter und zählt mir mindestens fünf andere Argumente auf, die in seinen Augen nicht diskutierbar sind. Meine Entscheidung kann er damit dennoch nicht ändern. Er weiß, dass ich mich nicht mehr umstimmen lasse und gibt letztlich auf. Bevor wir uns verabschieden, besteht er aber darauf, zumindest noch ein letztes Mal etwas zusammen trinken zu gehen.

Der Abschied ist emotional. Wir umarmen uns und ich merke, dass sie mich nur ungern gehen lassen.

Einige Reiseführer behaupten, dass ein Pilger auf dem Jakobsweg mindestens einmal weinen wird. Ab heute bin auch ich nicht mehr die Ausnahme. Als ich meinen Pilgerfreunden ein letztes Mal zuwinke, habe ich stark mit den Tränen zu kämpfen. Zum Glück biegt der Pflasterweg um eine Ecke rechts ab. Im Glauben, dass ich nun nicht mehr zu sehen bin, lasse ich meinen Emotionen freien Lauf. Ich hasse Abschiede.

Während ich da so vor mich hin flenne, höre ich nach nur wenigen Augenblicken irgendwo meinen Namen. Ich blicke mich um, kann aber niemanden sehen. Dann ruft erneut jemand nach mir. Dieses Mal schaue ich nach oben und erschrecke fast, als ich dort Merle, Julia, Yoo-kyung und Mark an einer Mauer nebeneinander stehen sehe.

Da fällt mir die Beschreibung aus dem Pilgerhandbuch zu ihrer Herberge Andrés Muñoz ein: »schöner Park mit Aussicht«

Immer wieder rufen sie mir winkend hinterher: »Dominik! Come back! We already miss you!«

Antritt ins 10 km entfernte Logroño. Alleine.

Das drückt natürlich noch mehr auf die Tränendrüse. Mir gelingt es nun nicht mehr irgendeinen der Wegweiser auszumachen. Ich weiß nicht mal, ob ich überhaupt in die richtige Richtung gehe. Auf zittrigem Spanisch frage ich daher eine Frau mit Einkaufstüten, wo denn der *camino* sei. Mit ihrer freien Hand deutet sie mir wo es lang geht und ich lege einen Zahn zu. Ich muss hier weg.

Ein letztes Mal drehe ich mich um und sehe wie Yoo-kyung gerade durch den Sucher ihrer Kamera guckt, um diesen Moment mit einem Foto festzuhalten. Sofort drehe ich mich wieder weg. Mein Gesicht war noch nie unfotogener.

Irgendwie schaffe ich es schließlich aus der Stadt raus. Ich bin völlig alleine und sehe keine Menschenseele. Die meisten Pilger werden ihr heutiges Etappenziel schon erreicht haben, ich voraussichtlich erst in den frühen Abendstunden.

Um mich etwas aufzumuntern, fange ich nach einer Weile an, deutsche Lieder zu singen, deren Text ich kenne. Obwohl ich weder in Partystimmung bin, noch die Sonne scheint, fällt mir nichts besseres ein als: »Oh, willkommen, willkommen, willkommen Sonnenschein! Wir packen unsre´ sieben Sachen in den Flieger ein.« Wie komme ich denn jetzt bitte auf den Song?

Offensichtlich bin ich aber doch nicht so textsicher und muss deshalb etwas improvisieren. Ich summe die Melodie und setze dann erst wieder zum Refrain ein: »…Und ich sag ey, ab in den Süden. Der Sonne hinterher, eyo was geht, der Sonne…« Immer wieder drehe ich mich um, um sicherzugehen, dass mich keiner hört. Denn ich singe nicht gerade leise vor mich hin. Das letzte Mal als ich das gemacht habe, war ich vielleicht vierzehn Jahre alt und habe von Tokio Hotel *Durch den Monsun* unter der Dusche geträllert.

Während ich eine moderne Holzbrücke überquere, die mich ohne Gefahren über die Schnellstraße N-111 führt, bin ich gedanklich immer noch beim Abschied von meinen Pilgerfreunden. Darüber hilft das Singen nicht hinweg.

Nach einem kurzen Waldstück überholen mich zwei Radfahrer, die heute anscheinend auch noch nach Logroño wollen. Fünfzig Meter vor mir halten sie rechts an, schauen zusammen auf eine Karte und fahren dann wieder weiter.

Zu meiner Rechten darf ich nun eine Papierfabrik bewundern, die nicht sonderlich gut riecht, wie ich feststellen muss. Das weitaus Spannendere ist hier aber, dass ich in diesem Moment die autonome Region Navarra verlasse und das wohl bekannteste und wichtigste Weinbaugebiet Spaniens betrete: La Rioja.

Etwa drei Kilometer gehe ich auf Asphalt bergab der Hauptstadt der Rioja entgegen. Weil auch ich vorhin kurz die Wegbeschreibung in meinem OUTDOOR-Führer nachschlagen musste, weiß ich ganz genau was jetzt kommt.

Schon aus der Ferne macht Maria Felisa mit Schriftzügen auf der Straße auf sich aufmerksam. Täglich verkauft sie Getränke an durstige Pilger und gibt ihnen gegen eine kleine Spende den wohl kultigsten Stempel auf dem gesamten Jakobsweg. Sie sitzt dort den ganzen Tag, bei Wind und Wetter, und freut sich über jeden einzelnen Pilger, der sich von ihr einen *sello* geben lässt. Zwei gut erzogene Hunde auf ihrem Hof beschützen sie. Vor mehr als zehn Jahren saß hier noch ihre Mutter Doña Felisa. Als diese allerdings im Alter von zweiundneunzig Jahren starb, vererbte sie den Job an ihre Tochter Maria.

Böse Zungen behaupten, dass diejenigen, die ihren Stempel im Pilgerausweis nicht vorweisen können, den *camino* gar nicht gelaufen sind. Das finde ich persönlich etwas überspitzt, schließlich gibt es sicherlich Tage, an denen selbst die abgehärtete Maria Felisa sich nicht aus der Tür wagt. Aber nun gut. Ich bin in jedem Fall froh, dass sie heute noch nicht Feierabend gemacht hat. Wir unterhalten uns kurz, ich werfe ein bisschen Geld in die Spendenkasse und bedanke mich dann herzlich bei ihr.

Den Wegweisern folgend gehe ich an einem Friedhof vorbei und gelange an den Fluss Ebro, den ich über eine lange Brücke überquere. Beim anschließenden Kreisverkehr biege ich in eine gepflasterte Straße ab und erreiche linker Hand nur wenige Meter weiter die städtische Herberge von Logroño.

An der Rezeption der *albergue* zahle ich sechs Euro und bekomme ein Bett im zweiten Stock zugewiesen. Wie immer, stelle ich zunächst meine Schuhe zum Ausstinken ins Regal. Im Nebenraum treffe ich dann überraschenderweise auf Lucas, der in aller Ruhe gerade seine Wäsche aufhängt. Wir haben heute Morgen Los Arcos vor ihm verlassen. Wie kann er denn schon hier sein? Haben wir uns erneut verpasst? Läuft er die Strecke überhaupt? Oder trägt der Kerl einen Tarnumhang?

Weil Lucas noch nichts gegessen hat und wir beide mächtig Kohldampf haben, verabreden wir uns zum Abendessen. Ich gehe duschen und treffe mich dann mit ihm vor der Herberge.

Um unsere Ausgaben zu reduzieren, beschließen wir einkaufen zu gehen und etwas zu kochen. Obwohl ich dachte, ausreichend Bargeld für die ersten zwei Wochen mitgebracht zu haben, muss ich heute bereits das erste Mal Geld abheben gehen. Damit ich nicht wiederholt Auslandsgebühren meiner Bank zahle, hebe ich gleich einen höheren Betrag ab. Ich trage meine gesamten Wertsachen immer an meinem Körper in einer Brusttasche und habe somit keinerlei Bedenken, dass ich beklaut werden könnte.

Als wir uns dann in die Stadt begeben, lernen wir eine Schwedin kennen, die uns gleich mal irgendwie komisch erscheint. Auf der Suche nach einem günstigen Restaurant schleift sie uns mindestens vier Mal durch ganz Logroño mit. Obwohl Lucas und ich ihr mehrmals versuchen klar zu machen, dass wir uns etwas kochen werden, gibt sie nicht auf und zieht uns in mindestens zehn weitere Restaurants. Keines stellt sie zufrieden. Irgendwann lässt sie uns dann aber gehen und wir machen uns endlich auf die Suche nach einem Supermarkt. Dort kaufen wir spontan die klassischen Ingredienzen für ein Do-It-Yourself-Zwei-Gänge-Pilgermenü. Pasta mit Tomatensoße und Schokoladenpudding.

In der Küche der Herberge lernen wir weitere Pilger kennen und haben schließlich ein gemeinsames Abendessen mit Jonathan aus Irland und den zwei Belgiern von gestern Abend. Die beiden scheinen den Jakobsweg nicht ganz so ernst zu nehmen, dafür aber öfter mal den Bus.

Da meine in Estella mit der Hand gewaschenen Klamotten etwas miefen, gehe ich runter in den Waschraum. Allerdings sind dort alle Maschinen belegt. Verdammt, dann muss ich einen weiteren Tag müffelnd durch Nordspanien laufen.

Nach meiner bis dato längsten Etappe und dem emotionalen Abschied von meiner Pilgergruppe, lege ich mich früh schlafen.

heute: 29 km | gesamt: 167 km | verbleibend: 633 km

12. April 2012

Nájera

Während Lucas sowie auch die meisten anderen Pilger die Herberge bereits verlassen und zur Etappe nach Nájera antreten, lasse ich mir an diesem Morgen etwas mehr Zeit. Mich sehnt es heute nach ein wenig Ruhe.

Ich sitze auf der Bettkante und unterziehe meine Füße einer umfassenden Untersuchung. Das Ergebnis könnte nicht entmutigender sein. Sie sind völlig lädiert. Zwischen den ersten beiden Zehen meines linken Fußes schält sich ein großes Stück Haut ab und gibt eine offene Wunde frei. An meinem rechten Fuß sieht es ähnlich übel aus. Bei der täglichen Belastung kann ich von Besserung nur träumen. Eines ist sicher, mit Flipflops könnte man mich jetzt jagen.

Gestern Abend habe ich mir in einer Apotheke noch einige Blasenpflaster und ein Tapeverband gekauft. Beides war zwar schweineteuer, aber ich lasse nichts unversucht. Um meine Füße irgendwie funktionstüchtig zu machen, klebe ich jeweils ein Pflaster auf die kritischen Stellen und befestige sie mit ausreichend Tape. Professionell sieht definitiv anders aus, aber ich denke es erfüllt seinen Zweck. Eine Frau mittleren Alters, die sich in den letzten Zügen ihrer Vorbereitungen für heute befindet, beobachtet mich bei meiner Selbstverarztung und fragt: »Ohje, müssen Sie das jeden Tag machen?«

»Ich hoffe nicht. Das hier ist lediglich ein verzweifelter Versuch mich wieder pilgerfähig zu machen.«, gebe ich offen zu.

Nach einem kurzen Smalltalk, in dem ich unter anderem erfahre, dass sie aus Norwegen kommt, wünscht sie mir damit viel Erfolg. Sie zeigt mir den Daumen nach oben und sagt, dass sie aus eigener Erfahrung auf diese Blasenpflaster schwöre. Dann verlässt sie den Schlafraum und ruft mir den üblichen Wallfahrergruß zu, den ich ihr als guter Pilgerkollege erwidere.

Zum Frühstück gibt es trockenes Baguette von gestern und Wasser. Absolute Sparflamme, aber wirklich Hunger habe ich ohnehin nicht. Also mache ich mich wenig später mit meinen kaputten Füßen auf den Weg. Irgendwo im Zentrum Logroños treffe ich auf die zwei belgischen Spaßpilger. Die beiden schauen sich gerade mal wieder nach einem Busfahrplan um. Wir wechseln ein paar Worte und danach suche ich schnell das Weite. In meinem Zustand haben die zwei Buspilger wahrlich nicht den besten Einfluss auf mich. Denn die Versuchung es ihnen gleich zu tun, ist heute vermutlich so groß wie nie.

Kurz vor dem Stadtende laufe ich an einem Café vorbei, in dem einige Pilger ein spätes Frühstück zu sich nehmen. Unter ihnen kann ich auch die sympathische Baskin entdecken, die nach einer Woche auf dem *camino* nun heute schon nachhause fahren wird. Als Joana mich sieht, winken wir uns zum Abschied zu.

Knapp zwanzig Kilometer am Stück laufe ich schweigsam vor mich hin und begegne dabei nicht einem anderen Pilger. Ich bin völlig alleine. Das erste Mal seit Beginn dieser Reise, habe ich heute die Zeit meinen Gedanken auf dem Jakobsweg ein bisschen nachzuhängen. Ob ich will oder nicht.

In Ventosa lege ich schließlich meine Mittagspause ein und gehe in ein Internetcafé, um meiner Familie ein Lebenszeichen von mir zu geben. Mein Handyakku ist seit ein paar Tagen leer. Denn bisher waren die wenigen Steckdosen in den Herbergen ausnahmslos belegt. Also schreibe ich meiner Schwester über Facebook eine Nachricht. Darin lasse ich sie und meine Eltern wissen, dass es mir gut gehe, ich aber sehr bedauere, meine Pilgerfreunde gestern in Viana verabschiedet haben zu müssen.

Nach dieser Unterbrechung habe ich massive Probleme wieder normal gehen zu können. Bei jedem Schritt werde ich an meine schmerzenden Füße erinnert. Trotz meiner Bandage, verspüre ich ein unaufhörlich und immer schlimmer werdendes Brennen zwischen meinen Zehen. Jetzt könnte ich gut jemanden zum Quatschen gebrauchen, um mich davon abzulenken. Das vor mich hin sinnieren bin ich mittlerweile satt und ich habe das Bedürfnis nach Gesellschaft. Aber leider kann ich nach wie vor weit und breit niemanden sehen.

Nach einer Stunde, in der ich kaum voran komme, kann ich schließlich in etwa einhundert Metern Entfernung dann doch einen Pilger erspähen. Da er sich noch langsamer fortbewegt als ich, gelingt es mir ihn einzuholen. Er ist aber gar kein Pilger, sondern eine Pilgerin. In der gewagten Annahme, dass sie wegen ihres deutschen Rucksacks folglich Deutsche sei, spreche ich sie spontan auf deutsch an.

»Hi, buen camino. Kommst du aus Deutschland?«, fällt mir nichts Dümmeres ein.

Sie blickt mich verwirrt an und entgegnet mir: »Sorry, I don't understand.«

Sofort entschuldige ich mich bei ihr auf Englisch und erkläre, dass ich aufgrund der Marke ihres Backpacks vorschnell ihre Nation zu erraten versucht habe und damit offensichtlich total verkehrt lag.

Sie lacht, kann mich aber verstehen, da in der Tat fast alle deutschen Pilger ausschließlich Rucksäcke von Deuter tragen. Wir stellen uns einander namentlich vor und ich erfahre, dass sie Mara heißt und aus Südafrika kommt. In ihrer Heimat spreche man Afrikaans, was mit dem Niederländischen eng verwandt sei. Aber auch fremdsprachige Wörter aus dem Deutschen, Englischen, Französischen und dem Portugiesischen nahmen im Ursprung Einfluss auf diese Sprache, wie Mara mir erklärt.

Erneut staune ich, wie der Jakobsweg die Menschen aus aller Welt zusammenbringt, um für knapp eineinhalb Monate achthundert Kilometer durch den Norden Spaniens zu pilgern. Verglichen mit Yoo-kyung aus Südkorea, Lucas aus den USA oder eben Mara aus Südafrika, war die Anreise für mich aus Deutschland ein echter Katzensprung.

»Heute bin ich so langsam wie eine Schildkröte…«, sagt Mara und zeigt auf ihre Füße. »Ich habe mir gestern Blasen gelaufen und kann heute kaum normal gehen. Meine Pilgerfreundin Vladimira wollte mich eigentlich begleiten, aber ich habe ihr heute Morgen gesagt sie solle in ihrem eigenen Tempo weitergehen.«

»Willkommen im Club«, scherze ich und bin froh, eine Leidensgenossin zum Unterhalten gefunden zu haben. Das macht die restliche Etappe für uns zwei Invaliden sicherlich um einiges erträglicher.

Wir gelangen an eine Stelle, an der wir zunächst nicht weiter wissen. Es gibt eine Weggabelung nach links und eine nach rechts. Auf der Suche nach einem Wegweiser werden wir zwar fündig, jedoch zeigt dieser genau in die Mitte der beiden Abzweigungen und lässt sich damit eindeutig zweideutig interpretieren.

Vergeblich halten wir nach anderen Pilgern Ausschau. Es scheint als seien wir auf uns alleine gestellt. Nachdem uns selbst das sonst allwissende OUTDOOR-Nachschlagewerk nicht richtig weiterhelfen kann, wählen wir schließlich in bester Pfadfindermanier den Weg rechter Hand. Da dort mehr Abdrücke von Wanderschuhen und Stöcken zu sehen sind, nehmen wir das unbekannte Maß an Risiko in Kauf und marschieren weiter.

Der Weg ist äußerst matschig und strengt daher ziemlich an. Bei jedem Schritt ziehen wir eine gefühlte Tonne Schlamm am Fuß hinterher. So stapfen wir eine ganze Weile voran, ohne auch nur einen Wegweiser zu sehen. Langsam aber sicher kommen Zweifel auf, ob unsere vermeintlichen Pfadfinderkenntnisse uns vielleicht nicht doch im Stich gelassen haben.

Als wir dann auf einer Kuppe stehen, können wir bei ansetzender Dunkelheit eine Autobahn und eine Ortschaft sehen. Zudem können wir aus der Ferne ein Schild erkennen, das auf eine Ausfahrt nach Nájera hinweist. Das stimmt uns wieder etwas zuversichtlicher und wir beschließen dem Weg weiter zu folgen.

Anschließend überqueren wir eine Brücke, die uns auf die andere Seite der Schnellstraße führt. Erneut machen wir uns auf die Suche nach Spuren. Tatsächlich können wir an den Bordsteinkanten der Brücke erkennen, wie scheinbar diverse Pilger ihre Wanderstiefel von Dreck befreit haben. Wir machen es ihnen gleich und gehen mit wachsendem Optimismus Nájera entgegen. Mara befürchtet indessen, dass sich Vladimira bereits Sorgen um sie mache und beschleunigt ihre Schritte.

Kurze Zeit später, betreten wir schließlich den Ort und haben sofort erneute Zweifel. Dieses Kaff wirkt alles andere als einladend oder pilgerfreundlich. Einige Fenster und Türen sind mit Brettern zugenagelt, es ist kein Mensch auf den Straßen und ein Ortsschild, geschweige denn mal wieder ein Wegweiser, suchen wir vergebens. Ernüchterung macht sich breit. Das hier kann nicht Nájera sein. Was machen wir nun?

Es gibt nur zwei Möglichkeiten. Entweder wir versuchen von hier aus nach Nájera zu finden oder wir laufen bis zu dem irreführenden Wegweiser zurück, um dann die andere Weggabelung zu nehmen. In beiden Fällen rennt uns die Zeit beziehungsweise das Tageslicht davon. Ohne lange debattieren zu müssen, sind wir uns daher schnell einig: »Es muss einen kürzen Weg geben!«

Das Problem ist, dass hier nichts, aber auch gar nichts auf den Jakobsweg hinweist. Nachdem uns unsere Intuition heute schon einmal in die Irre geführt und Extrakilometer beschert hat, wollen wir jetzt auf Nummer sicher gehen. Wenn wir doch nur einem Bewohner dieser Ortschaft begegnen würden, könnte uns dieser mit Sicherheit helfen.

Wie bestellt, kommt nur wenig später ein Auto angefahren. Mit einer Tramperhandbewegung können wir den Fahrer zum Anhalten animieren. Der etwas ältere Herr kurbelt das Fenster runter und schaut uns fragend an. Ich erkläre ihm unmittelbar unser Anliegen: »Hola, buenas tardes, señor. Podría decirnos cómo se llama este pueblo?«

Immer noch in der Hoffnung als Antwort Nájera zu hören, frage ich ihn nach dem Namen des Ortes.

»A dónde queréis ir?«, fragt er etwas schroff zurück.

»A Nájera.«

Der Mann seufzt auf, als hätte ich doofer Tourist ihn gerade gefragt, wo es hier zum Strand gehe.

»Oye, chico. Nájera está muy lejos.« Mit einer Hand am Steuer, deutet er uns den Weg mit der anderen und schätzt die Route auf etwa sechs Kilometer, wisse es aber nicht ganz genau. Verwundert stellt er zudem fest: »Sois peregrinos? Qué estáis haciendo aquí?« Noch nie habe er in diesem Ort einen Pilger gesehen.

Mit seiner nächsten Bemerkung trifft er den Nagel nun völlig auf den Kopf: »Estáis perdidos!« Ihr habt euch verirrt!

Resignierend bedanke ich mich bei dem Mann, lasse ihn dann weiterfahren und übersetze Mara, was er mir gesagt hat. Dass wir einen enormen Umweg gelaufen sind, war uns ja irgendwie klar. Aber die Tatsache, dass Nájera von hier nochmal mehr als eine Stunde Fußmarsch entfernt liegt, lässt uns mit den kaputten Füßen und den müden Beinen nicht gerade jubeln.

Ich habe ein schlechtes Gewissen. Hätte ich es heute Mittag bei einem netten »Buen camino!« belassen und wäre einfach weitergegangen, dann hätte Mara womöglich die richtige Weggabelungen genommen und wäre jetzt schon in Nájera. Daher halte ich es für angemessen, mich bei ihr für den Irrweg zu entschuldigen.

Mara aber schüttelt den Kopf. Sie glaube, dass sie auch selbst falsch abgebogen wäre und sei nun sehr froh darüber, hier nicht alleine zu sein. Lachend stellt sie fest, dass wir im Spurensuchen offensichtlich beide nicht besonders talentiert sind.

Da wir auf dem bisherigen *camino* gerade heute die wohl höllischsten Schmerzen an unseren Füßen haben, ist der unnötige Umweg natürlich dennoch mehr als ärgerlich. Aber Jammern hilft nichts und hier können wir schließlich nicht bleiben. Wir beißen die Zähne zusammen und machen uns auf den Weg.

Kurz darauf durchqueren wir doch tatsächlich eine Art Neubaugebiet dieses Ortes. Dort leben sogar auch Menschen. Um uns sicherheitshalber eine zweite Wegbeschreibung einzuholen, spreche ich drei ältere Damen an, die sich vermutlich für einen gemütlichen Spaziergang um die vier Ecken verabredet haben. Sie sind aber dermaßen geschockt in ihrem Ort zwei waschechte Pilger zu Gesicht zu bekommen, dass sie zunächst nur wild durcheinander reden und uns nicht die Möglichkeit geben eine Frage zu stellen. Abgesehen von »Peregrinos! Peregrinos!« verstehe ich kein Wort von ihnen.

Als sie sich von der ungewollten Attraktion endlich wieder ein wenig beruhigen, scheinen sie genau zu wissen, warum wir sie angesprochen haben. Eine von ihnen dreht uns an den Schultern in die wohl hoffentlich richtige Richtung, schubst uns an und läuft sogar noch knapp zwanzig Meter mit uns mit. Dabei lässt auch sie nicht unerwähnt, dass sich hierher noch nie ein Pilger verirrt habe. Allerdings freut sie sich, uns helfen zu können, wünscht uns alles Gute und ruft uns dann noch mehre Male hinterher, wo es langgehe. Warum die drei so aus dem Häuschen waren, hat Mara sofort verstanden und bedarf daher keiner Übersetzung.

Während wir den Ort hinter uns lassen, sind wir sicher, es in die morgige Lokalzeitung zu schaffen. Folgende Schlagzeilen sind denkbar: »Pilger im Dorf! Die Ersten und Einzigen, die es je bei uns gegeben hat« oder »Oma rettet Pilger das Leben!«

»Ich finde jeder Pilger sollte sich einmal auf dem Jakobsweg verlaufen. Einfach um die Erfahrung gemacht zu haben.«, stellt Mara fest und lacht.

Peinlich ist uns die Geschichte in jedem Fall nicht, im Gegenteil. Inzwischen sind wir sogar irgendwie froh über unseren Umweg und freuen uns schon jetzt, Vladimira und Lucas heute Abend bei einem gemütlichen Pilgermenü von der Hilfsbereitschaft der Menschen auch abseits des Jakobswegs erzählen zu können.

Nach einer Weile überqueren wir erneut die Autobahn über eine Brücke. Dann können wir nun endgültig unser heutiges Etappenziel sehen. Um uns ein letztes Mal Gewissheit zu verschaffen und den Weg zur Herberge möglichst kurz zu halten, möchten wir uns eine weitere Beschreibung von einem Ortskundigen geben lassen. Wir kommen an einer Feuerwehr vorbei und zögern nicht, dort an der Tür zu klingeln. Der Stimme aus der Sprechanlage erkläre ich, wo es brennt und tatsächlich steht nur wenige Augenblicke später ein Feuerwehrmann in nahezu voller Montur vor uns. Weil wir den Mann nicht allzu lange von seiner Arbeit abhalten wollen, fragen wir ihn lediglich nach der Richtung zur nächstbesten Pilgerherberge. Allerdings behauptet er, dass es zurzeit ohnehin keine Feuer zu löschen gebe und begleitet uns dann freundlicherweise noch bis zur Hauptstraße am Ortseingang. Dort haben wir endlich wieder den Jakobsweg unter den Füßen und können auch wieder einen der vertrauten Wegweiser sehen. Zwar beschreibt uns der Feuerwehrmann noch eine Abkürzung durch den Ort, aber heute werden wir definitiv keine Risiken mehr eingehen, sondern uns strikt an die gelben Pfeile halten. Wir können unser Glück kaum fassen und bedanken uns bei unserem Freund und Helfer.

Hätten wir uns nicht verlaufen, wären wir trotz langsamen Gehens allerspätestens bereits vor etwa drei Stunden angekommen. Mara möchte ihre slowakische Pilgerfreundin nun nicht noch länger in Sorge sein lassen und so begeben wir uns gleich auf die Suche nach ihr. Wir klappern mehrere Herbergen in Nájera nacheinander ab, können sie aber leider nirgends finden.

»Kannst du uns sagen, ob hier heute zwei Pilger mit den Namen Vladimira und Lucas eingecheckt haben?«, erkundige ich mich bei dem kleinen Mädchen hinter der Rezeption auf Spanisch. Es ist die letzte *albergue* der Stadt.

Sie zuckt mit den Schultern und sagt, dass ihr Papa gleich wieder da sei.

Mara und ich setzen die Rucksäcke erschöpft ab und wollen uns gerade auf einen Stuhl plumpsen lassen. Just in diesem Moment geht die Tür auf. Es ist nicht der Vater des kleinen Mädchens. Besser. Es sind Vladimira und Lucas, die gerade die Herberge betreten.

»Warum bist du erst so spät angekommen? Ich habe mir Sorgen gemacht. Es tut mir so Leid, dass ich dich alleine gelassen habe.« Vladimira nimmt Mara in den Arm und ist überglücklich, ihre Pilgerfreundin endlich wiederzusehen. »Ich hatte schon befürchtet dir sei etwas passiert. Als ich ein letztes Mal nach dir gesehen habe, hast du dich gerade mit einem Typen unterhalten. Zuerst war ich froh, dass du in Gesellschaft bist, aber dann habe ich ein schlechtes Gewissen bekommen...«, gibt Vladimira zu und beäugt mich dabei argwöhnisch.

Ohje, da scheint jemand was in den falschen Hals bekommen zu haben. Sie hält mich für einen üblen Kerl.

»Ich bin wirklich froh, dass Dominik dabei war, da ich kein Spanisch spreche und niemanden nach dem richtigen Weg hätte fragen können.«, bekräftigt Mara meine Schuldlosigkeit und die Situation scheint entschärft.

Als der Vater des kleinen Mädchens zurück ist, checken Mara und ich schließlich in der Herberge ein. Wie es der Zufall so will, landen wir im selben Schlafraum wie Vladimira und Lucas.

Nach einer wohlverdienten Dusche, gehen wir anschließend in ein Restaurant und lassen uns dort das Pilgermenü schmecken.

Kurz vor Schlafenszeit, huscht der etwas hektische, aber sympathische Hospitalero nochmal durch die Zimmer und wünscht seinen Schäfchen eine gute Nacht. Wie nett.

Goeie nag, wie man auf Afrikaans sagt.

heute: 29 km (+ ???) | gesamt: 196 km | verbleibend: 604 km

13. April 2012

Santo Domingo de la Calzada

Gemessen an den Mühen und Anstrengungen steht die Etappe nach Santo Domingo de la Calzada der gestrigen in nichts nach. Zwar verlaufe ich mich heute nicht, jedoch quäle ich mich ähnlich schleppend voran. Da die Sportschuhe nur bedingt meine Schmerzen lindern und zudem weitere Druckstellen verursachen, trage ich heute wieder meine Wanderboots. Lucas begleitet mich an diesem Vormittag und passt sich meinem Schneckentempo an.

Es geht überwiegend geradeaus, mal entlang wenig befahrener Landstraßen, mal auf leicht hügeligen Schotterpisten. Da wir uns für die zwei Klöster Cañas und San Millán de la Cogolla nicht begeistern können, sparen wir uns den damit verbundenen Umweg. Heute würde ich dann nämlich doch ganz gerne auf kürzestem Wege zum Etappenziel gelangen.

Bei einem Rastplatz in einer Neubausiedlung trenne ich mich schließlich von Lucas und lege eine frühe Mittagspause ein. Während ich mein in Nájera gekauftes *bocadillo* esse, setze ich meine Kopfhörer auf. Anstatt Musik, starte ich das Hörbuch zur

Biografie von Steve Jobs, das ich vor Antritt der Reise auf meinen iPod geladen habe.

Viele berühmte Persönlichkeiten erfahren leider erst nach ihrem Ableben die größte Aufmerksamkeit. So wuchs auch mein Interesse an seiner Person tatsächlich erst durch den Medienwirbel nach dessen Tod Anfang Oktober vergangenen Jahres. Seitdem habe ich mir sämtliche Lektüre zu Steve Jobs zugelegt und mich mit seinem bemerkenswerten Leben beschäftigt.

Da ich mich völlig in dem Audiobuch verliere und nicht bemerke, wie sehr ich durch die Gegend trödele, komme ich erst am späten Nachmittag in Santo Domingo de la Calzada an. Als ich kurz darauf in der Herberge der Bruderschaft am Empfang stehe, wird mir mitgeteilt, dass ich Glück habe, da es noch ein paar wenige freie Betten gebe.

Von Glück lässt sich hier aber nur bedingt reden, denn erst jetzt stelle ich fest, wie groß diese Herberge eigentlich ist. Mein Wanderführer spricht sogar vom »Pilgerhotel der Superlative«. Treffender könnte man es nicht bezeichnen. Das hier ist ohne Zweifel die mit Abstand größte Herberge, die ich auf dem Jakobsweg bisher gesehen habe. In gerade mal zehn Schlafsälen bietet sie Betten für irrsinnige zweihundertzwanzig Pilger. Da brauche ich nicht lange kopfzurechnen, um als Ergebnis auf eine schlaflose Nacht zu kommen. Das sind zweiundzwanzig Leute pro Zimmer! Wer tut sich denn sowas freiwillig an?

Bei leicht aufkommender Panik blättere ich in meinem Wanderführer nach einer Alternative und werde fündig. Tatsächlich gibt es in diesem Ort noch eine weitere Herberge und auch ein Hotel. Allerdings öffnet die Pilgerunterkunft leider erst wieder im Mai und das Parador-Luxushotel liegt schlichtweg nicht in meinem Budget. Die nächstbeste *albergue* befindet sich im sieben Kilometer entfernten Grañón. Aber das schaffe ich heute nicht mehr. Dafür ist es schon zu spät und meine Füße haben sich bereits in den verdienten Feierabend verabschiedet. Mir bleibt nichts anderes übrig, als mir ein Bett im Pilgerhotel der Superlative zu sichern.

Während ich mich gedanklich schon auf eine wenig erholsame Nacht einstelle, schlürfe ich die Treppe zu den Schlafräumen hoch und lege meinen Rucksack auf dem mir zugewiesenen Bett ab. Ich lasse meinen Blick einmal durch den Raum schweifen und gebe mich meinem Schicksal nun endgültig geschlagen.

Auf engstem Raum stehen hier weit mehr als zehn Stockbetten dicht an dicht aneinandergereiht. Nur ein schmaler Flur bietet Zugang zu den einzelnen Betten, die bereits alle belegt sind. Einige Pilger halten gerade ihre Siesta und schnarchen sich schonmal warm. Lange höre ich mir das nicht an, dazu bleibt schließlich später genügend Zeit. Denn heute Nacht werde ich definitiv kein Auge zu bekommen.

Ich habe Hunger und beschließe mich in Santo Domingo auf die Suche nach etwas Essbarem zu machen. Im Innenhof der Herberge finde ich bestimmt ein Dutzend Hühner in einem Gehege vor. Mitpilger klären mich darüber auf, dass diese alle zwei Wochen mit den Hühnern in der Kathedrale ausgewechselt werden. Das kommt mir bekannt vor. Ich erinnere mich davon gelesen zu haben, weiß aber nicht mehr so ganz was es damit auf sich hat.

Um der Sache nachzugehen, mache ich mich auf den Weg zur Kathedrale, die ihre Pforten nur bis acht Uhr geöffnet hat. Auf dem angrenzenden Marktplatz begegne ich einem Pilger, den ich seit der Zugfahrt von Bayonne nach Saint-Jean-Pied-de-Port nicht mehr gesehen habe. Es ist der italienische Paulo Coelho Verschnitt, der mir im Pilgerexpress schräg gegenüber saß. Seinen richtigen Namen werde ich heute vermutlich nicht mehr erfahren, da sich der Charmeur gerade mit einer hübschen Dame unterhält und dabei sicherlich nur ungern gestört werden möchte. Nach wie vor strahlt dieser Italiener eine routinierte Gelassenheit aus, die mich irgendwie neugierig macht zu erfahren, wie oft er den Jakobsweg bereits gegangen ist.

Vor der Kathedrale treffe ich auf Emily, eine Mittvierzigerin aus den USA, die ich auf der heutigen Etappe flüchtig kennen gelernt und kurz gesprochen habe. Da sie sich auch gerade die Attraktion mit den Hühnern ansehen wollte, betreten wir kurzerhand zusammen das gotische Gebäude. Gegen eine kleine Spende wird uns Zutritt ins Innere der Bischofskirche gewährt und eine kleine Broschüre mit interessanten Informationen zur Kathedrale gereicht. Darin steht nun nochmal die berühmt-berüchtigte Geschichte von dem Huhn und der Henne. Wir lesen sie uns durch.

»Ein deutsches Ehepaar ist mit ihrem Sohn auf Pilgerfahrt nach Santiago de Compostela. Als sie in Santo Domingo de la Calzada ankommen, übernachten sie in einem Gasthaus. Die Tochter des Gastwirts verliebt sich in den jungen Mann. Weil er ihre Liebe aber nicht erwidert, beschließt sie sich zu rächen. Sie versteckt einen Silberbecher im Gepäck des Jungen und zeigt ihn am nächsten Tag des Diebstahls an. Er wird gefangen genommen und da sich der Becher unter seinen Habseligkeiten befindet, wird er in einem Gerichtsprozess zum Tod durch Erhängen verurteilt.

Bevor seine Eltern die Reise fortsetzen, kehren sie zur Richtstätte ihres Sohnes zurück. Plötzlich können sie seine Stimme hören: *Ich bin nicht tot, der heilige Domingo hält mich an den Beinen, es geht mir gut.*

Die Eltern laufen daraufhin zum Gerichtshof und berichten von dem Wunder, das die Unschuld des Jungen beweist. Der verärgerte Richter sitzt gerade am Mittagstisch und antwortet: *Euer Sohn ist so tot wie dieser Hahn und dieses Huhn auf meinem Teller!*

Augenblicklich fängt der Hahn an zu krähen und das Huhn zu gackern. Dann erheben sie sich und fliegen davon.«

Aufgrund dieser Geschichte soll es angeblich Glück für den restlichen Jakobsweg bringen, wenn beim Betreten der Kathedrale der weiße Hahn und die weiße Henne in ihrem Käfig Lärm machen. Ich bin gespannt, ob das Glück auf unserer Seite ist. Zwar halte ich nicht allzu viel von solch Aberglauben, aber es würde mich schon wurmen, sollten wir die Einzigen sein, bei denen die Viecher keinen Mucks machen.

Wir sehen uns zunächst die Arkaden und Gewölbe des Kreuzgangs an und betreten dann die Kathedrale. Wie befürchtet, geben die Hühner keinen Laut von sich. Das muss bestimmt mit dem Datum zu tun haben. Heute ist Freitag, der 13., und das kann bekanntermaßen ja nur Unglück bringen. Aber wie dem auch sei, schön finde ich die Kathedrale trotzdem und die Legende mit dem Hahn und der Henne ganz interessant.

In einer nahen Gastwirtschaft gehe ich mit Emily anschließend zu Abend essen. Gerade als wir mit dem Nachtisch des Pilgermenüs fertig werden, betreten Vladimira, Mara und Rebeca, eine weitere Pilgerin aus den USA, das Wirtshaus.

Sie setzen sich zu uns und bestellen das von uns empfohlene Pilgermenü. Zur Feier des Tages teilen wir uns zusammen eine Flasche Rotwein. Viel Zeit lassen sich die Damen mit dem Essen nicht, denn sie haben im Pilgerhotel der Superlative keine Betten mehr bekommen und haben daher keine andere Wahl, als heute Abend noch bis nach Grañón weiterzugehen.

Ich wünschte mir hätte das Schicksal diese Entscheidung auch abgenommen. Eine Garantie für erholsamen Schlaf gibt es dort zwar auch nicht, aber die Herberge in Grañón ist mit Sicherheit nicht mal halb so groß wie die hier.

Emily und ich verabschieden die drei und kehren dann noch auf einen Absacker in einer Bar ein. Dort lernen wir zwei Spanier kennen, die, ähnlich wie Joana, den Jakobsweg in Abschnitten gehen. Da ihr erster Abschnitt nach der morgigen Etappe in Belorado endet, nehmen wir das zum Anlass nochmal eine Runde Bier nachzubestellen. Als wir schließlich nach der Rechnung fragen, stellt uns der Barmann vier Schnapsgläser auf den Tresen.

»Geht aufs Haus!«, sagt er und wir kippen uns das Hochprozentige in den Rachen. Ich sehe es schon kommen, auf dem Jakobsweg werde ich noch zum Alkoholiker.

Zurück in der Herberge krabbele ich in mein Stockbett. Heute habe ich ausnahmsweise das untere Bett bekommen. So laufe ich nun immerhin nicht Gefahr, mich bei einer Kletteraktion beschwipst zu verletzen und womöglich den gesamten Schlafsaal aufzuwecken.

Nach unserem feuchtfröhlichen Abend habe ich bereits einen Großteil des laufenden Schnarchkonzerts verpasst. Allerdings ist auf meine Pilgerkollegen mal wieder Verlass und so komme ich auch noch zu späterer Stunde in den Genuss.

Ich bin zwar müde und betrunken, aber an Einschlafen ist hier nicht zu denken. Dazu hätte ich mich schon ins Koma saufen müssen. Verzweifelt rede ich mir ein, *Augen zu und durch*. Und mit *durch* meine ich durchmachen.

Das wird keine gute Nacht.

heute: 23 km | gesamt: 219 km | verbleibend: 581 km

KASTILIEN UND LEÓN

14. April 2012
Belorado

Was für ein beschissener Morgen. Mir brummt der Schädel. Ich habe vergangene Nacht miserabel geschlafen. Eigentlich habe ich überhaupt nicht geschlafen. Nicht ein Auge habe ich zu bekommen.

Nachdem mich der Alkohol schon nicht in den Schlaf wiegen konnte, habe ich meine Kopfhörer aufgesetzt und die ganze Nacht versucht mich auf das englische Hörbuch zu konzentrieren. Aber auch das half nicht, mich ins Land der Träume einlullen zu lassen. Selbst mit dem Lautstärkeregler auf Anschlag habe ich den wohl schlimmsten Störenfried, den ich bisher auf dem Jakobsweg erleben durfte, nicht rausfiltern können.

Einschlafen, geschweige denn Energie für den nächsten Tag tanken, sind bei diesem Lärm absolute Utopie. Dabei ist Erholung auf dem Jakobsweg so wichtig. Ohne ausreichend Regenerierung geht hier einfach nichts. Ich fühle mich jetzt nicht nur körperlich schlapp, sondern bin auch echt wütend.

Ich wage es gar nicht auf die Uhr zu gucken, aber es muss verdammt früh sein, da ich der Erste und Einzige bin, der bereits aufsteht. Hastig packe ich mein Zeug zusammen und breche bei den ersten Sonnenstrahlen auf. Mit meinen sich innerlich anstauenden Aggressionen mache ich mich aus dem Staub und vergesse dabei total an der noch nicht besetzten Rezeption etwas Geld in die Kasse zu werfen. Bei Herbergen, die auf Spenden basieren, kann jeder selbst entscheiden, mit welchem Betrag man sich bei den Hospitaleros für ihre unentgeltliche Arbeit bedanken möchte. Aus einer gewissen Pilgervernunft zahlt man jedoch mindestens fünf Euro. Bisher habe ich das immer so gehandhabt.

Für einen Augenblick bleibe ich stehen und frage mich, ob ich zurückgehen soll, um doch noch einen Schein in den Behälter zu werfen. Allerdings werfe ich dann mein schlechtes Gewissen über Bord, rechtfertige meine nicht geleistete Spende mit der Tatsache, dass ich letzte Nacht keine Minute geschlafen habe und gehe weiter.

Während ich überlege, ob der akute Schlafmangel oder der gestrige Alkoholkonsum der Grund für meine Kopfschmerzen ist, überquere ich den menschenleeren Platz vor der Kathedrale von Santo Domingo de la Calzada. Nach etwa zehn Minuten treffe ich auf den *río* Oja. Ein Fluss, der im Ursprung der Region La Rioja ihren Namen gab.

Als ich Grañón erreiche, warnt mich mein Wanderführer vor einem Umweg durch die gesamte Ortschaft, der aus scheinbar wirtschaftlichem Interesse vorbei an diversen Bars und Herbergen führt. Da ich heute aber mehr Zeit denn je habe und es mir auf die knapp fünfhundert Meter mehr oder weniger nicht ankommt, folge ich den Wegweisern durch den Ortskern. Auf der Suche nach einem deftigen Katerfrühstück werde ich dort nicht fündig. Jedoch gebe ich mich auch mit einem leckeren Buttercroissant und einer heißen Schokolade zufrieden.

Einige Kilometer hinter Grañón, weist ein recht unspektakuläres Schild am Straßenrand darauf hin, dass ich die Rioja schon wieder verlasse und nun die dritte und damit vorletzte Region des Jakobswegs betrete. Kastilien und León.

In Viloria mache ich eine Verschnaufpause und erfahre aus meinem Handbuch, dass hier angeblich im 11. Jahrhundert der heilige Domingo geboren wurde, der später den Ort Santo Domingo de la Calzada gründete. Ich frage mich, ob er auch für das Pilgerhotel der Superlative verantwortlich ist.

Um mich zu vergewissern, ob ich nach wie vor im Zeitplan liege, zücke ich Stift und Papier. Damit notiere ich mir die übrigen Etappen und die entsprechende Kilometerzahl. Mir bleiben jetzt noch einundzwanzig Tage bis ich in Santiago ankommen müsste, um vor meiner Rückreise nach Deutschland zumindest noch einen Tag nach Fisterra fahren zu können. Ich teile also knapp fünfhundertsechzig Kilometer durch einundzwanzig Tage und stelle fest, dass ich durchschnittlich fast siebenundzwanzig Kilometer am Tag laufen müsste. Ruhetage oder zumindest kürzere Etappen lässt diese Rechnung nicht zu. Es sei denn, ich laufe an einigen Tagen sehr sportliche vierzig Kilometer. Nach wie vor bin ich mir aber nicht mal sicher, ob mich meine lädierten Füße überhaupt so weit tragen werden.

Am frühen Nachmittag höre ich dann überwiegend das Hörbuch weiter, bis mich auf einmal Rebeca einholt und wir anfangen uns zu unterhalten. Ich erkundige mich, ob sie gestern nach dem Abendessen noch gut in Grañón angekommen seien.

»Es war anstrengend und es wurde sehr schnell dunkel. Als wir dann endlich da waren, sind wir direkt schlafen gegangen. Immerhin gab es in unserem Zimmer nur acht Betten. Ich habe geschlafen wie ein Stein.« Dann fragt sie mich nach dem Pilgerhotel und ich erzähle ihr von meiner schlaflosen Nacht.

»Du solltest dir heute auf jeden Fall ein Einzelzimmer gönnen und eine gesunde Portion Schlaf nachholen...«, fordert sie mich mitleidsvoll auf.

Rebeca hat Recht. Das sollte ich meiner Gesundheit zuliebe heute wirklich tun. Zwar lässt sich dieser Luxus eher weniger mit dem Pilgergedanken vereinbaren, aber in manchen Fällen braucht es eben eine Ausnahme. Und weil Einzelzimmer teuer sind, wird diese Ausnahme sicherlich nicht zur Regel werden.

Weil Rebeca in Grañón gestartet ist, hat sie in Belorado ihr Etappenziel für heute noch nicht erreicht und geht daher weiter. Zum Abschied wünscht sie mir scherzend eine gute Nacht.

Direkt am Ortseingang steuere ich zielstrebig auf die erste Unterkunft zu, die mit einem ALBERGUE - HOTEL - PISCINA - Schild auf sich aufmerksam macht. Der Aufgang zur Herberge ist wirklich nicht zu übersehen. Bestimmt zwei Dutzend Flaggen verschiedener Nationen wehen an Fahnenstangen auf den Geländern im Wind. Weit vor dem Eingang wird auf einer Tafel eine ellenlange Liste aller Eigenschaften der Herberge in den Sprachen Spanisch, Englisch, Französisch und Deutsch abgebildet. Darunter befindet sich ein fettes WiFi Symbol. Mit mehreren lebensgroßen Pilgerfiguren, einer gigantischen Wegweisermarkierung auf dem Boden und dem Namen selbst »A Santiago« möchte man die Pilger eindeutig anlocken und ihnen vorgaukeln, dass der Jakobsweg hier entlang führt.

Ehe ich mich versehe und anfange die Herberge anzuzweifeln, stehe ich schon am Empfang und informiere mich nach der Verfügbarkeit und dem Preis eines Einzelzimmers. Für einen kurzen Augenblick bin ich erneut unentschlossen, heute Nacht mehr als das Dreifache für ein Bett hinzublättern. Aber meine Entscheidung steht und so bezahle ich der Dame schließlich die dreißig Euro.

Das Zimmer macht auf den ersten Blick einen sauberen Eindruck und ich bin mehr als froh, dass ich meine Meinung nicht mehr geändert habe. Erst jetzt beginne ich so richtig zu realisieren, dass mir heute kein Schnarcher der Welt den Schlaf rauben wird. Allein diese Tatsache macht mich derart gut gelaunt, dass ich mich über zwei kleinere Makel des Zimmers nichtmal ein bisschen ärgere. Der Fernseher findet keine Sender und zeigt nur schwarz, weißes Flimmern, und der Toilette im Bad fehlt die Klobrille. Beides halb so schlimm, ich werde einfach an der Rezeption kurz Bescheid geben. Aber was heißt denn nochmal Klobrille auf Spanisch?

Das digitale Wörterbuch auf meinem iPod hilft mir zum Glück weiter und so kann ich meine Beschwerden kundgeben: »La televisión no funciona y el servicio le falta el asiento del inodoro.«

»Lo siento mucho!«, entschuldigt sie sich für die entstandenen Unannehmlichkeiten und schickt mir umgehend ihren Sohnemann in mein Zimmer, der den Fernseher korrekt konfiguriert und die Toilette funktionsfähig macht. Kurz bevor er wieder abhaut, erklärt er mir noch das Whirlpoolsystem der Badewanne, von dem ich bisher noch nicht wusste, aber nun definitiv Gebrauch machen werde.

Während ich warmes Wasser in die Wanne einlasse, hänge ich mein Handy und den iPod zum Aufladen an den Strom, zappe ein wenig durch die verschiedenen Fernsehkanäle und wähle schließlich einen Sender mit spanischer Musik. Danach genieße ich den wohltuenden Jacuzzi und nasche nebenher als kleinen Nachmittagssnack einige M&M´s.

Frisch gebadet setze ich mich in das Computerzimmer der Herberge und schicke meiner Familie einen etwas ausführlicheren Lagebericht. Auch Merle und Luis schreibe ich und frage sie, wie es ihnen geht und wo sie gerade sind. Ich bin gespannt, ob das geplante Zusammentreffen in Logroño geklappt hat.

Um meinem heutigen Pilgerluxus noch mit einem vorzüglichen Abendmahl das i-Tüpfelchen aufzusetzen, suche ich im Zentrum von Belorado nach einem feinen Restaurant. Da ich mich aber für keines so richtig entscheiden kann, folge ich zunächst der Beschilderung zum Tourismusbüro. Die werden mir dort bestimmt eine Empfehlung aussprechen können.

Als ich den Marktplatz vor der Kirche Santa María überquere, begegne ich ein weiteres Mal dem gelassenen Italiener, den ich solange Paulo Coelho nennen werde, bis ich seinen richtigen Namen erfahre. Da er dieses Mal alleine unterwegs ist, quatsche ich ihn spontan an.

Leider spricht er kaum Englisch und so ist unsere anschließende Konversation zu Beginn etwas holprig. Aber mit einer interessanten Mixtur aus Italienisch, Spanisch und Englisch sowie dem Einsatz von Händen und Füßen, können wir uns dann zumindest halbwegs gut verständigen. Er scheint mich von der Zugfahrt auch wiedererkannt zu haben und fragt, wie mein *camino* bisher gelaufen sei. Wir unterhalten uns bestimmt zehn Minuten, in denen wir uns unter anderem über die kommenden Etappenziele und seine eigenen Erfahrungen als Pilger austauschen. Meine Vermutung, dass er den Weg nicht zum ersten Mal geht, bestätigt sich. Er strahlt es nicht nur aus, sondern ist tatsächlich ein wahrer Pilgerroutinier.

Erst als wir uns verabschieden und ich den Marktplatz bereits wieder verlasse, fällt mir auf, dass wir uns gar nicht namentlich einander vorgestellt haben. Da werde ich mich wohl nun weiter gedulden müssen.

Im *oficina del turismo* bekomme ich eine Karte des Ortes ausgehändigt, auf der mehrere Bars und Restaurants gekennzeichnet sind. Aus den wilden Kritzeleien der genervten Frau fällt es mir jedoch schwer eine Wegbeschreibung auszumachen. Dennoch bin ich höflich und bedanke mich bei ihr.

Auf dem Weg zu ihrem »Geheimtipp« irre ich hungrig in der Gegend umher und entdecke dabei zufällig den Walk of Fame von Belorado. Mehrere vermeintlich prominente Pilger aus aller Welt haben sich hier mit einem Abdruck des Schuhs und einer Signatur verewigt. Ich lese mir einige Namen durch, kenne aber keinen von ihnen. Herrn Kerkeling suche ich vergebens.

Wenig später finde ich das Restaurant. Ich öffne die Tür und hätte schon fast auf dem Absatz wieder kehrtgemacht. Denn an den Tischen herrscht bis auf zwei Gäste eine gähnende Leere. Einer von ihnen guckt mich aber mit einem breiten Grinsen auf dem Gesicht an.

Es ist schon verrückt, dass man sich zu Beginn der Pilgerreise kennenlernt, sich dann für mehrere Tage auf den Etappen nicht ein einziges Mal begegnet und man schließlich infolge einer Verkettung von Zufällen in einem Restaurant in Belorado doch wieder aufeinandertrifft. Martin, der Deutsche, den ich bei unserem Trinkgelage in Zubiri an der Bar kennengelernt habe, sitzt mit einer jungen Frau an einem Tisch in der Nähe des Eingangs. Ihre Zweisamkeit möchte ich nur äußerst ungern stören, aber sie sind wirklich die einzigen Gäste hier. Wenn ich mich jetzt woanders hinsetze, wäre das sicherlich nicht nur für mich unangenehm.

»Darf ich euch Gesellschaft leisten?«, dränge ich mich ihnen auf.

»Klar, nimm Platz!«, bieten mir die beiden an, ohne auch nur eine Sekunde zu zögern.

»So sieht man sich wieder«, freut sich Martin und stellt mich dann seiner ebenfalls deutschen Begleitung vor.

Ihr Name ist Anne.

»Hi, schön dich kennenzulernen. Wie hast du hierher gefunden? Hast du auch in der Touristeninformation nach einer Empfehlung gefragt?«

Ich nicke. Da war ich wohl nicht der Einzige, der auf diese Idee gekommen ist.

»Gemessen an der Zahl der Gäste, scheint das hier ja die angesagteste Adresse im Dorf zu sein.«, moniere ich das Lokal sarkastisch.

»Absoluter Geheimtipp. So geheim, dass es niemand kennt.«, scherzt Martin und guckt sich dabei im Restaurant um.

Wir finden die Situation urkomisch und müssen uns zusammenreißen nicht laut los zu lachen. Schließlich wollen wir nicht die Bedienung verärgern und als einzige Gäste womöglich aus dem Restaurant geworfen werden.

Da die beiden ihre Bestellung bereits aufgegeben haben, gucke ich gar nicht erst in die Karte und wähle kurzerhand ebenfalls das klassische Pilgermenü.

Erst als wir unseren Nachtisch essen, fängt das Restaurant an voller zu werden. Neben uns sitzt ein spanisches Pärchen, das als Hauptspeise einen wirklich lecker aussehenden Burger serviert bekommt. Beneidenswert. Das Pilgermenü war zwar überhaupt nicht schlecht, aber wenn ich mir die Karte angesehen hätte, wäre meine Wahl bestimmt auch auf den Burger gefallen.

Nach einem äußerst amüsanten Abend, können wir uns irgendwann vor Gähnen nicht mehr richtig unterhalten. Klares Zeichen für heute Feierabend zu machen.

Die Uhr schlägt elf, als ich mich aufs Ohr lege. Vor dem Einschlafen muss ich an die Pilgerherbergen denken. Ein schlechtes Gewissen bekomme ich aufgrund meines Einzelzimmers aber nicht. Im Gegenteil, ich habe das heute bitter nötig und mir in meinen Augen auch redlich verdient.

heute: 24 km | gesamt: 243 km | verbleibend: 557 km

15. April 2012
Agés

Man könnte sich glatt an die Vorzüge eines Einzelzimmers gewöhnen, so ganz ohne Schnarcher. Einen Wecker habe ich mir gar nicht erst gestellt. Daher stehe ich heute Morgen erholt, ausgeschlafen und top motiviert irgendwann erst nach neun Uhr auf. Nicht nur ich, sondern auch mein Handy und iPod sind nun endlich wieder vollständig aufgeladen. Nach dem Zähneputzen überlege ich mir nochmal ein Bad zu nehmen, packe dann aber doch meine Sachen, verarzte meine Füße und verlasse das Zimmer. Meinen Schlüssel gebe ich am Empfang der Herberge ab, wo ich anschließend auch noch ein kleines Frühstück zu mir nehme. Gut gelaunt und voller Tatendrang, schnalle ich mir meinen Rucksack auf den Buckel und beginne mit der anstehenden Etappe.

Doch schon als ich die abschüssige Auffahrt zur Pension runter gehe, melden sich meine Wehwehchen sofort wieder zu Wort. Im Gegensatz zu meinem restlichen Körper haben sich diese offensichtlich noch nicht ausreichend erholt. Aber wie denn auch? Meine Füße sind auf gut Deutsch einfach völlig im Arsch. Da helfen mir auch keine Salben, Tapes oder sämtliche Blasenpflaster. Die Wunden zwischen meinen Zehen werden ohne genügend

Pause nicht abheilen. Und die Zeit, die es dazu bräuchte, habe ich nicht. Bis heute hatte ich noch Hoffnung, das Problem irgendwie wieder in den Griff zu bekommen. Doch heute Morgen droht diese Zuversicht mit einem Mal zu kippen. Die Zahlen sprechen Klartext und sind eindeutig gegen mich. Gerade mal etwas mehr als ein Viertel des Weges nach Santiago de Compostela habe ich bereits geschafft. Somit steht mir weitaus mehr als die Hälfte noch bevor.

Für die knapp achtundzwanzig Kilometer nach Agés brauche ich in meiner Verfassung sicherlich sechs Stunden. Das werden dreihundertsechzig Minuten reinste Marter, Qual, Folter, Leid, Mühsal, Tortur… der Schmerz hat viele Namen. Pilgern könnte doch eigentlich so viel mehr Spaß machen.

Aber genau genommen ist Spaß ja nicht das, wofür ich hier bin. Der jammernde Dominik gefällt mir nicht, also lege ich wieder den von heute Morgen nach dem Aufstehen an den Tag. Positiv denken. Ich halte mir das heutige Tagesziel einfach offen. Sollte ich es nicht bis nach Agés schaffen, dann steige ich eben in San Juan de Ortega ab. Aufgegeben wird hier erst, wenn mich meine Füße überhaupt nicht mehr tragen.

Ich beiße meine Zähne zusammen, lasse Belorado hinter mir und überquere nicht viel weiter den Fluss Tirón. Übersetzt bedeutet der Name so viel wie Schub oder Ruck. Das könnte ich jetzt tatsächlich ganz gut gebrauchen.

Hape hat sich auf seiner Pilgerreise in aussichtslosen Situationen etwas im Universum gewünscht. Den Tipp hatte ihm eine Pilgerbekanntschaft gegeben. Natürlich halte auch ich das für absoluten Unsinn, aber für den Komiker hat es schließlich irgendwie funktioniert. Daher versuche ich es auch einfach mal und spreche gedanklich folgenden Satz: »Universum, mir tut alles weh. Gib mir einen Ruck, ich brauche Schub!«

Nichts.

Naja, muss mir immerhin nicht peinlich sein, hat ja keiner gesehen oder gehört.

Auf Schotterpisten führt der Jakobsweg zunächst durch die Ortschaft Tosantos und danach stetig steiler werdend bergauf nach Villambistia. Am Ortsausgang treffe ich dort auf Emily. Wir gehen ein Stück zusammen bis in den nächsten Ort, wo sie anschließend ein Päuschen einlegt. Weil jede Unterbrechung meine Schmerzen nur noch schlimmer zu machen scheint, entscheide ich in Bewegung zu bleiben.

Wenn ich eine Weile stehe oder sitze, kann ich zunächst kaum einen Fuß vor den anderen setzen. Auf den ersten Metern verzerre ich bei jedem Schritt das Gesicht und man könnte glatt glauben, ich liefe gerade barfuß auf Glasscherben. Es braucht einige Minuten, bis mein Körper die Schmerzen toleriert und ich mich wieder einem normalen Gang annähere. Es verhält sich etwa wie mit Desinfektionsspray, das man auf eine Wunde sprüht. Im ersten Moment ist der Schmerz höllisch unangenehm, aber dann lässt es nach zu brennen.

Ich experimentiere ein wenig mit dem Tempo und stelle fest, dass bei zügigerem Gehen die Blasen an meinen Füßen weniger weh tun. Das ist zwar völlig sinnwidrig, aber ich behalte diese Geschwindigkeit zunächst bei und lege so mehrere Kilometer in zweifelsohne persönlicher Bestzeit zurück. Wenn das mal nicht der bestellte Schub aus dem Universum ist.

Eine Dauerlösung ist das aber natürlich auf gar keinen Fall. Denn diese Methode bleibt mit Sicherheit nicht ohne Folgen. Heute nehme ich zugunsten meiner Füße jedoch alles in Kauf. Je schneller ich gehe, desto früher komme ich am Ziel an und desto länger können sich meine Füße für den nächsten Tag regenerieren. Natürlich lasse ich bei dieser Gleichung einige andere Variablen absolut unberücksichtigt, dennoch hoffe ich, dass diese Rechnung irgendwie aufgehen wird.

Neben dem Steve Jobs Hörbuch, gehört zu meinem persönlichen Mixtape auch eine Playlist, die ich vor meiner Abreise spontan zusammengestellt habe. Während die meisten Tracks recht willkürlich darauf gelandet sind, habe ich einen bestimmten Song ganz bewusst auf meinen iPod geladen. Ich höre ihn mir nahezu täglich an und auch heute behält Xavier Naidoo mit seinem allbekannten Chorus wieder Recht: »Dieser Weg wird kein leichter sein. Dieser Weg wird steinig und schwer...«

Ich gelange an eine Stelle, an der der *camino* zunächst sehr steil bergab und dann nicht weniger steil wieder bergauf geht. Das sind höchstens achthundert Meter Luftlinie, fühlt sich aber aufgrund des nicht enden wollenden Abstiegs und des noch weniger enden wollenden Aufstiegs mindestens dreimal so weit an. Für meine Schmerzen ist das natürlich nicht besonders förderlich, für weitere Blasenbildungen aber allemal.

Kurz bevor ich San Juan de Ortega erreiche, treffe ich auf die nette Norwegerin, die ich in der Herberge in Logroño kennengelernt habe.

»Was machen die Füße?«, erkundigt sie sich.

»Nicht gut…«, antworte ich ihr ehrlich.

»Ohje. Was ist denn heute dein Etappenziel?«

Diese Frage habe ich mir bis vorhin auch gestellt. Tatsächlich sagt mein müder Körper, *Mach im nächsten Dorf Feierabend*. Mein Kopf allerdings dirigiert mich ins knapp vier Kilometer entfernte Agés. Denn der weiß, dass es dort in den Unterkünften weitaus weniger Pilger pro Zimmer gibt als in der einzigen Herberge in San Juan de Ortega. Da ich zehn Betten in zwei Räumen gegenüber siebzig Betten in drei Schlafsälen eindeutig bevorzuge, höre ich heute auf meinen Kopf und antworte der Norwegerin selbstbewusst: »Agés.«

»Nicht mehr weit, das schaffst du!«, sagt sie aufmunternd und möchte mir als Stütze im nächsten Ort eine Cola spendieren.

Obwohl ein Schild vor der variierenden Qualität des nicht einhundertprozentig sauberen Trinkwassers warnt, füllt sie bedenkenlos an einem Brunnen in San Juan ihre Flasche auf. Wir werfen noch einen kurzen Blick in die dem Ort gleichnamige Kirche und betreten danach eine nur wenige Meter entfernte, kleine Bar am Ortsausgang. Dort nehme ich ihre Einladung dankend an und lasse mir das koffeinhaltige Kaltgetränk schmecken. Wenig später bricht die Norwegerin wieder auf und wünscht mir weiterhin alles Gute mit meinen Füßen. Ich bestelle noch einen ColaCao und wärme mich ein wenig am Kamin auf.

Gerade als auch ich mir dann wieder meinen Rucksack aufsetze, kommt ein Herr mit weißem Vollbart und einem entspannten Gesicht zur Tür herein. Eigentlich braucht es nur eine Kirche und einen angrenzenden Marktplatz und schon kann er nicht weit sein. Am Anfang der Reise habe ich ihn nicht einmal gesehen, jetzt treffe ich Paulo Coelho täglich. Logisch ist das nicht, aber das sind eben die ganz eigenen Gesetzmäßigkeiten des Jakobswegs. Wir begrüßen uns kurz und ich mache mich wieder auf den Weg.

Das Wetter ist ziemlich unbeständig und zuweilen mit dem kalten Schneeregen auch sehr anstrengend. Ich gelange in einen kleinen Wald und bekomme auf den verbleibenden Kilometern das Sprichwort »Wer rastet, der rostet« am eigenen Leib zu spüren.

Nach einem qualvollen Abstieg nach Agés, muss ich nicht lange nach der von mir ins Auge gefassten Herberge San Rafael suchen. Vor ihr macht ein Schild darauf aufmerksam, dass es heute leckere Burger zu essen gibt. Wenn ich hier jetzt auch noch einen Schlafplatz bekomme, ist mein Tag gerettet.

Ich habe Glück und bekomme wenige Minuten später ein Bett in einem der beiden Schlafräume zugewiesen. Dort angekommen lerne ich einen spanischen und zwei französische Zimmergenossen kennen. Aufgrund der Sprachbarrieren fällt es mir anschließend leichter, mich überwiegend mit Gerardo aus Andalusien zu unterhalten. Um das Eis zu brechen, erzähle ich ihm gleich mal von meinen Schmerzen am Fuß.

»No te preocupes. Tengo algo muy bueno para ti.« Er meint, ich solle mir keine Sorgen machen und behauptet, er habe da etwas, was mir helfen könnte.

Dann drückt er mir eine Dose in die Hand und sagt, ich könne sie behalten. Er schwöre auf das Zeug, brauche es aber nicht mehr. Ich bedanke mich für sein Geschenk und bin schon gespannt, seine Salbe morgen Früh auszuprobieren. Er klingt wirklich sehr davon überzeugt.

Dreißig Minuten später sitze ich frisch geduscht unten im Restaurant und speise den so sehr ersehnten Burger. In diesem Moment geht die Tür auf und Anne und Martin betreten die Herberge. Heute bin ich derjenige, der sie angrinst. Die beiden gönnen sich jeweils ein Einzelzimmer und gesellen sich dann zu mir an den Tisch.

Nach einer denkwürdig anstrengenden Etappe und einem rundum gelungenen Abend, lasse ich mich noch vor zehn Uhr erschöpft ins Bett fallen.

heute: 28 km | gesamt: 271 km | verbleibend: 529 km

16. April 2012
Burgos

Nach einem gemeinsamen Frühstück in der Herberge, starte ich die heutige Etappe mit Gerardo. Wir verstehen uns hervorragend und können unsere Unterhaltung sogar vollends auf Spanisch führen. Ich kann ihm sogar die ein oder andere Anekdote aus meinem Leben authentisch erzählen, ohne dabei ständig im Wörterbuch auf meinem iPod nach Vokabeln suchen zu müssen. Wenn mir ein Wort nicht einfällt, gelingt es mir immerhin es ausreichend zu umschreiben.

Gerardo lässt es sich nicht nehmen, gleich mehrmals mein *castellano* zu loben und stellt zudem fest, dass ich sehr formell und anständig spreche. Das überrascht mich nicht, denn auch im Deutschen wird mir das oft nachgesagt. Bei Fremdsprachen liegt das aber vermutlich mehr daran, dass man das in der Schule einfach so lernt.

Erst nachdem ich meine spanischen Austauschpartner wiederholt besucht habe, konnte ich nicht nur ein gewisses Sprachgefühl entwickeln, sondern auch nicht ganz so formelle Wörter in mein Vokabular aufnehmen. Um Gerardo also zu zeigen, dass ich auch anders kann, werfe ich ihm nahezu alle bösen Wörter und Beleidigungen an den Kopf, die ich in den letzten Jahren beigebracht bekommen habe. Er lacht amüsiert und lehrt mir gleich fünf weitere.

»Wo bist du in Spanien bereits gewesen?«, fragt er interessiert.

Neben meinen Austauschpartnern aus Bilbao und Valencia, erzähle ich ihm unter anderem von dem Besuch bei meiner Schwester in Marbella, unseren Interrail-Stops in Barcelona und Madrid, und den Abifahrt-Partyhochburgen Ibiza und Lloret de Mar. Abgesehen vielleicht von den beiden letzteren, konnte ich meine Spanischkenntnisse in all diesen Städten anwenden und auch wesentlich verbessern.

Anders als seine Landsmänner, ist Gerardo eher zurückhaltend und gehört damit in meinen Augen definitiv der ruhigeren Sorte von Südländern an. Er lässt mich aussprechen, hilft mir hier und da mit einem Wort aus und ist einfach ein guter Zuhörer. Abgesehen davon ist er einer der wenigen Spanier, die den Weg nach Santiago de Compostela an einem Stück pilgern. Genau wie ich, sieht er seine dortige Ankunft für Anfang Mai vor. Bevor er die Heimreise antritt, möchte er allerdings auf den Bus verzichten und die knapp einhundert Kilometer zum Kap Finisterre zu Fuß zurücklegen.

Wie es sich für einen Spanier gehört, hält Gerardo nach der Mittagspause in Orbaneja de Ríopico eine obligatorische Siesta. Bevor wir uns aber für heute voneinander trennen und ich ihn sein Nickerchen machen lasse, bedanke ich mich ein weiteres Mal für die Salbe, die er mir gestern Abend gegeben hat. Tatsächlich habe ich heute, wie durch ein Wunder, weitaus weniger Probleme mit meinen Füßen, als das noch die vergangenen Tage der Fall war. Ein Allheilmittel ist es natürlich nicht, aber die Situation hat sich nicht merklich verschlechtert. Und das kann ich durchaus als Erfolg verbuchen.

Ich stapfe weiter, bleibe aber nicht lange alleine. Kaum nehme ich Kurs auf die zweite Hälfte der vierundzwanzig Kilometer langen Etappe nach Burgos, treffe ich Anne und Martin zum ersten Mal auf der Piste an. Sofort führen wir die Unterhaltung dort weiter, wo wir sie gestern Abend beendet haben. Dabei lernen wir uns nochmal etwas besser kennen und ich erfahre nun, dass Anne aus Koblenz und Martin aus Leipzig kommt.

Um mit Anne eine Konversation zu führen und ihr dabei ins Gesicht sehen zu können, müssen Martin und ich unsere Köpfe in den Nacken legen. Sie ist so groß, dass wir neben ihr schon fast wie Zwerge aussehen. Ich schätze sie locker auf zwei Meter.

Neugierig und ganz ungeniert erkundige ich mich: »Anne, wie groß bist du eigentlich? Über zwei Meter?«

»Nicht ganz! Aber interessante Frage…«, lacht sie und ergänzt zudem hellseherisch: »Bevor du fragst, ja ich spiele Basketball.«

Die Frage hat sie kommen sehen. Aber bei ihrer Statur ist dieser Gedanke wirklich naheliegend.

Als Martin mal für kleine Pilger muss, nutze ich die kurze Gelegenheit Anne auf ein mögliches Fettnäpfchen anzusprechen: »Tut mir Leid, dass ich Euch vorgestern beim Abendessen gestört…«

Anne unterbricht mich mitten im Satz und weiß wohl genau, worauf ich hinaus möchte. Dann bestätigt sie mir, was ich bisher nur vermutet hatte: »Ich glaube du hast da was missverstanden. Martin ist homosexuell. Wusstest du das nicht?«

»Ich war mir nicht ganz sicher und wollte mich daher bei dir vergewissern.«, entgegne ich ihr.

Obwohl die Hauptstadt der Region Kastilien und León etwas weniger Einwohner als Pamplona hat, ist Burgos im direkten Vergleich mit ungefähr einhundert Quadratkilometern Fläche mehr als vier Mal so groß. Während man Pamplona in verhältnismäßig kurzer Zeit zu Fuß durchqueren kann, braucht man in Burgos eine halbe Ewigkeit bis man endlich ins Zentrum zur Kathedrale und den Herbergen gelangt. Die Autobahn, der Flughafen und die Betonfabrik sind zwar immerhin interessant anzusehen, allerdings wurden wir in anderen Städten schon schöner empfangen. Aber gut, es kann ja nicht überall der rote Teppich bei unserer Ankunft ausgerollt werden.

Unweit von der Kathedrale, die wir bereits sehen können, befindet sich die *albergue*, in der Anne und ich uns zwei Betten sichern. Für müde Pilger gibt es hier auf drei Stockwerken einhundertfünfzig Schlafstätten mit teilweiser Raumtrennung. Trotz des anmutenden Massenbetriebs, lässt mich insbesondere Letzteres darauf hoffen, nicht noch einmal eine schlaflose Nacht wie in Santo Domingo de la Calzada erleben zu müssen. Die Duschen sind okay und die Herberge wirkt immerhin schön sauber.

Anstatt über die Treppe wieder ins Erdgeschoss zu gelangen, sparen wir unsere Kräfte und nehmen den Personenaufzug. Martin ist unterdessen in einem Hotel untergekommen und wartet nun bereits im Gemeinschaftsraum auf uns.

Da Burgos angeblich zu den Städten mit den meisten Sehenswürdigkeiten auf dem gesamten Jakobsweg zählt, empfiehlt mein Reiseführer kunsthistorisch Interessierten sich einen kompletten Tag für die Besichtigung Zeit zu nehmen. Als Tourist hätten wir das auf jeden Fall gemacht, aber wir sind nunmal Pilger und da muss leider ein Sightseeing-Sparprogramm ausreichen.

Nach einer kurzen Erkundungstour, besuchen wir die Pilgermesse in der beindruckenden Kathedrale von Burgos. Wir genießen die Atmosphäre und erhalten am Ende den Pilgersegen. Anschließend setzen wir uns auf dem Vorplatz der Kathedrale in ein Restaurant und treffen dort auf Lucas, Vladimira und Rebeca. Wir essen gemeinsam zu Abend und unterhalten uns über die morgen anstehende Etappe. Mit über vierzig Kilometern wäre das bei Weitem die längste Strecke, die ich je in meinem Leben am Stück gegangen bin. Ob ich persönlich dazu aktuell überhaupt imstande bin, wird sich morgen herausstellen.

Die Vernunft überwiegt und wir belassen es heute bei einem Glas Rotwein, das es obligatorisch zu jedem Pilgermenü dazu gibt. Anne und ich haben es nicht weit zur Herberge und beschließen uns noch für eine halbe Stunde in den Gemeinschaftsraum zu setzen. Die Zeit nutzen wir, um einige Einträge in unsere Notizbücher zu schreiben und im Pilgerhandbuch die Route für morgen zu überfliegen. Danach fordere ich Anne spontan zum Nationen-Raten auf.

Unauffällig deute ich auf eine junge Frau mit dunklen Haaren und einer schwarzen Brille. Sie hat mittlerweile schon das dritte Mal in kurzer Zeit den Raum verlassen und wieder betreten. Es scheint, als ob sie sich etwas am Automaten kaufen möchte, aber bisher noch nicht das passende Münzgeld dazu gefunden hat.

»Osteuropäisch.«, vermutet Anne nach kurzer Überlegung.

»Ich glaube sie ist aus Deutschland.«, widerspreche ich ihr. »Tatsächlich kommt sie mir irgendwie bekannt vor.«

Anne schüttelt den Kopf und hält das für äußerst unwahrscheinlich.

»Möge derjenige, der richtig liegt, gewinnen!«, scherze ich und läute damit den Beginn unseres Wettbewerbs offiziell ein.

Nach dem dritten Anlauf bekommt die junge Frau nun endlich vom Automaten ihr Getränk ausgespuckt. Um zu erfahren wer Sieger unseres kleinen Ratespiels ist, müssten wir sie jetzt einfach nur ansprechen. Aber das ist uns beiden unangenehm. Also vertragen wir die Entscheidung und falls wir sie nicht mehr sehen sollten, haben wir eben beide verloren. Jetzt ist auf jeden Fall erstmal Schlafenszeit.

Der Fahrstuhl befördert uns in den dritten Stock. Die Lichter sind bereits aus und die Schnarcher stimmen ihre Instrumente.

Hurra.

heute: 24 km | gesamt: 295 km | verbleibend: 505 km

17. April 2012
Castrojeriz

Wie der Zufall so spielt, frühstücken Anne und ich heute Morgen im selben Café wie die junge Frau über deren Herkunft wir gestern Abend gerätselt haben. Um im großen Burgos den hungrigen Pilgerscharen zu entgehen, haben wir gezielt einige Bäcker und Bars ausgelassen. Dennoch sitzen wir ihr nun gegenüber und das Nationen-Raten geht in die nächste Runde.

Wir wagen es immer noch nicht sie einfach anzuquatschen. Also essen wir schweigsam unsere Croissants und warten darauf sie irgendeine Sprache sprechen zu hören. Erst als sie aufsteht und sich von ihrem Pilgerkollegen verabschiedet, können wir schließlich ein paar klare Wortfetzen aufschnappen. Und zwar auf Deutsch. Ich hatte Recht.

Da der Sieger unseres kindischen Spiels nun endlich feststeht, können wir mit der heutigen Etappe beginnen. Anne ist wesentlich fitter auf den Beinen als ich, weshalb ich sie schon nach wenigen Kilometern darum bitte, ihr eigenes und bevorzugtes Tempo zu gehen.

Während ich mich in den letzten Tagen überwiegend mit meinen Füßen beschäftigen musste, gelingt es mir heute, mich wieder für ein, zwei Stunden dem Gedankenchaos in meinem Kopf zu widmen. Ich habe etliche Fragen und stelle zig Überlegungen an, die mir in den Sinn kommen. Auf ein konkretes Ergebnis stoße ich allerdings nicht. Zumindest noch nicht. Das braucht wahrscheinlich einfach noch mehr Zeit.

Ein beiläufiger Blick auf meine Armbanduhr reißt mich plötzlich völlig aus meinem Gedankentunnel und ich realisiere was heute für ein Datum ist.

Es ist der 17. April. Genau einen Monat ist es jetzt her, als mir meine Mutter am Handy das Absageschreiben der Lufthansa vorgelesen hat. Nur drei Tage zuvor saß ich beim Deutschen Zentrum für Luft- und Raumfahrt in Hamburg und nahm am Auswahlverfahren für Nachwuchsflugzeugführer teil.

Ich habe noch immer alles genau vor Augen. Ein Tag zuvor, traf ich mich nach Ankunft im Hotel mit einem Mitstreiter, den ich schon aus einem Vorbereitungsforum im Internet kannte. Testweise liefen wir den zwanzigminütigen Fußweg zum Assessment Center ab. Auf dem Rückweg begegneten wir einigen Jungs im Anzug, die zu diesem Zeitpunkt bereits den ersten Tag der zweiten Untersuchungsinstanz bestanden hatten. Bei einem Beruhigungsbierchen an der Hotelbar, erzählten sie uns dann von ihren Erfahrungen und gaben uns zudem wertvolle Tipps zum Ablauf der Tests. Von Konkurrenzdenken fehlte jede Spur. Das minderte meine Nervosität deutlich und ich kam damit immerhin auf fünf Stunden Schlaf.

Am nächsten Morgen aber stieg die Anspannung ins Unermessliche. Vom üppigen Frühstücksbüffet des Hotels bekam ich nur wenige Bissen runter, ehe ich schließlich zur Berufsgrunduntersuchung bei der Lufthansa antrat.

»Herzlichen Glückwunsch. Sie haben Ihre BU hiermit hinter sich gebracht. Viel Erfolg und auf Wiedersehen!«, bekamen wir, wie eigentlich nach den dreizehn absolvierten Tests erwartet, leider noch nicht zu hören.

Anstatt dessen überraschte uns die Testleiterin und schickte uns nochmal in eine zehnminütige Pause. Als alle Bewerber wieder auf ihren Plätzen saßen, sprach sie erneut zu uns: »So, kommen wir nun zum nächsten und damit letzten Test am heutigen Tag. Wir möchten jetzt nochmal ihr technisches Verständnis prüfen.«

Im ersten Moment war ich davon überzeugt, mich verhört zu haben. Ich wusste nur von dreizehn Tests.

Mit zunehmender Müdigkeit und einem stark abnehmendem Konzentrationsvermögen, nahm dieser letzte Test mir und einem Großteil der anderen Bewerber große Hoffnung, es in die nächste Runde geschafft zu haben. Dennoch sprachen wir uns beim Abschied zuversichtlich zu, uns spätestens zur praktischen Ausbildung in Phoenix wiederzusehen.

Obwohl ich letztlich den Recall-Zettel nicht erhalten habe, wollte ich den Spirit unter den Bewerbern weitergeben und mich bei der Community im Forum bedanken. Ich nahm mir viel Zeit und schrieb einen äußerst ausführlichen Erfahrungsbericht von meiner Berufsgrunduntersuchung. In der Hoffnung, anderen bei ihrer Vorbereitung auf den Assessment Day damit helfen zu können, wurde es innerhalb nur weniger Tage sogar einer der meist aufgerufenen Einträge.

Am Ende meines Erfahrungsberichts gab ich an, nun meinen Plan B verfolgen zu werden. Ohne Letzteres näher erläutert zu haben, frage ich mich jetzt selbst, wie genau mein Plan B denn eigentlich aussieht?

Das Studium, für das ich mich in München beworben habe, hat absolut gar nichts mit der Fliegerei zu tun. Ob ich mich dafür ähnlich begeistern kann, bezweifle ich noch. Außerdem kann ich mich mit dem Gedanken, eine völlig andere berufliche Richtung in meinem Leben einzuschlagen, nach wie vor nur schwer anfreunden.

Nach dem Scheitern beim Auswahlverfahren, habe ich bereits über mögliche Studiengänge nachgedacht. Eine meiner ersten Überlegungen ging zunächst in die Richtung »irgendwas mit Sport«. Allerdings möchte ich später weder Sport unterrichten, noch auf diesem Gebiet wissenschaftlich forschen. Und vom Sport machen zu leben… tja, der Zug ist längst abgefahren. Zum Tennisprofi hat es nie gereicht, dazu wurde ich nicht ausreichend gefördert. Das lag wohl aber auch daran, dass zu meinen größten Erfolgen ein Fair Play Pokal zählt, den mir mein Trainer irgendwann aus Mitleid geschenkt hat.

Dann kam die Idee, vielleicht sollte ich »irgendwas mit Medien« machen? Ein Kumpel hat mich schon lange dazu inspiriert, Videos zu schneiden und Effekte hinzuzufügen. Da er die Programme schon lange vor mir nutzte, konnte ich bis zum heutigen Tag viel von ihm lernen. Ich ließ mich von seiner Leidenschaft anstecken. Im Laufe der Zeit wurde daraus für mich sogar ein viel größeres Hobby als es beispielsweise Videospiele je waren. Und heißt es nicht immer »Mach dein Hobby zum Beruf«?

Also googelte ich kurzerhand die Begriffe »Film«, »visuelle Effekte« und »Studium«, landete bei einer Hochschule in München und bewarb mich. Der dortige Eignungstest liegt zwar gefühlt noch in weiter Ferne, allerdings ist er der alleinige Grund, warum ich nun auf dem Jakobsweg unter Zeitdruck stehe.

Im Gegensatz zur Untersuchung beim Deutschen Zentrum für Luft- und Raumfahrt, sehe ich diesem Test eher gelassen entgegen. Natürlich werde ich mein bestes geben, aber letztlich steht weitaus weniger auf dem Spiel als noch vor einem Monat bei der Lufthansa. Sollte ich den Test nicht bestehen, werde ich mich einfach bei weiteren Universitäten bewerben.

Nur wenige Tage nachdem ich aus Hamburg zurück kam, hatte ich einen Termin beim US-amerikanischen Generalkonsulat in

München. Dort ließ ich die Gültigkeit meines amerikanischen Passports verlängern. Die beiden vergangenen Male, mit fünfzehn und zehn Jahren, habe ich das zusammen mit meinem Vater gemacht, weil ich in dem Alter der englischen Sprache noch nicht allzu mächtig war. Damit hatte ich dieses Mal kein Problem. Spaß hat der Termin dennoch nicht gemacht, denn die dortigen Kollegen sind äußerst streng.

»Du kannst dich glücklich schätzen, eine doppelte Staatsbürgerschaft zu haben! Besonders diese Kombination ist ein großes Privileg. Ich bin sicher, dass du in Zukunft davon in der ein oder anderen Form profitieren wirst.«, meinte Lucas zu mir, als ich ihn das letzte Mal gesehen und ihm davon erzählt habe.

»Lass mich wissen, wenn du mal nach Chicago kommen solltest. Du bist jederzeit bei uns willkommen!«

Auf dem Jakobsweg werde ich ihn vielleicht nicht mehr sehen, aber bei einer Reise durch mein Geburtsland nehme ich mir einen Besuch in Chicago fest vor.

Nach unzähligen Kilometern, auf denen es durch die Meseta ewig nur geradeaus geht, ploppt plötzlich Hontanas auf. Von hier sind es noch etwas weniger als zehn Kilometer. Drei Viertel habe ich also tatsächlich schon geschafft. An der Stelle würde ich mir jetzt an anderen Tagen bereits eine Dusche gönnen und zu Abend essen. Heute sieht das etwas anders aus.

In einer Raststätte treffe ich schließlich wieder auf Anne. Am frühen Abend kommen wir nach dieser kräftezehrenden und äußerst langen Etappe endlich in Castrojeriz an. Eine Pilgerherberge kommt für uns heute nicht in Frage. Nach knapp zweiundvierzig gelatschten Kilometern haben wir uns schon eine ordentliche Mütze Schlaf verdient.

Da uns zwei Einzelzimmer zu teuer sind, teilen wir uns kurzerhand ein Doppelzimmer. So sparen wir nicht nur Kosten, sondern gehen vor allem auch den Schnarchnasen aus dem Weg. Nun hoffe ich nur, dass ich selbst keine bin.

Aufgrund unseres späten Nachmittagssnacks in der Raststätte, haben wir keinen großen Hunger mehr und es genügen ein paar Süßigkeiten. Die Suche nach einem Restaurant können wir uns damit heute sparen.

Erfreulicherweise haben wir auf unserem Zimmer kostenlosen Zugang zum Internet und so verbringen wir den Abend damit, unseren Familien und Freunden zuhause zu schreiben.

Als ich mich mit meinem iPod auf Facebook einlogge, bekomme ich die Benachrichtigung, dass Tanja auf meine Pinnwand geschrieben hat: »Hey, hier ist Merle… wo bist du? Ich hab dir gestern eine Nachricht geschrieben…«

Ich suche nach ihrer Nachricht und lese sie mir durch. Im Namen von Tanja, Yoo-kyung und Mark schreibt sie, dass sie mich alle vermissen und die Truppe ohne mich nicht komplett sei. Als ich in Burgos war, waren die vier nur eine Tagesetappe von mir entfernt in Agés. Sie würden sich wünschen, dass ich auf sie warte und mit ihnen zusammen zumindest bis nach León gehe.

Es ist natürlich nicht das, was sie hören möchte, aber ich antworte ihr, dass ich heute über vierzig Kilometer gelaufen und bereits in Castrojeriz eingetroffen sei. Wehmütig logge ich mich wieder aus und lege den iPod beiseite.

Zur Aufmunterung schalte ich den Fernseher an. Ich zappe ein wenig durch die Kanäle und stelle dann glücklich fest, dass ausgerechnet heute der FC Bayern München im Halbfinal-Hinspiel der Champions League zuhause gegen Real Madrid spielt und das Match live übertragen wird.

Weil Anne bereits schläft, regele ich die Lautstärke runter und verfolge das Spiel nur leise. In der Halbzeitpause humpele ich zur Rezeption und kaufe mir dort ein kühles Bier. Danach werde auch ich ziemlich müde und kann meine Augen kaum noch offen halten. Im Einschlafen bekomme ich gerade noch so den Endstand mit und schaffe es den TV auszuschalten.

Mit dem Ausgang des Spiels, aber vor allem mit dem Erfolgserlebnis der heutigen Etappe, bin ich mehr als zufrieden. Ich mache das Licht aus und nicke sofort weg.

heute: 42 km | gesamt: 337 km | verbleibend: 463 km

18. April 2012
Frómista

Heute bin ich endgültig soweit und überlege ernsthaft meine Pilgerreise abzubrechen. Der kräftige Gegenwind und der ständig ins Gesicht prasselnde Regen machen die heutige Etappe nicht nur extrem anstrengend, sondern auch total nervig. Ich bin unglaublich schlecht gelaunt.

So schnell kann die Stimmung kippen. An einem Tag ist die gepilgerte Marathondistanz das höchste der Gefühle, am nächsten bekommt man die ungebetenen Konsequenzen zu spüren. Heute Morgen nach dem Aufstehen ist noch alles in Ordnung. Doch schon auf den ersten Kilometern fangen meine Füße wieder an höllisch weh zu tun.

Die grenzwertige körperliche Auslastung ist aber nur eine der Komponenten, die unaufhörlich an den Kräften zehrt und den Energietank immer weiter leert. Das fast schon schlimmere Übel ist die hohe psychische Belastung, die einem der Weg täglich bereitet. Denn heute ist es mehrmals der Fall, dass man das Ende der Schotterpiste zwar aus der Ferne schon sehen kann, aber auf Teufel komm raus einfach kein Stück näher kommt. Man fragt sich ernsthaft, ob man sich überhaupt vom Fleck bewegt oder gar auf der Stelle läuft. Das ist ein dermaßen zermürbendes und frustrierendes Gefühl, dass mir der Gedanke ans Hinschmeißen heute wie selbstverständlich erscheint. Ich will nicht mehr und ich kann auch bald nicht mehr.

Wenn ich aber selbstkritisch hinterfrage, was mich heute wirklich in diese Gemütslage versetzt, muss ich gestehen, dass ich vielleicht nur sehr ungeduldig oder schlichtweg enttäuscht bin. Enttäuscht von mir, dem Jakobsweg, dem Wetter, einfach von allem. Und ich habe Hunger.

Hatte ich schon erwähnt, dass ich ein Frühstücksmensch bin? Weder in Castrojeriz noch in den darauf folgenden Ortschaften können Anne und ich ein ordentliches Café finden. Martin, dem wir später zufällig über den Weg laufen, geht es genauso wie uns. Um nicht gänzlich von den Rippen zu fallen, teilen wir uns zu dritt eine Tafel Schokolade.

Letztlich dauert es noch bis zur Mittagszeit, als wir endlich eine Bar entdecken, in der wir ein äußerst spätes Frühstück zu uns nehmen. In letzter Sekunde kann ich damit meinen Knockout gerade noch abwenden.

Nichts als Wind, Regen und Geradeaus

Wir begegnen zwei Pilgerinnen, Mutter und Tochter, die den Jakobsweg zusammen mit ihrem Dackel gehen. Auf dem Buckel trägt er zwei kleinere Rucksäcke, an denen er sogar eine eigene Jakobsmuschel befestigt bekommen hat. Da auch ihm der Wind zu schaffen macht, sucht der Vierbeiner hinter seinem Herrchen mit zusammengekniffenen Augen unablässig nach Schutz.

Das bringt Martin und mich auf eine Idee. Wir nehmen hinter Anne Deckung und traben ihr im Entenmarsch hinterher. Verwundert dreht sie sich um und fragt: »Was macht ihr denn da?«

»Windschatten, Anne! Wir sind ein Team. Im Profisport macht man das genauso.«, argumentiere ich.

Dass wir sie aufgrund ihrer Körpergröße ausnutzen, gefällt ihr allerdings überhaupt nicht. Sie verlässt die Führungsposition und reiht sich hinter Martin ein. Damit liege ich nun in Front, bezweifle aber stark, dass ich den beiden mit einem Meter dreiundsiebzig viel Windschatten bieten kann. Doch alle zehn Minuten wechseln wir dann strategisch durch und so profitiert jeder mal davon.

Vor wenigen Stunden hätte ich es nicht für möglich gehalten, allerdings kommen wir schon am frühen Nachmittag in Frómista an. Anne und Martin wollen sich heute wieder ein Einzelzimmer nehmen. Ich verabrede mich mit ihnen zum Abendessen und steige in der *albergue* Municipal Frómista ab. Dort lasse ich mir einen Stempel in meinen Pilgerausweis drücken und möchte mich gerade zu den Schlafräumen begeben, als plötzlich Anne zur Tür hereinkommt: »Ich habe es mir anders überlegt. Allmählich muss ich mal auf meine Ausgaben achten.«

Wir beziehen unsere wackligen Stockbetten und müssen leider feststellen, dass die Herberge äußerst gut besucht ist. In unserem Raum werden heute zehn weitere Pilger schlafen.

Wie verabredet, treffen wir uns mit Martin auf dem Platz neben der Kirche. Zunächst flanieren wir ein wenig durch Frómista, sehen uns verschiedene Lokale und deren Menüs von draußen an und können uns schließlich für ein Restaurant entscheiden. Während die beiden das klassische Pilgermenü wählen, bestelle ich mir eine Pizza. Anschließend holt der *camarero* vor unseren Augen die in Folie eingeschweißte Pizza aus der Tiefkühlbox direkt neben der Tür und legt sie in einen Minibackofen hinter der Bar.

Nach zwanzig Minuten wird das Pilgermenü und mein frisch gebackenes TK Mahl serviert. Mit Dr. Oetker kann man nie etwas falsch machen. Anne und Martin sind dagegen weniger mit ihrem Menü zufrieden und beneiden mich unendlich um die Pizza. Scheint als hätte ich heute, genau wie am ersten Abend in Saint-Jean, mit der Wahl meines Gerichts den richtigen Riecher gehabt.

Im angrenzenden Supermarkt gehen wir danach noch ein paar Kleinigkeiten einkaufen. Neben Wasser, Kaugummis und Schokolade, wandern auch Schinken, Käse und Baguette in meinen Einkaufswagen. Vor dem Schlafengehen bereite ich mir in der Küche ein Baguette Sandwich á la Dodo zu, wovon ich bestimmt nicht nur morgen Mittag satt werde.

Ich packe mein *bocadillo* in Alufolie ein, putze mir die Zähne und lege mich schlafen.

heute: 26 km | gesamt: 363 km | verbleibend: 437 km

19. April 2012

Carrión de los Condes

Ich bin es satt mir über meine Füße den Kopf zerbrechen zu müssen, geschweige denn darüber zu schreiben. Erfreuliche Neuigkeiten gibt es diesbezüglich ohnehin nicht. Mal wieder verarzte ich mich so gut es eben geht mit allen mir zur Verfügung stehenden Mitteln und trete dann mit Anne zur neuen Etappe an.

Am Stadtrand von Frómista begegnen wir Jonathan aus Irland. Seit Logroño, wo ich mit Lucas und ihm in der Herberge zu Abend gegessen haben, war er wie vom Erdboden verschluckt. Schon da hat er durch sein extrovertiertes Verhalten die Aufmerksamkeit auf sich gelenkt und die Leute mit einigen seiner Anekdoten unterhalten. Heute Morgen scheint er allerdings einen richtigen Clown gefrühstückt zu haben. Er zündet eine Pointe nach der anderen und Anne und ich schmeißen uns vor Lachen weg. Wenn er uns jetzt erzählt, dass er beruflich Komiker oder zumindest Entertainer ist, wäre ich nicht im Geringsten überrascht.

Für einige Kilometer ist das womöglich eine der lustigsten Etappen auf meinem bisherigen Jakobsweg. Als seine Gags dann aber irgendwann wiederholt auf Kosten anderer Pilger gehen und er diese auch noch gehässig nachäfft, kann ich nicht mehr darüber lachen. Daher lasse ich mich ein wenig zurückfallen und nehme mir anschließend für die verhältnismäßig kurze Etappe von knapp zwanzig Kilometern alle Zeit der Welt.

Bei einem ständigen Wechsel zwischen Sonne, Wind und Regenwolken, beginnen meine Kräfte wieder recht schnell zu schwinden. Mit jedem weiteren Tag, an dem ich mich auf dem Jakobsweg befinde, beschäftige ich mich mittlerweile mehr und mehr mit dem Gedanken ans Aufgeben. Heute stelle ich mir sogar die Frage, ob das denn eigentlich wirklich so schlimm wäre? Meinen Füßen würde ich damit in jedem Fall einen großen Gefallen tun. Und vielleicht wäre das auch einfach die vernünftigste Entscheidung, um keine bleibenden Schäden davonzutragen.

Auf der anderen Seite habe ich jetzt schon fast die Hälfte meiner Pilgerreise geschafft. Mal von meiner körperlichen Verfassung abgesehen, möchte ich einfach noch nicht die Heimreise antreten. Der Weg hat mehr mit mir vor. Ich bin hier noch nicht fertig. Solange ich nicht bewegungsunfähig am Boden liege, werde ich weiterhin meine Fußpflege mit Salben, Blasenpflastern und Tapes betreiben.

»Kommst du aus Deutschland?«, werde ich auf einmal gefragt. Es scheint, als ob ich nicht der Einzige bin, der andere Pilger aufgrund ihres Deuter Rucksacks spontan auf Deutsch anquatscht. Ich nicke und stelle mich ihr namentlich vor.

»Hi, freut mich. Ich bin Elke.«

Weil Elke auch akute Probleme mit ihren lädierten Füßen hat, haben wir gleich ein Gesprächsthema gefunden. Später erzählt sie mir, was sie beruflich macht: »Ich bin seit über dreißig Jahren leitende Flugbegleiterin, auch bekannt als Chefstewardess oder Chief Purserin, bei der Lufthansa.«

Na, da habe ich ja die richtige Gesprächspartnerin gefunden. Bevor ich aber die Gelegenheit habe ihr von meiner Faszination für die Luftfahrt und meinem einstigen Traumberuf bei ihrem

Arbeitgeber zu berichten, begegnen wir einer Pilgerbekanntschaft von Elke. Fritz, so sein Name, kommt aus Hamburg und ist langjähriger Segelflieger. Damit wären wir Luftfahrtenthusiasten nun zu dritt.

Ich erzähle den beiden von meinem früheren Hobby als Modellbauflieger, der Begeisterung für Flugshows, dem großen Interesse an Luftfahrtmuseen und nicht zuletzt meiner zugegebenermaßen monotonen Leidenschaft, Langstreckenflüge in Echtzeit am Simulator auf meinem Computer zu fliegen. Auch meine Facharbeit, die ich über den Vogelflug und die Pionierzeit der Luftfahrtgeschichte geschrieben habe, lasse ich nicht unerwähnt.

Was ich beruflich machen möchte, scheint mehr als offensichtlich. »Hast du dich denn schon bei der Lufthansa beworben?«, möchte Elke von mir wissen.

Allerdings.

Ich erinnere mich gut, wie zuversichtlich mein bester Kumpel Jonas während der gesamten Dauer des Bewerbungsverfahren war. So wie ich ihn kenne, hätte er mich gerne nach Hamburg begleitet. Allerdings befindet sich der alte Weltenbummler gerade in Paraguay. Dort wohnt er bei einer Gastfamilie und absolviert einen zwölfmonatigen Freiwilligendienst bei der AFS. 2008 war er schon für ein Austauschjahr in Japan. Ich bin es also gewohnt mit ihm über Facebook und Skype zu kommunizieren.

Am Tag vor meiner Berufsgrunduntersuchung wünschte er mir auf seine Art viel Erfolg und schrieb auf meine Pinnwand öffentlich und für alle sichtbar: »Ich wünsche dir einen erholsamen Schlaf, damit du morgen an dem geilsten Tag deines Lebens den geilsten Test des geilsten Berufs in dieser geilen Welt mit Erfolg absolvieren wirst.«

Vierundzwanzig Stunden später bedankte ich mich für seine Mut machenden Worte und fasste ihm detailliert zusammen, wie die Tests gelaufen seien.

Als ich wieder zuhause war und das Absageschreiben der Lufthansa selbst in der Hand hielt, schrieb ich ihm erneut und ließ ihn schließlich in knappen Worten wissen, dass es leider nicht gereicht habe. Abschließend teilte ich ihm noch mit: »Mein Entschluss steht nun fest. Ich werde kommenden Monat auf den Jakobsweg gehen.«

Zwei Tage bevor ich mich in den Bus nach Bayonne setzte, feierte Jonas am 1. April seinen zwanzigsten Geburtstag. Als Geschenk habe ich für ihn ein kurzes Video zusammengeschnitten, das uns auf mehreren Fotos aus dem vergangenen Jahrzehnt zeigt. Er hat sich sehr darüber gefreut und ich bin gespannt wie das Video in weiteren zehn Jahren aussehen wird.

Am Ende der »Pilgerautobahn«, wie mein Wanderführer die heutige Etappe bezeichnet, kommen wir trotz der kurzen Distanz sichtlich erschöpft in Carrión de los Condes an. Zielstrebig gehen wir auf die traditionelle Pilgerunterkunft zu, die auf den Namen Santa Clara hört und sich in einem Kloster aus dem 13. Jahrhundert befindet. Da es dort nur noch zwei Einzelzimmer gibt, lasse ich Elke und Fritz den Vortritt. Wenig später lande ich im selben Vierbettzimmer wie Jonathan. Die zwei anderen Betten sind von einem spanischen Pärchen belegt.

Ein Pilgermenü brauche ich heute Abend nicht mehr. Der Rest von meinem übrig gebliebenen Sandwich ist mehr als genug. Ein kühles Bier möchte ich mir dennoch gönnen. Also begebe ich mich in dieser überschaubar großen Ortschaft auf die Suche nach einer Bar und werde schnell fündig. Weil ich alleine bin, setze ich mich direkt an den Tresen.

Während ich mir mein Bier schmecken lasse, bemerke ich im Augenwinkel, wie sich mir ein asiatisches Pärchen nähert und sich dabei immer wieder etwas zuflüstert. Sie halten sich kichernd den Mund und wirken total nervös.

Viel bekommt der Typ aus sich nicht raus, aber es klingt irgendwie nach: »You look like Justin Timberlake.«

Ich frage ihn freundlich, ob er das wiederholen könne. Dann sagt er erneut: »You look like Justin Timberlake.«

Machen die sich gerade über mich lustig? Säße Luis an meiner Stelle hier und sie würden behaupten er sehe aus wie Orlando Bloom, hätte ich auch gekichert. Aber wie absurd ist das denn jetzt bitte? Womöglich haben die beiden bereits zu tief ins Glas geschaut.

Ich bleibe nett, bedanke mich für dieses überaus weit hergeholte Kompliment und erzähle ihnen, dass ich aus Deutschland komme.

»Neueee… alteee… Pinaaaakooothek…«, weiß er mit seinem Deutschwortschatz sofort zu beeindrucken.

»Malienplatz!«, ergänzt ihn dann seine Freundin stolz.

Die beiden sind herrlich komisch und mit dieser Nummer könnten sie glatt im Kabarett auftreten. Allerdings scheinen sie schon am Ende mit ihrem Latein zu sein. Sie verabschieden sich schüchtern von mir und verlassen die Bar, immer noch kichernd. Mich lässt das Gefühl nicht los, gerade auf den Arm genommen worden zu sein.

Ich trinke mein Bier aus und gehe dann schlafen.

heute: 20 km | gesamt: 383 km | verbleibend: 417 km

20. April 2012
Sahagún

Was für eine Nacht. Ich bin immer noch total geschockt. Bei drei Zimmerkollegen liegt ja die Wahrscheinlichkeit einen Schnarcher im Raum zu haben nicht mal annähernd so hoch wie in Schlafsälen mit über zwanzig Leuten. Dennoch bin ich auch heute Nacht wieder vom Pech verfolgt worden. Natürlich gab es wieder diese eine Person, die zufrieden vor sich hin schlummert, aber dabei einen ganzen Wald absägt und keinen anderen einschlafen lässt. Das alleine ist schon schlimm genug. Aber es ist nicht das, worüber ich wirklich schockiert bin.

Wirklich schockiert bin ich über Jonathan. Da er genauso wenig schlafen konnte wie ich, suchte er zunächst nach einem Weg das nervige Störgeräusch abzuschwächen. Weder Ohropax, noch das Kopfkissen oder Musik schienen ihm helfen zu können. Als er sich im Bett aufrichtete, dachte ich zunächst, er müsse auf Toilette gehen. Allerdings holte er tief Luft und dann das…

»I can´t sleep! Shut up! Stop it! Now!«, schrie er in einer Lautstärke, dass es der ganze Ort gehört haben muss.

Sag mal, hat der sie noch alle?

Die Freundin des Schnarchers erschrak sich so sehr, dass sie nur einen Augenblick später kerzengerade auf der Bettkante saß und anfing zu zittern. Keiner sagte etwas. Man hörte nur das wütende Schnauben des irren Iren.

Als sich die Frau beruhigte und ihrem ahnungslosen Freund unter Tränen erklärte, was gerade passiert war, flüsterte er völlig verängstigt: »Sorry…«

Einschlafen konnte Jonathan in seiner Tobsucht danach natürlich erst recht nicht, von mir mal ganz zu schweigen. Nur der Spanier nickte nach einer Weile wieder ein und machte dort weiter, wo er so abrupt und ohne Rücksicht auf Verluste unterbrochen wurde. Anstatt einen weiteren Appell abzufeuern, entschied sich der Ire aber zum Glück aufzustehen.

Draußen fängt es jetzt an hell zu werden. Ich liege noch fassungslos im Bett, möchte hier aber so schnell wie möglich weg. Also packe auch ich meine Sachen zusammen und gehe die Treppe zum Eingang der Herberge runter. Dort sehe ich Jonathan im Aufenthaltsraum sitzen. Seine besorgte Miene und stark geröteten Augen lassen keinen Zweifel, dass er weinen musste.

»Are you okay?«, frage ich.

Er schüttelt deprimiert den Kopf. »Ich werde heute den Bus nach León nehmen und dann nachhause fliegen. Ich kann nicht mehr. Das Wetter, der Schlafmangel, … und ich vermisse meine Familie.«

Ich mache mir nicht die Mühe ihn zum Bleiben zu überreden, da er dafür ohnehin schon viel zu entschlossen klingt. Zudem ärgere ich mich noch immer über seine nächtliche Aktion, das war echt heftig. So witzig ich ihn am gestrigen Morgen fand, jetzt ist mir dieser Mann nur noch unheimlich.

Als er sich von mir verabschiedet, entschuldigt er sich immerhin für seinen Anfall und behauptet, ihm sei schlichtweg der Geduldsfaden geplatzt. »Cheerio, amigo! And buen camino!«, wünscht er mir, bevor ich die Herberge verlasse und zu einem neuen Tag auf dem *camino* antrete.

»Meseta pur!«, läutet mein Pilgerführer die heutige Etappe ein. Das erste Stück nach Calzadilla de la Cueza soll angeblich eine echte Herausforderung für Körper und Geist sein und zu den härtesten und für viele auch spirituell aufregendsten Abschnitten gehören, die der Weg zu bieten hat. Auf achtzehn Kilometern gebe es zunächst nichts, aber auch absolut gar nicht anderes als ebener Landschaft. Daher werde hier den Pilgern vor allem Besonnenheit und Gelassenheit abverlangt. Da ich an diesem Morgen schon sehr früh unterwegs bin, habe ich heute definitiv beides im Gepäck.

Ich verlasse Carrión de los Condes über eine Steinbrücke und überquere einen Fluss, der wenig überraschend den Namen Carrión trägt. Oder »Carry-on«, wie Jonathan den Namen auszusprechen pflegte. Das Wortspiel gehörte zu einem der besseren von ihm.

Nach knapp fünf Kilometern entlang einer wenig befahrenen Landstraße, stößt der Jakobsweg wieder auf eine Schotterpiste. Von hier aus kann ich in der Ferne eine Autobahn sehen und auch hören. Spontan frage ich mich, wie es denn wäre nach mehr als zwei Wochen nun mal wieder in ein Auto zu steigen. Das Gefühl und die Selbstverständlichkeit eine Strecke von zwanzig Kilometern in zwanzig Minuten zurücklegen zu können, ist mir bereits völlig fremd. Im Alltag habe ich mir darüber bisher nie Gedanken gemacht, aber hier auf dem entschleunigten Jakobsweg lerne ich doch nun tatsächlich das Privileg Autofahren nochmal wesentlich mehr wertzuschätzen.

Für die Dauer meiner Pilgerreise habe ich mir natürlich vollkommene Abstinenz von jeglichen Vehikeln mit vier Rädern geschworen. Das einzige Fortbewegungsmittel, das ich mir selbst erlaube, sind meine Beine. Allerdings fahre ich wirklich äußerst gerne Auto und kann daher nicht bestreiten, dass ich es ein Stück weit vermisse.

Meinen Führerschein habe ich mit siebzehn gemacht. Die Fahrschulzeit habe ich sehr genossen und hätte eigentlich nicht besser sein können. Zu meinem Fahrlehrer hatte ich ein lockeres und freundschaftliches Verhältnis. Aber meine Theorieprüfung nimmt er mir bis heute übel. Neun von zehn möglichen Fehlerpunkten. Haarscharf bestanden.

Bei meiner praktischen Fahrprüfung hatte ich schließlich Hagrid als Prüfer auf der Rückbank sitzen, die er aufgrund seiner Größe komplett beanspruchte. Bevor es losging, gab er mir noch durch seinen dichten Bart den Hinweis, den »Checkerblick« zu nutzen. Fragend guckte ich meinen Fahrlehrer an, der diesen Begriff zuvor nie verwendet hatte.

»Na, der Dreihundertsechzig-Grad-Blick, den ihr jungen Leute in der Disko nutzt!«, brummte Hagrid.

Das genügte mir als Eisbrecher. Während ich ständig brav alle möglichen Spiegel abcheckte, konnte ich die Prüfung fehlerfrei absolvieren.

Kaum konnte ich mit achtzehn ohne Begleitung meines Vaters oder meiner Mutter fahren, tangierte ich mit dem Seitenspiegel ein Mäuerchen, das sich mir einfach in den Weg stellte. Ganz unschuldig war ich daran aber nicht, denn ich musste mich ehrlich gesagt erst noch an die überschaubare Größe des Hyundai i10 gewöhnen. Die Schramme war zum Glück weniger auffällig und konnte leicht überlackiert werden.

In Spanien scheint so etwas keinen zu jucken. Viele Autos haben weitaus größere Schrammen. Beim Ausparken fährt man hier eben nach Gefühl. Du merkst wie groß die Parklücke und der Abstand zu den anderen Wagen ist, wenn du einmal an den Wagen vor dir und einmal an den Wagen hinter dir andotzt. In Deutschland undenkbar. Aber auch viele Unfallwagen, die bei uns wohl lange nicht mehr zugelassen wären, sehe ich in Spanien immer wieder.

In meiner noch sehr jungen Karriere als Autofahrer war ich zum Glück noch nie an einem Unfall mit anderen Verkehrsteilnehmern beteiligt. Als Beifahrer habe ich allerdings schon zwei Unfälle erlebt. Einmal im früheren VW Golf meiner Mutter, das andere Mal im VW Passat meines Vaters. In beiden Fällen musste unverschuldet ein neues Auto her.

Hätte mich mein Vater eines Tages nach dem Sportunterricht nicht von der Schwimmhalle abgeholt, würde er vermutlich heute noch den Passat fahren. Aber er bestand darauf mit mir ins Kaufhaus zu fahren, »damit der Bub mal ein Paar gescheite Schuhe bekommt.«

Ich hatte bereits ein bestimmtes Modell in Aussicht und musste nur noch die richtige Größe finden.

An einer Kreuzung, nur unweit von der Schwimmhalle entfernt, passierte es dann. Eine junge Frau nahm uns völlig fahrlässig die Vorfahrt und wir fuhren ihr in voller Geschwindigkeit seitlich rein. An diesen Moment erinnere ich mich, als wäre er in Zeitlupe passiert. Ihr knallroter Wagen hob mit zwei Rädern vom Asphalt ab, rollte eine halbe Ewigkeit auf den zwei anderen weiter, drohte kurzzeitig zur Seite umzukippen, bis er schließlich mit einem ordentlichen Rums wieder auf allen Vieren landete.

Unser Passat erlitt einen wirtschaftlichen Totalschaden und wir einen großen Schock. Der Frau ist Gott sei Dank nichts passiert.

Nachdem die Polizei den Unfall aufgenommen hatte, fuhren wir mit dem noch fahrtüchtigen Unfallwagen zu einem nahegelegenen Autohaus. Dort stellten wir es ab und bekamen einen Leihwagen.

Zum Kaufhaus sind wir danach nicht mehr gefahren. Ohne die teuren Schuhe zuvor anprobiert zu haben, habe ich sie mir am Ende dann einfach bei Amazon bestellt. Bis zum heutigen Tag ist es mein absolutes Lieblingspaar.

Nach der Mittagspause in Terradillos de los Templarios begegne ich Martin. Er hat mittlerweile ebenfalls starke Probleme an seinen Füßen zu bekunden und konnte daher nicht mit Annes Tempo mithalten.

Zum Ende dieser langen Etappe tut es gut, sich mit jemandem unterhalten zu können. Wir sind beide am Ende unserer Kräfte und haben auf der verbleibenden Strecke extrem zu kämpfen. Zeitweise wird mir sogar richtig übel.

In Sahagún spreche ich die erste Person an, der wir über den Weg laufen. Die betrunkene, ältere Frau kann uns zum Glück eine direkte Wegbeschreibung zur Klosterherberge geben und behauptet zudem, dass es nicht mehr weit sei.

Als wir dort dann endlich ankommen, erwartet uns bereits Anne. Sie hat sich hier ein Einzelzimmer genommen. An der Rezeption werden wir informiert, dass beide Schlafräume sowie auch alle Einzelzimmer schon komplett belegt seien. Allerdings gebe es noch ein Doppelzimmer. Das soll uns beiden recht sein und zahlen pro Person gerade mal fünfzehn Euro.

Genug für heute. Ich brauche Schlaf.

heute: 41 km | gesamt: 424 km | verbleibend: 376 km

21. April 2012
El Burgo Ranero

Obwohl Anne vergangene Nacht die Vorzüge eines Einzelzimmers genießen konnte, hat sie im Gegensatz zu Martin und mir nicht gut geschlafen. Aus eigener Erfahrung weiß ich nur allzu gut, was der Schlafmangel mit einem anstellt. Daher kann ich es Anne heute Morgen nicht verübeln, als sie sich direkt nach dem Aufstehen wortlos und sichtlich genervt auf den Weg macht.

Bevor Martin und ich die bis dato kürzeste Etappe von nur knapp neunzehn Kilometern nach El Burgo Ranero beginnen, gehen wir den Tag ausgesprochen gemütlich an und lassen uns in Sahagún ein üppiges Frühstück schmecken.

Anschließend suchen wir eine Apotheke auf, da sich mein Kontingent an Blasenpflastern langsam dem Ende zuneigt und ich mich gezwungen sehe diese teuren Dinger nachzukaufen. Gerade als ich zielstrebig auf die Dame hinter der Theke zusteuere, macht mich Martin auf einen Korb am Eingang aufmerksam. Tatsächlich liegen darin unzählige Probepackungen desselben Produkts, für das ich gerade bereit war viel Geld zu bezahlen. Ohne weiter darüber nachzudenken, greife ich gierig zu und lasse bestimmt zwei Handvoll davon in meinem Rucksack verschwinden. Doch obwohl es kostenlose Probierexemplare sind, bekomme ich plötzlich ein schlechtes Gewissen und fühle mich geradewegs wie ein Kleinkrimineller. Schuldbewusst gucke ich zur Apothekerin. Zu meiner Erleichterung lächelt sie mir allerdings freundlich zu und gibt mir damit ein unmissverständliches Zeichen, dass das, was ich hier mache, nicht nur absolut okay und rechtens, sondern womöglich auch so vorgesehen ist. Miese macht die Marke mit mir bestimmt nicht, denn bei meinem Verschleiß werde ich mir ohnehin früh genug wieder neue Blasenpflaster kaufen müssen.

Die sonnige, aber extrem windige Etappe ist nicht nur äußerst kurz, sondern bleibt auch ehrlich gesagt zum Großteil ziemlich unspektakulär. Meist verläuft der Weg entlang einer recht monotonen Landstraße und der erneut nahen Autobahn.

Nach lediglich etwa vier Stunden passieren wir das Ortsschild von El Burgo Ranero und folgen den Wegweisern in den Ortskern. Dort entscheide ich mich für die auf Spenden basierende Gemeindeherberge Doménico Laffi, die mir schon alleine aufgrund des Namens auf Anhieb sympathisch ist. Martin checkt im Hotel schräg gegenüber ein.

Am späten Nachmittag sollte im Aufenthaltsraum der Herberge bei mittelalterlicher Musik eigentlich ein kleines Treffen unter *peregrinos* stattfinden. Der Hospitalero hat die Vorstellung, dass sich jeden Tag mehrere Pilger am Tisch versammeln und von ihren Erfahrungen auf dem Weg erzählen. Aufgrund der leider sehr geringen Zahl an Teilnehmern, fällt das Treffen allerdings ins Wasser.

Anstatt in ein Restaurant zu gehen, möchten Martin und ich uns heute zum Abendessen ein eigenes Pilgermenü kochen. Ein paar Häuser weiter kaufen wir in einem kleinen Tante-Emma-Laden alles Notwendige für unsere zwei Gänge ein und besorgen uns für morgen zusätzlich noch ein wenig Proviant. Danach gehen wir zurück zur Herberge und fragen den netten Hospitalero, ob es in Ordnung sei, wenn Martin mit mir hier kochen und essen würde. Dagegen habe er keine Einwände und fragt uns neugierig, was es denn für ein Gericht werde.

»Pasta con salsa!«, antworte ich ihm.

In der Küche sind wir bislang noch die Einzigen und so brauchen wir nur wenige Minuten bis unser Hauptgericht zubereitet ist. Genüsslich verzehren wir die Spaghetti mit der mehr als schlichten, aber leckeren Tomatensoße und teilen uns dazu eine obligatorische Flasche *vino tinto*. Zum Nachtisch servieren wir uns einen nicht weniger delikaten Schokoladenpudding. Martin, der sich nahezu jeden Abend ein Einzelzimmer leistet, freut sich mit diesem Mahl etwas Geld gespart zu haben.

Nach dem Abendessen schauen wir uns noch den Rest des spanischen Ligaspiels *El Clásico* auf dem Fernseher in Martins Zimmer an und leeren den Rotwein. Als Real Madrid am Ende das Spiel für sich entscheiden kann, schalten wir den Fernseher aus. Danach muss ich nur die Straße überqueren, ehe ich mich in mein Bett fallen lassen kann.

Morgen geht es ins große und achtunddreißig Kilometer entfernte León.

Gute Nacht.

heute: 19 km | gesamt: 443 km | verbleibend: 357 km

22. April 2012
León

Man mag es kaum glauben, aber heute habe ich tatsächlich keine nennenswerten Schnarcher zu berichten. Und dennoch konnte ich nicht gut schlafen. In meinem Schlafraum direkt unter dem Dach der aus überwiegend Lehm gebauten Herberge, wurde es nachts aufgrund der fehlenden Isolierung gegen Kälte extrem kühl. Ein paar Holzbretter und gewöhnliche Dachziegel mögen die Bude zwar immerhin trocken halten, aber leider nicht warm genug. Selbst mit Jacke, langer Hose und sogar Mütze habe ich noch gefroren.

Ich fühle mich an diesem Morgen überhaupt nicht fit. Mir ist schwindlig und nach einem Schluck aus meiner Wasserflasche, stelle ich auch noch fest, dass ich Halsschmerzen habe. Meine Stimme klingt alles andere als gesund und mich würde es nicht wundern, wenn ich krank werde. Ehrlich gesagt bin ich ohnehin überrascht, dass mich noch keine Erkältung heimgesucht hat. Denn normalerweise bin ich darauf sehr anfällig und habe in regelmäßigen Abständen zumindest einen nervigen Schnupfen. Bisher schien mein Immunsystem jedoch trotz des Schlafmangels standzuhalten. Durch die tägliche Bewegung und die frische Luft könnte ich meinem Körper aber vermutlich kaum einen größeren

Gefallen tun. Gegen die kalten Temperaturen heute Nacht haben die Abwehrkräfte aber offensichtlich nicht ausgereicht.

Da ich ja bereits angezogen bin, putze ich mir nur schnell die Zähne und schlüpfe in meine Wanderschuhe, ehe ich die Herberge verlasse und mich mit Martin zum Frühstück treffe. Im Café seines Hotels stärken wir uns wie üblich mit süßem Gebäck und einer heißen Schokolade. Bevor wir aufbrechen, bestelle ich mir noch einen zweiten ColaCao für to-go und dann kann es auch schon losgehen.

Bedingt durch unsere kaputten Füße, legen wir zu Beginn ein eher gemütliches Tempo an den Tag. Im Gegensatz zu heute Morgen fühle ich mich im Laufe des Vormittags wieder etwas besser und so kann ich die Wanderung immerhin ohne allzu starke Beschwerden genießen.

Zunächst philosophieren wir über das Altwerden, unterhalten uns über unterschiedliche Beweggründe auf den Jakobsweg zu gehen und empfehlen uns *Must Sees* aus unseren Heimatstädten. Später laufen wir dann eine ganze Weile schweigend nebeneinander her, ohne dass uns dabei die Pause unangenehm wäre.

»Ich bin schon mehr als doppelt so lange auf der Welt als du«, stellt der Mittvierziger aus Leipzig plötzlich fest. »Während ich überwiegend über Dinge aus der Vergangenheit sinniere und in meinem Leben grundsätzlich eine Änderung brauche, fängst du mit allem erst an und hast noch das ganze Leben vor dir.«

Neben solch nachdenklichen Themen, die uns beide wieder ziemlich ruhig werden lassen, vertraue ich ihm unter anderem auch die Geschichte von meinem Fotoroman in der Mädchen Zeitschrift an. Martin ist davon völlig begeistert und behauptet, er werde gleich danach googeln, sobald er wieder Internet habe. »Das muss ich Anne erzählen!«

Das kann er meinetwegen gerne tun, aber wo steckt sie denn eigentlich? Von ihr fehlt jede Spur. Seitdem sie gestern Morgen aus Sahagún völlig übernächtigt und genervt abgezogen ist, haben wir Anne nicht mehr gesehen.

»Ich bezweifle stark, dass wir sie ausgerechnet im großen León wieder treffen werden…«, äußere ich Martin meine Bedenken.

»Ach, da bin ich zuversichtlich.«, entgegnet er mir mit seinem stets positiven Optimismus, von dem ich mir auf jeden Fall mal eine Scheibe abschneiden könnte.

Weit in der zweiten Tageshälfte angelangt, geht es nach einem nicht gerade üppigen Mittagessen mit meinem gesundheitlichen Zustand nun leider doch rapide bergab. Es sind nicht die Halsschmerzen, sondern vielmehr eine plötzlich aufkommende Ermüdung im ganzen Körper. Als ob jemand den Stecker gezogen hätte und ich jetzt nur noch auf Reservebatterien laufe. Je mehr wir uns León nähern, desto kraftloser scheine ich zu werden.

Mit zunehmender Energielosigkeit durchqueren wir unzählige Ortschaften und Gewerbegebiete, bis wir irgendwann endlich den Stadtrand von León erreichen. Martin und ich sind erleichtert und freuen uns nun schon auf den entspannteren Teil des Tages. Eines ist sicher, heute bringen mich keine zehn Pferde in eine Pilgerherberge. In meiner derzeitigen Verfassung muss ich einfach auf meinen Körper hören und ihm das geben, wonach er gerade besonders laut ruft. Ausreichend Ruhe und Schlaf. Und beides garantiert mir nur ein Einzelzimmer.

Die Vorfreude auf eine warme Dusche und ein Bett ist aber nur von kurzer Dauer. Denn nur wenig später wird uns bewusst, dass wir heute noch lange nicht am Ziel sind. Zwar befinden wir uns bereits in León, aber León ist groß.

In diesem Moment wünschte ich, dass der Jakobsweg all die großen Städte auslassen und ausschließlich über kleine Dörfer umgeleitet werden würde. Zumindest müssten Pilger nach ihrer Ankunft am vermeintlichen Zielort dann nicht erst noch etliche

Kilometer innerhalb der Stadt zurücklegen. Ortschaften wie etwa El Burgo Ranero sind deutlich überschaubarer und man hat es meist nicht weit zur nächsten *albergue*. Wenn man dort ankommt, ist man tatsächlich auch angekommen. Nicht so in León. Die Etappe ist nicht eher zu Ende, bis man sich ins Zentrum der Stadt durchgekämpft hat.

Ich weiß nicht, was mir mehr zu schaffen macht. Mein immer labiler werdender Körper oder meine Psyche. Es macht mich im Kopf einfach total fertig, dass wir eigentlich bereits in León sind, aber immer noch mehrere Kilometer zu gehen haben. Ich werde wieder ungeduldig und ärgere mich außerdem über den Schlafmangel, die sich anbahnende Erkältung und meinen Fehler, heute nicht genug gegessen zu haben. Es kommt in diesem Moment einfach vieles zusammen.

Plötzlich wird mir wieder schwindlig. Weil ich mich nun überhaupt nicht mehr auf den Beinen halten kann, muss ich mich auf einer Bank hinsetzen. Kameradschaftlich reicht mir Martin seine Trinkflasche. Meine Eigene ist bereits leer.

Für einige Minuten kämpfe ich gegen meine nun zusätzlich aufkommende Übelkeit an. Dann drücke ich Martin meinen Pilgerführer in die Hand und frage ihn knapp: »Wie weit noch?«

»Ich schätze etwas weniger als drei Kilometer.«

Drei Kilometer. Das ist in etwa die Distanz zwischen dem Ort, in dem ich wohne und dem benachbarten Dorf. So nah und leider doch so fern.

Wir gehen langsam weiter. Mit jedem Schritt lassen mich meine koordinativen Fähigkeiten nun mehr im Stich. Zehn Minuten später muss ich mich wieder irgendwo hinsetzen und kurz pausieren.

Es ist mir unangenehm, Martin damit aufzuhalten. Denn er will schließlich auch nur noch ankommen. Doch er winkt ab und besteht darauf, mich noch bis zum Hotel zu begleiten.

Wieder gelingt es mir nur ein kleines Stück zu gehen, bis ich schließlich nicht mehr kann und mich ein weiteres Mal auf eine Bank fallen lasse. In diesem Wechselspiel geht das eine ganze Weile. Spätestens jetzt steht für mich persönlich fest, dass ich morgen nicht pilgern, sondern mich ausruhen werde. Mein Körper muss sich regenerieren und ich sollte ihm dazu genügend Zeit geben. Ansonsten droht mir auf dem Jakobsweg der vorzeitige Pilger-Knockout.

Derart körperlich ausgelaugt war ich vielleicht das letzte Mal vor etwa vier Jahren, als mich mein Kumpel Johann auf einen Parkour-Workshop in Augsburg mitschleifte. Er hat mir lediglich ein paar YouTube Videos zeigen müssen und schon konnte er mich mit seiner Faszination für diesen Extremsport anstecken. Ich war beeindruckt und fand es extrem cool auf welch effiziente Weise diese Sportler, auch Traceure genannt, in der Lage sind, sich von A nach B zu bewegen. Johann musste gar keine Überzeugungskraft leisten, denn das wollte ich unbedingt lernen. Ich konnte ja nicht ahnen, dass ich an diesem Tag bis an meine körperlichen Belastungsgrenzen gehen würde.

Als der Workshop vorbei war und ich am Abend mit dem Zug nachhause fuhr, war ich so erschöpft, dass ich mir am Bahnhof das Mittagessen nochmal durch den Kopf gehen ließ.

Heute habe ich nicht nur wieder meine physische Grenze erreicht, sondern auch überschritten. Dieses Mal hätte ich den Totalausfall aber vermeiden können. Wenn ich meinem Körper nicht ausreichend Energie zuführe, kann ich von ihm keine außergewöhnliche Leistung abverlangen. Der menschliche Organismus ist derart komplex und sportliche Leistung hängt von so vielen Komponenten ab. Aber selbst eine Dampflokomotive kommt ohne Kohle schließlich irgendwann zum Stehen. Ohne Brennstoff, keine Energie. So einfach ist das. Seit dem Sportleistungskurs bin ich mir dessen vollends bewusst geworden. Abgesehen von wenigen Ausnahmen, habe ich auf dem Jakobsweg bisher auf eine ausreichende Nahrungszunahme geachtet. Allerdings habe ich sie heute mal wieder ein wenig vernachlässigt. Die Folgen bekomme ich jetzt zu spüren. Ich bin also selber Schuld, nicht León.

Auf Biegen und… naja, zum Glück ohne Brechen, quälen wir uns die letzten Meter ins Zentrum von León. Bei unserer Ankunft auf dem Plaza Regla lasse ich mich sofort wieder auf eine der Bänke plumpsen. Für die Kathedrale kann ich mich gerade nur wenig begeistern. Alles was mich jetzt interessiert, ist der schnellste Weg zu einem Hotel, damit die heutige Etappe endlich ein Ende hat.

Bevor ich weiß, wie mir geschieht, stehe ich mit Martin vor einem Zwei-Sterne-Hotel in einer Seitenstraße, unweit von der Kathedrale entfernt. An der Rezeption kann ich in meinem Zustand nur in einem sehr spärlichen Spanisch mit der Empfangsdame sprechen. Immerhin gelingt es mir in Erfahrung zu bringen, ob noch Einzelzimmer verfügbar sind und was die Übernachtung kostet.

»Tiene WIFI?«, vergewissere ich mich zusätzlich, obwohl ich das entsprechende Logo am Eingang schon gesehen habe. Wenn ich mir schon den teuren Luxus gönne, dann ist Internet auf dem Zimmer in jedem Fall ein Muss und damit Ausschlusskriterium für meine heutige Hotelwahl.

Da die Frau aber meine knappe Frage bejaht, bezahle ich schließlich dreißig Euro und bekomme die Schlüssel überreicht.

Bevor ich in den Aufzug steige, bedanke ich mich nochmal mehrmals bei Martin und frage ihn, ob wir uns hier um zwanzig Uhr zum Abendessen treffen wollen.

»Klingt gut, bis später!«, sagt er und begibt sich dann auf die Suche nach einem bestimmten Hotel, in das er heute wollte und von dem er mir heute Nachmittag nur flüchtig erzählt hatte.

Ich schließe die Tür zu meinem Einzelzimmer und inspiziere oberflächlich die Einrichtung. Für meine Verhältnisse hätte ich es nicht besser antreffen können. Sofort begebe ich mich auf einem der drei mir zur Verfügung stehenden Betten in die Waagerechte. Als mein schwerer Kopf ins Kissen fällt, überkommt mich die Müdigkeit. Damit ich nicht verschlafe, stelle ich mir auf meinem iPod einen Wecker für fünfzehn Minuten.

Nach dem kurzen Nickerchen fühle ich mich nun aber gar noch müder als zuvor. Erst als ich mich unter die wohltuend warme Dusche stelle, werde ich wieder zurechnungsfähig. Danach entscheide ich spontan zum ersten Mal meine Mutter auf dem Handy anzurufen, um ihr einen kurzen Lagebericht zu geben. Allerdings telefonieren wir am Ende über dreißig Minuten, womit ich fast das gesamte Guthaben meiner Prepaid Karte verbrauche.

Natürlich hat meine Mutter einige Fragen und möchte wissen, wie es mir geht, was die Füße machen und ob ich eine gute Zeit habe. Sie sei sehr stolz auf ihren Sohn und werde in jedem Fall drei Kreuze machen, sobald ich wieder heile zuhause bin.

Neben Neuigkeiten aus der Heimat, gibt sie mir auch ein Update zu meinem großen Tennisidol: »Nadal hat im Finale von Monte Carlo gegen Djokovic gewonnen.«

Vor vielen Jahren habe ich zum ersten Mal eines seiner Matches in voller Länge im Fernsehen verfolgt. Seitdem bin ich ein großer Fan von dem Spanier.

Bevor wir das Telefonat beenden, bitte ich meine Mutter noch um einen Gefallen und frage, ob sie für mich das Hörbuch zu Hape Kerkelings »Ich bin dann mal weg« und den Film »The Way« von Emilio Estevez besorgen könne. Beides wurde mir von mehreren Pilgern empfohlen.

Da Ersteres von Hape höchstpersönlich gelesen wird, sei es angeblich gar doppelt so lustig als das ohnehin schon sehr unterhaltsame Buch und soll sich selbst dann lohnen, wenn man es bereits gelesen hat.

Der Film dagegen wurde mir schon zu Beginn von Mark wärmstens ans Herz gelegt. Über die Geschichte wollte er allerdings nicht allzu viel verraten. Immerhin hat er mir kurz zusammengefasst, worum es geht: »Der Film handelt von einem Vater, der aus Trauer und zu Ehren seines auf dem Jakobsweg verstorbenen Sohns beschließt, sich mit dessen Asche selbst auf den Camino zu begeben.«

Ich werfe einen Blick auf meine Uhr. Es ist kurz vor acht und Martin wird sich bestimmt schon auf den Weg gemacht haben. Jetzt muss ich mich etwas beeilen. Gerade als ich mich auf das andere Bett rollen möchte, um so dem Badezimmer näher zu kommen, klopft es plötzlich an der Tür. Wer könnte das denn sein? Ich habe keinen Room Service bestellt.

»Un momento, por favor!«, rufe ich.

Unter höchstem Kraftaufwand stehe ich aus dem Bett auf und schlürfe zur Zimmertür. Ich öffne sie und kann nicht glauben wer da vor mir steht. Eine mir wohl bekannte und glücklich dreinblickende Person von auffallend großer Statur.

»Ich habe eine vertraute Stimme gehört und mich gefragt, ob du das bist. Stell dir vor, das ist mein Zimmer!«, überrascht mich Anne und zeigt auf die Tür hinter ihr.

Ich bin völlig perplex und weiß im ersten Moment gar nicht so recht, was ich sagen soll. Wie ist das denn möglich? Zwei Tage ohne jeglichen Kontakt und dann checkt Anne ausgerechnet in der Hauptstadt von Kastilien und León in genau dasselbe Hotel im Zimmer direkt gegenüber ein? Das hat mit Zufall nichts zu tun, ich nenne es Schicksal.

»Wie lange bist du schon hier?«, fragt sie mich, die Hände lässig in der Hosentasche.

»Hast du Hunger?«, stelle ich ihr die knappe Gegenfrage und erzähle rasch, dass ich mit Martin in wenigen Minuten vor dem Hotel verabredet bin.

Leicht verspätet, kommt Martin schließlich angehumpelt. Obwohl er selbst so optimistisch war, staunt auch er nicht schlecht, als er Anne sieht.

»Ich habe mich gestern dummerweise verlaufen und unbeabsichtigt eine längere Route genommen. Deshalb sind wir uns nicht begegnet…«, klärt Anne auf. »In welchem Hotel bist du denn untergekommen?«

Kleinlaut gibt Martin zu, dass er sich heute was ganz Besonderes gegönnt habe. Er sei im Fünf-Sterne-Luxushotel Parador abgestiegen, wofür er an die hundert Euro ausgegeben habe.

»Als Pilger habe ich aber einen Rabatt bekommen und musste damit etwa dreißig Euro weniger zahlen als andere Gäste.«, versucht er diese dennoch recht hohe Summe zu rechtfertigen und fügt stolz hinzu: »Auch ein Frühstück ist im Preis inbegriffen.«

»Schnäppchen!«, scherzt Anne und wir drei müssen lachen.

»Vorhin habe ich mir im Loungebereich einen ziemlich überteuerten Kaffee geleistet. Aber es ist einfach unglaublich schön dort, überall stehen Kunstwerke. Mein Zimmer ist riesig und alle Möbelstücke sind alte Antiquitäten.«, beschreibt Martin seine ersten Eindrücke des kostspieligen Hotels.

Was ihn außerdem besonders glücklich mache, sei das zügige Internet auf seinem Zimmer mit unbegrenztem Zugang. Das habe er dann tatsächlich auch gleich genutzt, um nach meinem Fotoroman zu suchen. »Ich habe mich köstlich amüsiert. Das sind ganz tolle Bilder.«, lobt er mich.

Hätte ich zur Handlung nicht auch noch dessen Titel rausposaunt, wäre ihm die Suche sicherlich deutlich schwerer gefallen. Naja, immerhin konnte ich ihm damit offensichtlich einen unterhaltsamen Nachmittag bescheren.

Da wir auf der Suche nach einem guten Restaurant lange Laufwege möglichst vermeiden wollen, fragen wir in einer nahen Dönerbude nach einer Empfehlung. Das erinnert mich unweigerlich an die Europareise Ende letzten Jahres, auf der wir in Lyon genau das gleiche gemacht haben. Allerdings hat dort unser türkischer Kumpel das Reden mit seinen Landsmännern übernommen. Auf Spanisch wird uns heute jedoch zum Glück auch geholfen. Freundlicherweise beschreibt mir der Kebapverkäufer detailliert den Weg zu seinem Lieblingsitaliener und zeichnet zur Sicherheit die Route noch auf ein Stück Papier. Los geht die Schatzsuche.

Schon nach weniger als zehn Minuten stehen wir vor »Il Restaurante Italiano«. Zu dieser Stunde sind wir dieses Mal lange nicht die einzigen Gäste. Nach einer kurzen Wartezeit, werden wir vom Kellner an einen Tisch gesetzt. Mit wässrigen Mäulern und knurrenden Mägen, studieren wir die Speisekarte und bestellen schließlich Pizza, Pasta, Salat, Wein und Bier.

Alles davon schmeckt wirklich hervorragend und es ist ein äußerst zufriedenstellendes Gefühl, sich nach der heutigen Etappe mit diesem leckeren Mahl zu belohnen.

Während wir uns die Wampe vollschlagen, lassen wir den bisherigen Jakobsweg etwas Revue passieren. Dabei erzähle ich den beiden von meinen Pilgerfreunden Yoo-kyung, Mark, Luis, Claire, Lucas, Merle und Julia. »Schade, dass ihr euch nie begegnet seid«, bedauere ich und beschreibe wie schwer es mir fiel, sich nach einer Woche schon wieder von ihnen zu trennen.

Nach dem bereits sehr füllenden Hauptgericht, bestellen wir uns ganz gemütlich eine noch füllendere Nachspeise. Als Anne dann von ihrem gestrigen Irrweg erzählt und ihn am Ende einsichtig als eine »wertvolle Erfahrung« beschreibt, entdecke ich gewisse Parallelen zu der Etappe nach Nájera, bei der ich mich mit der Südafrikanerin Mara verlaufen habe.

Neugierig frage ich Anne und Martin, ob sie denn den Paulo Coelho Verschnitt schon einmal gesehen hätten.

Anne lacht.

»Ich glaube, ich weiß wen du meinst. Mit dem bin ich anfangs sogar ein paar Etappen gegangen.«, behauptet sie.

»Ehrlich? Kennst du seinen Namen?«

»Klar! Er heißt Giacomo und kommt aus Italien.«

Giacomo. So heißt der gute Mann also. Ich finde der Name passt zu ihm.

Um den Abend gebührend ausklingen zu lassen, beschließen wir spontan noch auf einen Absacker in einer Bar einzukehren. Dort trinken wir ein Bier und lauschen dem wilden Musikmix. Von Baby Girl über die Beatles bis hin zu Pitbull, ist hier wirklich alles vertreten. Martin kommt dabei richtig in Feierlaune und fordert uns zum Tanzen auf. Da Anne und ich aber gestehen, nicht die geborenen Tänzer zu sein, lehnen wir dankend ab.

»Das bin ich auch nicht«, ruft er, womöglich schon leicht angetrunken. »Aber ich kann trotzdem zu jedem Lied tanzen!«

Das wollen wir sehen und bestehen darauf, dass er uns das auf der Stelle beweist. Als ob er nur auf unsere Anweisung gewartet hätte, stellt er sich augenblicklich hin, lauscht kurz der Musik und fängt dann an seine Hüften im Rhythmus zu schwingen. Dann setzt er ein breites Grinsen auf und schnipst ausgelassen mit den Fingern. Anne und ich schmeißen uns weg. Ein wahrer Tänzer, dieser Martin.

Wie jedes Jahr, fallen hier morgen die zwei Feiertage Día de Castilla y León sowie der Día de San Jorge auf ein und denselben Termin. Zu diesem Anlass finden vorbereitend schon heute Abend überall in der Stadt zahlreiche musikalische Veranstaltungen statt. Die Häuserfassaden sind mit bunten Fahnen geschmückt und die Straßen mit Einwohnern, Pilgern und Touristen gut besucht.

Da sich nun auch Anne und Martin dazu entschieden haben, morgen ebenfalls einen Tag zu pausieren, sehen wir uns das Spektakel noch ein wenig länger an. Nach einem weiteren Bier machen wir schließlich Feierabend.

Morgen Früh können wir tatsächlich zum ersten Mal seit Beginn der Pilgerreise ausschlafen. Unvorstellbar!

heute: 38 km | gesamt: 481 km | verbleibend: 319 km

23. April 2012
León

Meine Füße werden mir für den längst überfälligen Ruhetag danken. Den schweren Rucksack heute mal nicht über mehrere Kilometer an einen anderen Ort hieven zu müssen, ist ein ungewohntes, aber außerordentlich befreiendes Gefühl. Ab morgen wird es ernst und ich setze zum Endspurt nach Santiago de Compostela an.

Da ich mir nur nach besonders mühevollen Etappen den Luxus einer Übernachtung im Hotel gönnen möchte und mir das ohnehin nicht öfter leisten kann, werde ich heute in eine der beiden Pilgerherbergen von Léon umziehen. Anne hängt nochmal eine zweite Nacht im Zwei-Sterne-Hotel an und weil Martin das Parador aus nachvollziehbaren Gründen zu teuer wird, quartiert er sich heute nun ebenfalls dort ein.

Im Anschluss an ein recht spätes Frühstück, begleiten mich die beiden bis zum Benediktinerinnenkloster, das sich an der Plaza del Grano im Zentrum Leóns befindet. Dort erfahre ich zwar, dass noch fast alle Schlafplätze verfügbar sind, jedoch kann ich auf die absurde Anzahl von über einhundertvierzig Betten in gerade mal vier Schnarchsälen sehr gerne verzichten. Nach der gestrigen Belohnung mit dem Einzelzimmer im Hotel, muss ich mich heute nicht gleich wieder selbst geißeln. Der Besuch war dennoch nicht umsonst, denn immerhin bekommen wir hier einen schönen *sello* in unseren Pilgerausweis gestempelt.

Bei der Dönerbude von gestern essen wir gemeinsam zu Mittag und sind danach derart gesättigt, dass ich heute zum ersten Mal das Bedürfnis habe, selbst eine Siesta halten zu wollen. Da die andere Pilgerherberge ganze zwei Kilometer von der Kathedrale und damit auch vom Hotel entfernt liegt, werde ich mich später nicht mehr mit Anne und Martin zum Abendessen treffen. Schließlich gilt es heute unsere Füße bestmöglich zu schonen.

Anfänglich habe ich leichte Schwierigkeiten die versteckte Herberge überhaupt zu finden. Denn sie ist nicht nur auf der Karte in meinem Wanderführer falsch eingezeichnet, sondern zudem in León auch äußerst schlecht ausgeschildert. Zeitweilig frage ich mich, ob es diese Umzugsaktion wirklich wert ist, ziehe dann aber mehrere Passanten zurate, von denen mir der fünfte schließlich weiterhelfen kann. Als ich endlich am Empfang der von außen nicht als solchen erkennbaren *albergue* stehe, bin ich zu dieser Tageszeit natürlich einer der ersten Pilger, der so früh nach einem Bett fragt.

Im mir zugewiesenen Schlafraum habe ich unter acht Betten freie Auswahl. Der Raum hat eine sehr hohe Decke, ist angenehm geräumig und wirkt aufgrund der sterilen Einrichtung eher zweckmäßig. Diese Beschreibung trifft auch auf die auffällig vielen Sanitäranlagen zu, die man vom ewig langen Flur aus erreicht. Nichtmal bei Pilgerhochbetrieb kann ich mir vorstellen, dass auch nur annähernd alle Duschen und Toiletten belegt wären. Durch das Fenster wird mir ein Blick auf den Innenhof des Gebäudekomplexes gewährt, wo mehrere Fahrzeuge mit der Aufschrift POLICÌA stehen und eine kleine Polizeidienststelle vermuten lassen. Nicht unwahrscheinlich, dass diese Herberge früher mal Teil einer Kaserne oder Ähnlichem war.

Mit einer tiefen Stimme begrüßt mich ein betagter Pilger, der gerade den Raum betritt, knapp auf Spanisch. Ich grüße ihn auf Spanisch zurück. Da er mir aber gleich zu Beginn unseres Kennenlerngesprächs verrät, dass er aus Regensburg komme, tun wir uns beide anschließend auf Deutsch leichter. Erschöpft lässt er sich auf ein Bett fallen.

Der Wille, in seinem fortgeschrittenen Alter noch den Jakobsweg zu gehen, verdient in meinen Augen allergrößten Respekt. Aber natürlich wird auch er seine Gründe dafür haben, warum er sich das überhaupt antut.

Als könnte er meine Gedanken lesen, erzählt er mir betrübt von seinem ehrwürdigen Ziel: »Ich möchte mit dem Rauchen aufhören, aber es fällt mir so schwer. Als bekennender Kettenraucher brauche ich einfach meine Zigaretten. In Pamplona habe ich mit dem Weg angefangen. Nun bin ich schon seit mehr als einen Monat unterwegs. Meine Knochen machen das bald nicht mehr mit.«

Dann legt er sich auf sein Bett und hält einen Mittagsschlaf. Anstatt meiner geplanten Siesta, entscheide ich mich spontan um, gehe unter die Dusche und begebe mich dann am frühen Abend nochmal vor die Tür. In der Nähe der Stierkampfarena von León esse ich eine Kleinigkeit und kaufe mir anschließend in einem Kiosk noch zwei Postkarten sowie Briefmarken. Damit setze ich mich in den Aufenthaltsraum der Herberge und teile dann meiner Oma und meinem Opa auf den wenigen Zeilen optimistisch mit, dass es nach Santiago de Compostela nun nicht mehr weit sei und ich die verbleibende Strecke jetzt auch noch schaffen werde. Meine Eltern lasse ich zusätzlich wissen, wie es aktuell um meine Füße bestellt ist.

Um auch den Rest der Welt an meinem Zwischenerfolg teilhaben zu lassen, gebe ich auf Facebook ein kurzes Lebenszeichen von mir ab: »León - 320 km left«

Auch wenn ich noch lange nicht am Ziel bin, kann ich schon sehr stolz auf mich sein, diese Reise überhaupt angetreten zu sein und es trotz meiner wunden Füße so weit geschafft zu haben. Das habe ich zum Großteil, wenn nicht gar ausschließlich, meinen lieben Mitpilgern zu verdanken, ohne die ich mich wahrscheinlich bereits auf dem Nachhauseweg befinden würde.

Viele haben mir von ihren Begegnungen mit Gott, ihrer Selbstfindung oder anderen spirituellen Erlebnissen berichtet. So eine Erfahrung hatte ich bisher noch nicht. Zumindest nicht bewusst. Vielleicht ist es naiv von mir, aber ich befürchte allen Ernstes den Jakobsweg nicht in seiner Gänze mit allem, was er für die Pilger bereithält, wahrzunehmen. Aufgrund meines zeitlichen Drucks habe ich das Gefühl irgendetwas auf dem Weg liegen zu lassen. Und damit meine ich nicht nur das Sightseeing in den Städten, sondern irgendetwas, wovon ich nicht genau weiß, was es ist.

»Wir sollten das Beste hoffen, auf das Schlimmste gefasst sein und es nehmen, wie es kommt.«, ist ein schwedisches Sprichwort, von dem mir Martin vor ein paar Tagen erzählt hat. Es gefällt mir und ich denke ich sollte einfach meine Erwartungshaltung runterschrauben. Denn sonst ist Enttäuschung nunmal vorprogrammiert.

Auf dem kleinen Fernseher, der an der Wand des Aufenthaltsraums hängt, werden einige Ausschnitte von Nadals gestrigem Turniersieg in Monte Carlo gezeigt. Danach kommt irgendeine Asbach uralte Quiz Show, die gähnend langweilig ist und mich nun extrem müde werden lässt. Außerdem sind mir jetzt hier die Spanier allmählich zu laut. Hoffentlich schlafen die nicht in meinem Zimmer, denn ich sehe ihnen jetzt schon großes Schnarcherpotential an.

Gerade möchte ich aufstehen und zu meinem Schlafraum gehen, da bekomme ich plötzlich eine Mitteilung auf meinem iPod. Merle hat mir eine Nachricht geschickt.

»Hey. Wie geht es dir? Wir laufen in zwei Tagen in León ein. Julia und ich bleiben dort bis einschließlich Freitag. Yoo-kyung wird sich dann leider von uns in León trennen müssen, um rechtzeitig für ihren Flug nach Dublin in Santiago zu sein. Als sie heute testweise versucht hat, eine Weile alleine zu gehen, hat sie direkt angefangen zu weinen und meinte, es sei mega schlimm für sie. Claire und Luis haben wir in Burgos wieder getroffen und seitdem sind sie mit uns unterwegs. Mark geht es gut, aber es gibt Tage, an denen er mit sich selbst sehr zu kämpfen hat. Morgen gehen wir dreißig Kilometer. Wo bist du jetzt eigentlich und was machen deine Füße? Läufst du mit irgendjemandem zusammen oder bist du alleine? Wir vermissen dich, aber du bist einfach zu schnell für uns. Machs gut. Liebe Grüße, Merle«

heute: 0 km | gesamt: 481 km | verbleibend: 319 km

24. April 2012
Villar de Mazarife

Wie an jedem Morgen präpariere ich zunächst meine Füße für die anstehende Etappe. Gerardo hat keine Ahnung, wie dankbar ich ihm für die Salbe bin, die er mir in Agés geschenkt hat. Das Zeug ist immerhin der Grund dafür, warum ich mich überhaupt noch auf den Beinen halten kann. Doch als ich die Dose öffne, stelle ich erschrocken fest, dass sie mittlerweile schon fast leer ist.

Da ich für die restliche Strecke darauf nicht verzichten möchte, mache ich mal wieder einen Gang zur Apotheke. Dort scheint die Nachfrage von Arzneimitteln und Medizinprodukten allerdings so groß zu sein, dass sich eine lange Schlange bis vor die Tür gebildet hat. Unter den Wartenden befinden sich überwiegend Pilger. Einige von ihnen verlassen die Schlange ungeduldig wieder, um eine andere *farmacia* zu suchen. Ich habe aber absolut keine Eile und warte etwa fünfzehn Minuten, bis ich schließlich an der Reihe bin. Ich zeige der Apothekerin das Etikett der leeren Dose und frage, ob sie mir eine neue geben könne. Aber anstatt meiner Bitte nachzugehen, versucht sie mir eine vermeintlich »noch bessere Salbe« aufzuschwatzen. Zwar koste diese etwas mehr, aber sie habe schon vielen Pilgern damit geholfen. Ich zögere zunächst, lasse mir aber dann ihr teures Gemisch andrehen.

Kaum verlasse ich die Apotheke, bekomme ich das Gefühl gerade eiskalt über den Tisch gezogen worden zu sein. Teure und profitbringende Produkte an den Pilger zu bringen, gehört vermutlich zum Job der Apothekerin. Aber meiner wäre es gewesen, auf die günstigere Salbe zu bestehen. Ich ärgere mich tierisch.

Anstatt die Dose umzutauschen, wofür ich mich erneut in der Schlange anstellen müsste, setze ich mich auf eine Parkbank und schmiere mir das übertreuerte Zeug auf meine Füße. Ich lasse es für einen Augenblick etwas einwirken, ehe ich mir wieder meine Socken und Wanderboots anziehe. Anschließend überquere ich auf dem Weg aus der Stadt den Plaza de San Marcos und bekomme so nun auch noch das prachtvolle Parador Hotel zu sehen. Danach folge ich den Wegweisern und lasse Léon hinter mir.

In der Ortschaft Virgen del Camino, lese ich mir in meinem Pilgerhandbuch zwei mögliche Wegalternativen besonders sorgfältig durch. Denn angeblich würde sich hier, dramatisch formuliert, mein Schicksal für die nächsten ein bis zwei Wandertage maßgeblich entscheiden. Die Autoren plädieren eindeutig für die eine und warnen ausdrücklich vor der anderen Strecke: »Diese Route ist nur ausgesprochenen Masochisten, eingefleischten Autoliebhabern und Menschen, die auf dem Jakobsweg besonders große Sünden abbüßen wollen, zu empfehlen.« Da ich mich davon eher weniger angesprochen fühle, folge ich also ihrem Rat. Was würde ich nur ohne das Buch tun?

Entweder hat mir dieser eine Tag Pause in León derart gut getan oder die Salbe aus der Apotheke bewirkt tatsächlich nochmals viel größere Wunder als die von Gerardo ohnehin schon. Die Blasen an meinen Füßen und andere Druckstellen spüre ich heute nur kaum. So lässt es sich wesentlich unbeschwerter wandern. Ich hätte der guten Dame also keine bösen Absichten unterstellen dürfen, denn sie hat es offensichtlich wirklich gut mit mir gemeint. Die teurere Salbe war jeden einzelnen Cent wert.

Die zeitweiligen Sonnenstrahlen, die immer mal wieder aus der Wolkendecke lugen, trösten über die für diese Jahreszeit heute recht kühlen Temperaturen hinweg. Ich schätze mich einfach nur glücklich, wieder schmerzfreier pilgern zu können und freue mich auf das letzte Drittel des Wegs.

Mit nur einer kurzen Unterbrechung heute Mittag, treffe ich ein weiteres Mal enorm früh an meinem Etappenziel ein. Damit steht mir in Villar de Mazarife eine Menge Freizeit zur Verfügung. Fast zehn Stunden, um genau zu sein. So viel Leerlauf kann auf dem Jakobsweg manchmal zu Langeweile führen. Ich weiß schlichtweg nichts mit meiner Zeit anzufangen.

Auf der Agenda eines jeden Tages steht frühstücken, wandern, zu Mittag essen, wandern, Herberge aufsuchen, Bett machen, duschen, gegebenenfalls Wäsche waschen und Klamotten zum Trocknen aufhängen, Pilgermenü bestellen, Rotwein bechern und schlafen. In größeren Städten vielleicht auch noch etwas Sightseeing. Sobald sich aber in dieser Routine eine zu große Lücke ergibt, muss man kreativ werden und diese Zeit mit irgendetwas Sinnvollem füllen. Ein Glück, dass heute Abend ein Champions League Spiel mit spanischer Beteiligung stattfindet. Das wird mit Sicherheit irgendwo übertragen.

Für fünf Euro bekomme ich ein Bett in der Albergue de Jesús, die mit etwa fünfzig Betten in zwölf Zimmern, einer Küche mit Essraum und einem schönen Innenhof nicht nur persönliche Ansprüche von mir erfüllt, sondern unter Jakobsweg-Wallfahrern wohl mittlerweile auch einen gewissen Kultstatus erreicht hat. Denn an den Wänden der privaten Herberge haben sich unzählige Pilger entweder mit einer kunstvollen Karikatur, einem Graffiti oder diversen Sprüchen in allen möglichen Sprachen verewigt. Das schmückt nicht nur hübsch die Räumlichkeiten, sondern gibt auch die Gemütslage der hier nächtigenden Pilger wieder. Interessiert sehe ich mir die Kunstwerke für eine Weile genauer an.

Als weiteren Zeitvertreib beschließe ich heute Abend wieder ein paar Nudeln zu kochen. Weil mir die Zutaten dafür aber alleine zu viel sind und ich daraus mindestens zwei große Portionen kochen kann, frage ich spontan einen Pilger nach seinem Hunger.

Nur fünfzehn Minuten später, sitze ich mit Denis, einem etwa gleichaltrigen Italiener aus Rom, im Essraum der Küche und wir speisen »spaghetti al pomodoro«. Denis ist ein sympathischer Typ, dessen Stimme und englische Sprache mich unweigerlich an die Super Mario Figur von Nintendo erinnert.

Die Mutter und ihre Tochter, die zusammen den Jakobsweg mit ihrem Dackel gehen, sind ebenfalls in der Küche. Als ich ihnen erzähle, dass uns ihr Hund auf die Idee gebracht hat, hinter unserer großen Pilgerkollegin Windschatten zu suchen, fängt die Mutter an zu lachen. »In unserer Konstellation war es leider etwas schwieriger, sich damit abzuwechseln.«

Da fällt mir ein, wo stecken Anne und Martin denn eigentlich? Entweder sind sie in Villar de Mazarife woanders untergekommen oder sie haben unbeabsichtigt die Masochistenroute gewählt. In diesem Fall würde ich sie voraussichtlich erst morgen wieder im knapp dreißig Kilometer entfernten Astorga treffen.

Am Abend gehe ich mit Denis in eine ziemlich gut besuchte Bar, die wohl als einzige das Spiel zwischen Chelsea und Barcelona zeigt. Danny und Peter, zwei Pilger aus den Niederlanden, von denen einer etwas Deutsch spricht, bieten uns netterweise zwei Sitzplätze an ihrem Tisch an. Neunzig Minuten und zwei Bier später siegt Chelsea und zieht damit ins Finale ein. Das kann Bayern München morgen gegen Real Madrid auch gelingen. Olé!

heute: 22 km | gesamt: 503 km | verbleibend: 297 km

25. April 2012
Astorga

Zu Beginn der heutigen Etappe realisiere ich zu spät, dass der nächste Ort hinter Villar de Mazarife mehr als fünfzehn Kilometer entfernt liegt. Hätte ich doch mal nach dem Aufstehen zuerst etwas gefrühstückt, anstatt gleich loszuziehen und darauf zu hoffen später ein Café zu finden. Immerhin habe ich noch eine Tafel Schokolade und eine Flasche Wasser in meinem Rucksack, womit ich die Durst- beziehungsweise Hungerstrecke notdürftig überbrücken kann.

In Hospital de Órbigo gönne ich mir ein herzhaftes Frühstück und bestelle mir eine *Tortilla de patatas*. Kartoffeln, Zwiebeln, Eier. Et voilà, fertig ist das traditionell spanische Omelett. Köstlich! Auch andere hungrige Pilger nehmen hier gerade ihre vermutlich erste Mahlzeit an diesem Tag zu sich. Zum Beispiel eine siebenköpfige deutsche Reisegruppe, die bereits mit dem Frühstück fertig wird und wenig später kollektiv aufbricht.

Am Tisch neben mir sitzt ein etwas älterer Herr, den ich zwar noch nicht persönlich gesprochen, aber schon einige Male gesehen habe. Anne kennt ihn etwas besser, da sie mit ihm ein Teilstück des Weges nach León gelaufen ist. Sie hat mir erzählt, dass er sich ihr mit dem lateinischen Namen Zubirius vorgestellt habe. Er sei Autor und schreibe gerade an einem neuen Buch. Bis auf seinen Laptop, auf dem er all seine persönlichen Erfahrungen digital festhalte, gehe er den Weg ohne Begleitung. Anne vermutet, dass der Name Zubirius nur sein Pseudonym sei, unter dem er das Buch veröffentlichen werde.

Immer wenn ich ihn gesehen habe, saß er stets in irgendeiner Bar oder in einem Café vor seinem Rechner, auf dem er ganz fleißig tippte. Da bin ich mit meinen analog handschriftlichen Notizen eher altmodisch. Allerdings beneide ich Zubirius nicht im geringsten um das Gewicht seines MacBooks, das er jeden Tag zusätzlich schleppen muss. Wenn man als Autor aber damit seine Brötchen verdient, muss man das wohl in Kauf nehmen.

Ich trinke meine heiße Schokolade aus, bezahle für mein Frühstück an der Kasse und werfe mir wieder meinen Rucksack über die Schulter. In diesem Moment fällt mir ein hölzerner Wanderstock in der Ecke der Bar auf, wo zuvor die deutsche Reisegruppe saß.

»Wissen Sie wem der Wanderstock gehört?«, fädele ich die Kontaktaufnahme zu Zubirius geschickt ein.

»Nein, tut mir Leid!«, entschuldigt er sich und widmet sich dann wieder seinem Computer.

Ich bin mir ziemlich sicher, dass ihn einer von der Reisegruppe hier vergessen hat. So weit können sie noch nicht sein. Ich nehme den Wanderstock an mich und verlasse die Bar. Kaum gehe ich damit ein paar Meter, kommt mir auch schon dessen Besitzerin entgegen geeilt.

»Tausend Dank, ich hätte das gute Stück fast vergessen!«, freut sie sich und läuft dann zügigen Schrittes in die Richtung aus der sie gerade kam.

Weil meine Füße nach der Pause heute wieder ein kleines Warmup brauchen, bin ich zu Beginn nicht ganz so flink unterwegs. Doch kurze Zeit später hole ich sie wieder auf.

»Ist das der richtige Weg?«, wundert sie sich. »Ich habe lange keine Pfeile mehr gesehen….«

Das habe ich auch nicht. Aber es gab nirgendwo eine Abzweigung, an der wir falsch hätten abbiegen können. Es spricht also nichts dagegen, diesem Weg zunächst weiter zu folgen.

Wir stellen uns einander vor und Katja, so ihr Name, fängt an von ihrer Reisegruppe zu erzählen: »Wir kennen uns über ein Onlineforum, über das sich Leute aus ganz Deutschland zum gemeinsamen Reisen verabreden. In einer ähnlichen Konstellation waren wir dieses Jahr schon in Grönland. Irgendwann in der zweiten Jahreshälfte planen wir dann noch nach Irland zu fliegen.«

Ich erfahre außerdem, dass sie nur eine Woche auf dem *camino* seien und erst nächstes Jahr den Rest nach Santiago pilgern werden. An der Idee, den Jakobsweg gestückelt zu absolvieren, finde ich persönlich nach wie vor kein Gefallen. Das ist einfach eine völlig andere Erfahrung. Allerdings verstehe ich natürlich auch die Gründe dafür und schätze mich daher glücklich, dass ich die Möglichkeit und die Zeit dazu habe, den Weg an einem Stück zu gehen. Oder es zumindest zu versuchen. Noch bin ich ja nicht am Ziel.

Witzelnd hebt Katja hervor, dass es unter ihren Leuten einen selbsternannten Reiseleiter namens Jochen gebe, dessen Equipment überwiegend aus Reiseführern und Kartenmaterial bestehe.

»Für gerade mal sieben Tage?«, staune ich.

»Ja, das haben wir uns auch gedacht, aber es ist wirklich praktisch!«, antwortet sie entschieden. »Er weiß zu jeder Zeit und überall, wo wir uns gerade befinden und in welche Richtung es lang geht. Wir haben ihn den *Heiligen Jochen* getauft.«

Das scheint ja eine amüsante Truppe zu sein. Während sie mich noch über einige andere Mitglieder informiert, fängt es auf einmal an, fürchterlich zu schütten. Es gibt nichts, wo wir uns unterstellen und den Regen abwarten könnten. Also bleibt uns als abgehärtete Pilger mal wieder nichts anderes übrig als lediglich die Kapuze über den Kopf und das Regencape über den Rucksack zu ziehen. Weiter geht's.

Im nächsten Ort treffen wir auf Katjas Reisegefährten, die es vor der Regenschauer offensichtlich auch nicht rechtzeitig hierher geschafft haben. Sie teilen ihr mit, dass drei von ihnen mittlerweile beschlossen hätten, von hier den Bus zu nehmen.

»Nach nicht mal einer Woche pilgern?«, wäre es fast aus mir herausgeplatzt.

Einer sei verschnupft und wolle nur noch ins warme Bett, eine andere habe schlichtweg keine Lust mehr auf das Wetter und der dritte sei lediglich zu faul, aber immerhin sehr ehrlich. Mensch, das sind Gründe. Da wäre ich ja schon längst wieder zuhause.

Wir begleiten die Buspilger zur nächstbesten Haltestelle. Danach schließe ich mich Katja und dem verbliebenen harten Kern der Pilgergruppe an. Auf diese Weise lerne ich nun auch den besagten Heiligen Jochen in Person kennen sowie seinen Vater und Simone.

»Alles Waschlappen!«, scherzt Simone.

Die vier sind mir sympathisch.

Jochen präsentiert mir stolz einen Großteil seiner Ausrüstung. Auf eine äußerst unterhaltsame Art berichtet er eine ganze Weile, welche Flecken der Erde er damit schon bereist habe. Für einen kleinen Moment muss er seine Vorführung allerdings unterbrechen, da er eine Nachricht auf seinem Pager empfangen hat. Konzentriert liest er sich die wenigen Zeilen auf dem Funkgerät durch und verkündet uns dann, dass die Kollegen, die mit dem Bus gefahren sind, schon in Astorga seien und für jeden von uns ein Bett reserviert hätten. Netterweise auch für mich. Offensichtlich ist Jochen nicht nur gut im Kartenlesen, sondern auch im Organisieren.

Auf einer Hochebene erreichen wir irgendwann das Wegkreuz von Santo Toribio, wo sich uns eine schöne Aussicht auf Astorga und die in der Ferne liegenden Berge bietet. Hier begegnen wir zwei jungen Pilgern, die gerade ebenfalls das Panorama genießen. Als wir sie mit einem freundlichen *buen camino* grüßen, stelle ich überrascht fest, dass mir eine von ihnen sehr bekannt vorkommt. Ich brauche einen Augenblick, doch dann fällt es mir ein. Es ist die junge Frau, über deren Nationalität Anne und ich in Burgos gerätselt haben. Seitdem sind wir uns kein weiteres Mal begegnet.

Weil die Frau und ihr Pilgerbegleiter uns Deutsch reden hören, sprechen sie uns kurzerhand an und wir führen ein wenig Smalltalk unter Landsleuten. In einer schnellen Kennenlernrunde erfahre ich, dass sie die Verena aus Regensburg und er der Max aus Köln ist.

Mit den beiden legen wir die letzten fünf Kilometer an diesem Tag zurück, ehe wir schließlich in Astorga ankommen. Auf dem Weg zur Herberge mit den reservierten Betten, überqueren wir den Rathausplatz, wo plötzlich jemand laut meinen Namen ruft. Unsicher, ob damit wirklich ich gemeint war, drehe ich mich um. Ich kann niemanden sehen. Dann höre ich erneut meinen Namen. Dieses Mal blicke ich nach oben und sehe, wer hier um meine Aufmerksamkeit buhlt. Auf dem Balkon im zweiten Stock eines Drei-Sterne-Hotels steht Martin und winkt mir zu.

Aufgrund der Entfernung und dem Wind, sind die Bedingungen für ein gemütliches Pläuschen nicht gerade ideal. Um die Worte des anderen zu verstehen, müssen wir uns gar gegenseitig anschreien. Daher halten wir uns kurz.

»WO IST ANNE?«, rufe ich zu Martin hoch.

»ICH WEISS NICHT!«, plärrt er zurück.

In wenigen Sätzen, bestätigt er meine Vermutung, dass die beiden gestern unbeabsichtigt die qualvolle Alternativroute gegangen sind und deshalb nicht in Villar de Mazarife, sondern in Villadangos del Páramot genächtigt haben. Seinen Füßen ginge es immer schlechter und er sei heute ähnlich erschöpft gewesen, wie ich vor ein paar Tagen in Léon. Für heute wolle er nur noch das Wellness- und Spa-Programm des Hotels nutzen und danach früh ins Bett gehen.

Ich rufe ihm »GUTE NAHACHT!« zu und hoffe, dass es ihm morgen wieder besser geht.

Nach Ankunft in der gemütlich warmen Herberge San Javier, nehme ich eine Dusche und versuche dann ein paar Leute für das vielversprechende Fußballspiel heute Abend zu begeistern. Außer Katja, Jochen, Max, Verena und Peter, der sympathische Holländer von gestern, ziehen die Meisten es aber vor, sich auf den Sitzpolstern vor dem wärmespendenden Kamin zu entspannen und ihre Handys zu bedienen. Das kann ihnen keiner verübeln. Würde heute nicht der FC Bayern München spielen, hätte ich mich wohl auch dazugesellt.

Gegen acht Uhr verlassen wir zusammen die Herberge. Wie die allergrößten Kulturbanausen auf Erden, sehen wir uns die Kathedrale von Astorga und den Bischofspalast nur kurz von außen an. Danach suchen wir eine nahe gelegene Bar, die das Spiel überträgt, und werden zum Glück schnell fündig. Dort trinken wir zwei Bier, bis schließlich bei Abpfiff des Spiels Real Madrid mit 2:1 führt. Da es nach Hin- und Rückspiel nun unentschieden steht, gibt es Verlängerung. Und da diese torlos ausgeht, folgt auch noch das Elfmeterschießen. Aber ausgerechnet jetzt, wo es an Spannung nicht mehr zu übertreffen ist, müssen wir nun schnell zurück zur Herberge, weil wir sonst vor verschlossener Tür stehen und bei Eiseskälte auf der Straße schlafen müssen.

Zwar gibt es in der *albergue* keinen großen Flachbildschirm, aber immerhin lässt uns der Hospitalero das Spiel auf einem winzigen Monitor an der Rezeption verfolgen. Nur leise sollen wir sein, um nicht die fußballdesinteressierten Pilger zu wecken.

Noch nie in meinem Leben habe ich ein Elfmeterschießen angesehen, ohne dabei lautstark zu jubeln oder mich zu ärgern. Als Manuel Neuer den ersten Elfmeter pariert, möchte ich schon laut los grölen, doch ich kann mich gerade noch zusammenreißen. Den zweiten Elfmeter hält Deutschlands Nummer eins auch. Um den Jubeldrang zu unterdrücken, beiße ich mir auf die Lippe.

Madrid hat zweimal verschossen und Bayern zweimal getroffen. Es sieht sehr gut aus, trotzdem werde ich auf einmal nervös. Schließlich geht es hier um den Einzug ins »Finale dahoam«. Was kann man sich als Fußball Fan Schöneres wünschen, als den FC Bayern München im Champions League Finale in der Münchener Allianz Arena siegen zu sehen?

Nachdem es letztlich doch noch einmal richtig eng wird, verwandelt Bastian Schweinsteiger den entscheidenden Elfmeter. Zack, ist der Fernseher bereits aus.

Mann, war das ein Spiel! Übereuphorisch gehe ich ins Bett und schlafe sofort ein.

heute: 29 km | gesamt: 532 km | verbleibend: 268 km

26. April 2012

Foncebadón

Es gibt Menschen, die brauchen jeden Morgen einen Kaffee zum Wachwerden. Ich brauche jeden Morgen einen ColaCao. Am besten davon gleich zwei, dazu ein Schokocroissant. Obwohl ich das mittlerweile nahezu jeden Morgen frühstücke, hängt es mir immer noch nicht zum Hals raus.

Heute werde ich wieder ganz bewusst alleine gehen. Santiago de Compostela befindet sich schon in absehbarer Nähe und ich habe das Gefühl, dass ich bis dahin noch ein wenig Zeit mit mir selbst brauche.

In El Ganso, wo ich meine Mittagspause einlege, begegne ich seit einiger Zeit mal wieder Giacomo. Dank Anne kenne ich nun endlich seinen richtigen Namen. Interessiert fragt er mich nach meinem heutigen Etappenziel.

»Foncebadón«, teile ich ihm mit.

Diesen Ort scheint er auf seinen vorherigen Jakobswegreisen in guter Erinnerung behalten zu haben, denn freudestrahlend gibt er mir auf einmal in einem mehrminütigen Monolog eine umfassende Beschreibung, wie es dort aussehe. Mit typisch italienischem Temperament erwähnt er dabei gleich mehrmals, wie

»traumhaft schön« Foncebadón doch sei. Wenn es dort jetzt auch nur halb so toll sein sollte, wie er euphorisch ist, dann kann ich mich schon sehr auf meine Ankunft freuen.

Knapp fünfhundert Höhenmeter geht es rauf, bis ich schließlich Foncebadón am späten Nachmittag in froher Erwartung erklommen habe. Doch mein erster Eindruck ist verheerend. Alles was ich hier sehen kann, ist ein menschenverlassener Ort, der von Nebelwolken umhüllt, fast schon irgendwie gruslig anmutet. Die meisten Häuser sind stark heruntergekommen und ich frage mich ernsthaft, ob ich hier überhaupt richtig bin. Auf mich wirkt dieser Ort, nicht zuletzt schon wegen dem schrecklich aggressiv klingenden Namen, Fon-ce-ba-dón, alles andere als einladend.

Aber ich möchte aufgrund meines ersten Eindrucks mal nicht vorschnell urteilen. Vielleicht lasse ich mich ja zu sehr von der Wetterlage täuschen. Also gebe ich dem, was Giacomo mir von diesem Ort erzählt hat, nochmal eine Chance und blättere zunächst in meinem Wanderführer. Dieser empfiehlt eine Herberge, die angeblich eine Terrasse mit Aussicht und auch kostenloses Internet biete. Ein Bergpanorama kann ich bei der dichten Suppe am Himmel vergessen, das steht fest. Aber Internet klingt super, wenngleich auch eher unwahrscheinlich hier oben.

Auf der Suche nach der *albergue*, durchquere ich innerhalb von nur wenigen Minuten einmal den kompletten Ort. Das wars? Mehr ist da nicht? Wo soll denn hier diese Herberge sein?

Kurz überlege ich, ob ich nicht einfach in den nächsten Ort weiter gehen soll. Hier ist es ja ohnehin nicht sonderlich schön und eigentlich habe ich noch ausreichend Energiereserven.

Doch dann sehe ich einen Mann, vermutlich in seinen Mittdreißigern. Er kommt direkt auf mich zu. In der Hoffnung von ihm eine Auskunft über meine gesuchte Herberge zu bekommen, frage ich ihn: »Hola. Hablas castellano, inglés o alemán?«

»Allemann und öhm… iengläs…«

Ups. Diese Runde hätte ich beim Nationen-Raten wohl verloren. Das muss sein Vollbart gewesen sein. Naja, immerhin können wir uns jetzt auf Deutsch unterhalten.

Sein Name ist Matthias und er erzählt mir, dass er gerade auf der Suche nach einem Supermarkt sei, um seinen Proviant aufzustocken. Leider bin ich ihm dabei keine große Hilfe. Denn wenn ich hier schon keine Herberge finde, wird er auf eintausendfünfhundert Metern erst recht keinen Lidl entdecken.

Auf die Frage, wo er denn in diesem Ort untergekommen sei, rät er mir ganz stark von der kirchlichen Herberge ab. Dort sei es extrem kalt und er bereue es, dass er sich dort überhaupt ein Bett hat geben lassen.

Mir kommen Giacomos Worte nochmal in den Sinn und ich überlege was es denn sein kann, das ihm an diesem Ort so gut gefällt? Ich muss doch irgendwas übersehen haben. Ein Schild, ein Wegweiser, eine Geheimtür, was weiß ich.

Ich gehe mit Matthias ein kleines Stück zurück zum vermeintlichen Kern dieses überschaubar kleinen Ortes. Vielleicht sehen vier Augen ja mehr als zwei.

Wir begegnen einem alten Herren, bei dem ich dieses Mal keine Zweifel daran habe, dass er ein waschechter Bewohner von Foncebadón ist. Ich frage ihn nach dem Weg zu einer *albergue*. Leider nuschelt er nur irgendwas vor sich hin, das wie *cerrado* klingt. Geschlossen? Halbherzig zeigt er auf ein Haus hinter uns. Nein, das kann nicht die Herberge sein.

Ich versuche es mit einer zweiten Frage und möchte nun von ihm wissen, ob es hier denn irgendwo die Möglichkeit gebe, eine Kleinigkeit einzukaufen. Sichtlich genervt, deutet der Mann erneut in die Richtung der Hütte.

Mit meiner dritten Frage, mit der ich mich nach einer Bar oder einem Café erkundige, werde ich ihm wohl endgültig zu lästig.

Ein letztes Mal hebt er seinen Arm, dreht dann auf dem Absatz um und entfernt sich mit grantigem Gemurmel, ohne ein weiteres Wort zu sagen. Es scheint als hätten wir ihm zu viele Fragen auf einmal gestellt. Hat er überhaupt meine Anliegen verstanden? Oder wollte er uns mit seiner Handbewegung nur zum Gehen auffordern?

In jedem Fall hat der ältere Herr nun unsere Neugier nach dem Häuschen hinter uns geweckt. Von außen betrachtet unterscheidet es sich nur unwesentlich von den wenigen anderen. Jedoch sieht es so aus, als ob hier immerhin Licht brennen würde.

Weil wir keine Klingel finden, klopfen wir schließlich einfach an, um auf uns aufmerksam zu machen. Keine Reaktion. Wir klopfen erneut, warten über eine Minute, doch es tut sich nichts.

In der Hoffnung damit keinen Hausfriedensbruch zu begehen, drücke ich vorsichtig auf die Türklinke. Als die Tür einen Spalt breit offen steht und uns einen Blick ins Innere gewährt, trauen wir unseren Augen nicht. Wir haben mit vielem gerechnet, aber nicht hiermit.

Ich öffne die Tür nun vollständig und lasse meinen Blick einmal durch den Raum schweifen. Zuallererst erblicke ich überaus zufrieden dreinschauende Pilger, die mit einem Bier in der Hand auf Bänken vor einem wärmespendenden Kamin sitzen. Hinter ihnen entdecke ich Computer mit Internetzugang, mehrere große Tische, eine Treppe in die oberen Stockwerke und auch einen… naja, sagen wir mal Verkaufsraum. Zwar kein Supermarkt, aber immerhin ein kleiner, provisorischer Laden, in dem neben verschiedenen Lebensmitteln, auch allerlei anderes Zeug zum Verkauf angeboten wird.

Matthias und ich können unser Glück kaum fassen. Wer hätte das gedacht? Noch vor wenigen Minuten sind wir davon ausgegangen, dass es hier nichts außer einer kalten, kirchlichen Herberge gebe. *Wer suchet, der findet*, wie es in der Bibel heißt.

Frisch geduscht, möchte auch ich mich mit einem kühlen Bier ans Feuer setzen. Also bummele ich durch den Laden und staune nicht schlecht, als mich aus dem kleinen Kühlschrank mehrere Flaschen originales Franziskaner Weissbier anlächeln. Das ist einfach nur großartig, besser geht es wirklich nicht. Eine derart gemütliche Herberge hätte ich hier im Leben nicht vermutet, aber erst recht kein Bier aus der Heimat. Es fällt mir nicht schwer, mich hier auf Anhieb sauwohl zu fühlen. Schon jetzt gehört diese *albergue* definitiv zu einer meiner Lieblingsunterkünfte auf dem Jakobsweg. Zwar komme ich aufgrund der Witterung leider nicht in den Genuss der angepriesenen Aussicht, aber Giacomo hatte Recht. Auch ich empfinde Foncebadón als einen traumhaft schönen Ort.

Matthias ist nach seinem Einkauf wieder in die kirchliche Herberge gegangen, um sich dort eine abendliche Mahlzeit zu kochen und dann früh ins Bett zu gehen. Da von meinen Pilgerfreunden noch niemand eingetroffen ist, gönne ich mir zunächst ein weiteres Weissbier.

Es braucht in diesen Tagen wirklich nicht viel, um zufrieden zu sein. Wir Pilger sind nunmal äußerst simpel gestrickt. Gebt uns eine warme Dusche, ein Bett, einen Kamin und Alkohol und wir sind glücklich. Mehr scheint das Pilgerherz nicht zu begehren, um sich wie im Paradies auf Erden vorzukommen, wo sich einfach alles wie purer Luxus anfühlt.

Luxus ist doch eigentlich nichts anderes als Auslegungssache. Jeder hat eine eigene Definition davon und es gibt keine allgemeingültige Blaupause, um den vermeintlichen Luxusstatus zu erreichen. Wir glauben oft, dass das, was wir haben, uns als Mensch mehr definiert, als das, wer wir sind. Während wir daher meist genau das begehren, was wir nicht haben, streben wir nach immer mehr und mehr materiellen Dingen, die unser Leben bereichern sollen, es in den seltensten Fällen aber wirklich tun. Ich finde, dass wir in unserem ständigen Konsumwahn es nur bedingt schaffen, uns darüber Gedanken zu machen oder gar etwas an unserer Verhaltensweise zu ändern. Hier auf dem Jakobsweg werden die Dinge, die keinen entscheidenden Mehrwert haben, einfach aus dem Rucksack verbannt, sobald sie zur Last fallen. Es ist schließlich unsinnig mit zu schwerem Gepäck durchs Leben zu gehen und an dem festzuhalten, was nur aufhält. Pilgern lehrt nicht nur dankbar zu sein für das, was man hat, sondern es auch in einer Form wertzuschätzen, die man zuvor womöglich als Selbstverständlichkeit betrachtet hat. Der Begriff Luxus rückt in diesem Kontext damit in ein ganz anderes Licht. Weniger ist manchmal eben tatsächlich mehr. Weniger Last, mehr Bereicherung.

Als ich mich mit meinem mittlerweile dritten Bier wieder an den Kamin setze, spricht mich auf einmal ein Pilger auf Englisch an: »Hi, I'm Henry from Heidelberg. Where are you from?«

Ich muss schmunzeln und erinnere mich an die Worte von Mark zu Beginn unserer Pilgerreise: »So many Germans on the camino!«

Henry ist sympathisch und er hat eine unterhaltsame Art Geschichten zu erzählen. Vorneweg sagt er gleich, dass er Boxer sei und deshalb eine so platte Nase habe. Nicht, dass ich das in irgendeiner Form kommentiert hätte, aber ich komme ohnehin nicht zu Wort. Er trägt mir seine halbe Lebensgeschichte vor, die ich mir amüsiert anhöre.

Nach etwa einer halben Stunde, muss ich ihn in seinem Redefluss unterbrechen. Denn in diesem Moment betritt Anne, in Begleitung von Verena und Max, die Herberge. Offensichtlich haben sich die drei auf der heutigen Etappe kennengelernt. Ich gehe zur Tür und begrüße die Neuankömmlinge. Erst jetzt bemerke ich, dass Anne einen provisorischen Verband um einen ihrer Finger gebunden trägt.

»Hast du dich verletzt?«, frage ich sie.

»Nein, ich habe nur einen kleinen Sturz gebaut. Mein Wanderstock ist mir zwischen die Füße geraten und ich bin ausgerutscht. Beim Auffangen habe ich mir am Finger etwas wehgetan. Ist halb so schlimm!«, gibt sie Entwarnung. »Aber ich war so sauer auf den dämlichen Stock, dass ich ihn weggeworfen habe. Den werde ich ohnehin nicht mehr brauchen.«

Die drei schauen sich im Raum um und sind dabei mindestens so überrascht, wie Matthias und ich das vorhin waren.

»Wo ist Martin?«, erkundige ich mich.

»In Rabanal del Camino. Er konnte wegen seiner Füße nicht mehr weitergehen…«, informiert mich Anne.

Ohje, das klingt nicht gut. Hoffentlich war gestern, als wir uns auf dem Marktplatz in Astorga gegenseitig angeschrieen haben, nicht unsere letzte Begegnung auf dem Jakobsweg.

Vor dem Abendessen treffen Anne und ich bei einem kleinen Spaziergang durch den Ort den in Badeschlappen umher flanierenden Heiligen Jochen und Katja. Die beiden sind, genau wie Matthias, ebenfalls in der kirchlichen Herberge untergekommen. Ihre einst siebenköpfige Wandergruppe ist erneut geschrumpft. Denn nun haben sich auch Jochens Vater und Simone dazu entschieden, das Pilgern an den Nagel zu hängen und lieber den Bus zu nehmen.

Aufgrund ihres großen Interesses an Tattoos, wird Anne neugierig. Jochen trägt eines an seinem rechten Fuß. Das Motiv ist uns nur allzu bekannt. Es zeigt die typische Jakobsmuschel in einer etwas vereinfachten Variante.

»Wann hast du dir das stechen lassen?«, möchte Anne wissen.

»Letztes Jahr bin ich den Weg schon einmal gegangen, allerdings nur die letzten einhundert Kilometer. Mit dem Tattoo wollte ich zum einen meine Erinnerungen an den Camino verewigen, zum anderen aber auch den Wunsch, eines Tages wieder hierher zurückzukehren. Wenn ich das nächste Mal in Santiago ankomme, lasse ich mir wahrscheinlich ein Weiteres stechen.«

Anne scheint der Beweggrund, nicht aber das Tattoo selbst und erst Recht nicht dessen Stelle zu gefallen.

»Das sieht ja keiner!«, gibt sie Jochen gegenüber ehrlich zu.

»Ach, in meinem Beruf habe ich schon ganz andere Tattoos an ganz anderen Stellen gesehen…«, kommentiert das Katja.

»Was machst du denn beruflich?«, hakt Anne verdutzt nach.

»Ich bin Hebamme.«

Zurück in meiner neuen Lieblingsherberge, die übrigens auf den Namen Monte Irago hört, speisen wir zu Abend eine vorzügliche Paella und gehen dann frühzeitig schlafen. Gute Nacht!

heute: 27 km | gesamt: 559 km | verbleibend: 241 km

27. April 2012
Ponferrada

Zum Frühstücken müssen wir die Herberge an diesem Morgen nicht verlassen, denn wir bekommen hier für drei Euro ausreichend Gebäck und Heißgetränke serviert. Bevor wir aufbrechen, verfasse ich im Gästebuch noch einen kleinen Eintrag, in dem ich meine Pilgerfreunde aus der ersten Woche grüße.

Bereits zu Beginn der Etappe werden wir heute mit dem Cruz de Ferro eine echte Sehenswürdigkeit des Jakobswegs zu Gesicht bekommen. Auf einem über fünf Meter hohen Eichenstamm kennzeichnet das Eisenkreuz nicht nur den höchsten Punkt des gesamten Camino Francés, sondern ist auch wichtiger Bestandteil einer sehr alten Pilgertradition. Diese besagt, dass jeder Pilger dem Steinhaufen, auf dem sich das Cruz de Ferro erhebt, einen Stein von zuhause beisteuert. Damit soll das Ablegen einer inneren Last oder von etwaigen Sünden symbolisiert werden. Seither trägt dieser Brauch dazu bei, dass der Steinhügel stetig größer wird.

Obwohl ich von diesem Ritus schon vor meiner Abreise wusste, habe ich es schlichtweg vergessen einen entsprechenden Stein aus der Heimat mitzubringen. Aber damit bin ich nicht der Einzige. Weder Anne, noch Verena oder Max haben einen dabei.

Silhouette des Cruz de Ferro

Um mit dieser Tradition dennoch nicht zu brechen, sammeln wir kurzerhand am Ortsausgang von Foncebadón einen Stein vom Boden auf und kritzeln mit einem weiteren unsere Initialen rein. Mit dem Stein in der Hand, gehen wir dann knapp zwei Kilometer, ehe wir ihn schließlich auf dem Gipfel des Hügels ablegen.

Neben den Steinen, haben Pilger aus aller Welt auch Briefe und andere persönliche Dinge hier abgelegt oder am Baumstamm befestigt.

Wenn ich ehrlich bin, habe ich mir das Cruz de Ferro etwas anders vorgestellt. Mir war zum Beispiel nicht bekannt, dass der beeindruckende Hügel derart dicht an eine Straße und den darauf vorbeifahrenden Autos grenzt. Innerhalb der etwa zwanzig Minuten, die wir uns dort aufhalten, kommen mindestens zwei Biker Gangs mit einem höllischen Lärm angefahren und parken ihre Motorräder direkt am Fuße des Steinhaufens. Vielleicht ist es einfach nur Pech, aber ein besonders andächtiger Ort ist das hier in meinen Augen eher weniger.

Zudem frage ich mich, ob der Hügel eigentlich nicht noch viel größer sein müsste. Schließlich ist diese Tradition ja schon jahrtausendealt. Da haben wohl noch viel mehr Pilger ihren Stein zuhause vergessen. Naja, wie dem auch sei. Mein Pilgerführer kann mir darauf leider auch keine Antwort geben.

Wir werfen noch einen kurzen Blick in die kleine Kapelle Ermita de Santiago und ziehen dann weiter. Im Gegensatz zu gestern, zieht der Himmel heute im Laufe des Vormittags auf und beschert uns dabei bestes Pilgerwetter. Eine SMS von meiner Mutter, in der sie mir viel Durchhaltevermögen für die verbleibenden Etappen wünscht, motiviert mich zusätzlich.

Der Jakobsweg folgt zunächst ein weiteres Stück der Straße entlang und führt nach wenigen Kilometern in das kleine Dorf Manjarín. Auf steinigen Pfaden geht es weiter durch den schönen Gebirgszug, wo wir schließlich in den Genuss eines beeindruckenden Panoramas kommen.

Nach einem gegen Ende recht steilen Weg bergab, treffen wir in El Acebo ein, wo wir zusammen eine kleine Pause einlegen. Da Verena insbesondere das letzte Stück zu schaffen gemacht hat, kündigt sie an, den Rest der Etappe deutlich langsamer gehen zu müssen. Während sich ihr Anne als Unterstützung anschließt, wandere ich mit dem heute äußerst redseligen Max weiter.

Obwohl sich der Kölner Mühe gibt, mit mir Hochdeutsch zu sprechen, ist sein Dialekt unverkennbar. Er erzählt mehrere Minuten von seinem Studium, merkt jedoch schnell, dass ich mit Politikwissenschaften nicht allzu viel am Hut habe. Daher wechselt er kurzerhand einfach das Thema und berichtet anschließend von seiner anderen großen Leidenschaft, dem Kochen. Er nennt unzählige Gerichte, die er bereits im Repertoire habe und fragt mich dann, welche Speisen ich denn am liebsten kochen würde. Weil ich auch hier nicht gerade mit einem Gourmet Know-how brillieren kann, besteht er schließlich darauf, mich heute Abend im Kochen zu unterrichten. Max gibt mir eine kleine Vorauswahl an Gerichten und lässt mich darüber entscheiden, was es geben soll. Gemessen am Geschmack-Aufwand-Verhältnis seiner Vorschläge, wähle ich letztlich Chili con Carne aus. Damit zeigt er sich einverstanden und listet mir alle Zutaten mit genauen Mengenangaben auf, die wir dafür benötigen würden.

Stetig talabwärts durchqueren wir die Ortschaften Riego de Ambrós, Molinaseca und Campo, bevor wir schließlich in der Großstadt Ponferrada ankommen. Wir wählen die kirchliche Herberge und gehören aufgrund unserer frühen Ankunft zu den ersten Pilgern, die hier heute einkehren. Zügig legen wir unsere Rucksäcke im Schlafraum ab und begeben uns dann umgehend in einen Supermarkt. Dort kaufen wir die notwendigen Ingredienzien für unser Abendmahl, etwas Bier und ein wenig Proviant für den morgigen Tag.

Da wir zu Mittag kaum etwas gegessen haben, sind wir nun mehr als hungrig. In der Küche der Herberge fangen wir gleich an unser Gericht zuzubereiten. Zunächst dirigiert er mich wie ein Chefkoch umher, doch dann übernimmt er selbst. Besser so, denn an ihm ist tatsächlich ein kleiner Koch verloren gegangen.

»Ich studiere Politikwissenschaften zwar schon seit vier Semestern, aber ich überlege gerade, ob ich einer möglichen Karriere als Koch nachgehen sollte. Deshalb bin ich hier...«, vertraut mir Max an, während er ganz in seinem Element ist.

Nachdem ich das Chili probiere, kann ich ihn dazu nur ermutigen, denn es schmeckt wirklich hervorragend.

Da er den größtmöglich verfügbaren Topf zum Kochen benutzt hat, können später sowohl Anne und Verena, als auch noch andere Pilger davon ausreichend essen.

heute: 27 km | gesamt: 586 km | verbleibend: 214 km

28. April 2012
Villafranca del Bierzo

Der heutige Tag fängt leider gleich mit einem traurigen Abschied an. Da Anne und Verena an diesem Morgen etwas länger brauchen, um startklar zu sein, mache ich mich mit Max bereits auf die Suche nach einer Frühstücksgelegenheit. Dabei verlaufen wir uns ein wenig und irren zunächst einhundert Meter in die eine Richtung, dann zweihundert in die andere. Wie aus dem Nichts, humpelt uns plötzlich ein mir sehr bekanntes Gesicht entgegen. Es ist Martin.

»Da bin ich aber sehr froh, dass wir uns nochmal sehen. Ich habe schon befürchtet, dass wir uns nicht mehr voneinander verabschieden können…«, begrüßt er mich betrübt und meint damit unmissverständlich den Zustand seiner Füße. Hätte ich mich mit Max nicht verlaufen, wären wir ihm wohl nicht mehr begegnet.

»Wie geht es dir?«, frage ich ihn und hoffe, dass sein Jakobsweg hier noch nicht endet.

»Ach, es hilft alles nichts. Ich muss kürzere Etappen gehen. Und vor allem langsamer!«, antwortet er mir mit seinem für ihn typisch verschmitzten Lächeln. Dennoch plane er nach wie vor ans Kap Finisterre zu Fuß zu gelangen. Ausreichend Zeit habe er ja dafür, da sein Rückflug nach Deutschland erst Mitte Mai ginge.

Ich bedauere es sehr, dass wir keine weitere Etappe mehr zusammen absolvieren werden. Schweren Herzens verabschiede ich mich von einem der wohl sympathischsten und gutherzigsten Menschen, die ich auf dem Jakobsweg kennenlernen durfte.
»Buen camino!«, wünscht er uns und humpelt dann fort.

Die dreiundzwanzig Kilometer vergehen heute wie im Flug und wir kommen schneller am Ziel an, als wir »Villafranca del Bierzo« sagen können. Mittlerweile sind wir aber nur noch zu dritt. Max hat sich nach einer gemeinsamen Mittagspause vorerst von unserer Gruppe getrennt, da er sich aufgrund eines dummen Kommentars mit Verena in die Haare gekriegt hat.

In der knapp viertausend Einwohner kleinen Ortschaft begebe ich mich mit Anne und Verena auf die Suche nach einer aus dem Pilgerführer bereits vorausgewählten Unterkunft. Als wir uns ihr allerdings nähern, sind wir uns sicher, dass diese *albergue* heute Nacht sicherlich keine Pilger aufnehmen wird. Das gesamte Gebäude ist massiv beschädigt, es fehlen Fenster und Türen und überall sind großflächige Rußflecken zu sehen. Offensichtlich hat es hier einen schweren Brand gegeben. Lange kann das noch nicht her sein, denn vereinzelt hängen hier noch Absperrbänder der Polizei. Wir sehen uns die Auswirkungen des Feuers etwas genauer an und fragen uns, wie es wohl zu dem Brand gekommen ist. Man kann nur hoffen, dass niemand verletzt wurde.

Wir gehen in eine andere Herberge und haben dort ebenfalls WLAN, eine Küche mit allem, was man braucht, und sogar eine vielversprechende Massagedusche. Für acht Euro bekommen wir ein Bett im Schlafsaal unter dem Dach. Von den dreizehn Einzelbetten scheinen bisher nur zwei belegt zu sein. Wir werfen unseren Ballast ab und begeben uns für einen Moment in die Waagrechte. Auf der restlichen Tagesordnung stehen duschen, einkaufen, kochen, Internet und schlafen.

In diesem Moment kommt Matthias mit nassen Haaren und einem Handtuch über der Schulter die Treppe hoch. Er informiert sich, wie bei uns die heutige Etappe gelaufen sei und weist uns in Bezug auf die Duschen auf ein entscheidendes Detail hin: »Die sind zwar angenehm sauber, aber die Massagefunktion finde ich irgendwie befremdlich. Vielleicht findet ihr ja mehr Gefallen daran, aber ansonsten könnt ihr sie auch ganz einfach deaktivieren.«

Nachdem jeder sich geduscht hat, gehen wir zusammen einkaufen. Anschließend decke ich mich in einer Apotheke noch mit neuen Blasenpflastern ein und Verena besorgt sich einen neuen Pilgerausweis, da ihrer bald voll zu werden droht. Sie hat zwar nicht mehr Stempel gesammelt als wir, aber ihr *credencial* hat etwas weniger Seiten.

Beim Essen erzählt uns Matthias, dass er seit ein paar Tagen Probleme mit seinem Kreislauf habe: »Ich frage mich, woher das kommt. Denn eigentlich trinke ich ausreichend Wasser, mache genügend Pausen und gehe nicht zu schnell…«

Er hält kurz inne und gibt dann zu, dass es eine Sache gebe, die ihm Kopfzerbrechen bereite: »Meine Frau hat mich nun schon mehrmals am Handy ausdrücklich darum gebeten, früher nach Hause zu kommen. Meine zwei pubertierenden Kinder nutzen die Situation ohne Mann im Haus wohl schamlos aus, um Unfug zu treiben. Damit sind meine Frau und meine Eltern einfach überfordert. Ich weiß, dass der Papa zuhause gebraucht wird, aber ich kann jetzt nicht abreisen. Wir sind doch so nah!«

Nach dem Abwasch der genutzten Teller, geht Verena bereits todmüde ins Bett. Anne, Matthias und ich trinken noch ein wenig vom Rotwein, werden heute aber auch nicht mehr alt.

Morgen geht es wieder auf dreizehnhundert Höhenmeter. Ich bin gespannt, was meine Füße davon halten werden.

heute: 23 km | gesamt: 609 km | verbleibend: 191 km

GALICIEN

29. April 2012

O Cebreiro

Bevor Anne, Verena und ich heute Morgen aus Villafranca del Bierzo aufbrechen, haben wir die Qual der Wegwahl. Da wir ihn nicht scheuen und unser Pilgerhandbuch Entwarnung gibt, entscheiden wir uns aber nach kurzer Überlegung einstimmig für den berühmt berüchtigten *camino duro*, der »harte Weg«. Zwar soll dieser gerade zu Beginn recht steil und insgesamt etwa zwei Kilometer länger als der reguläre Weg entlang der Autobahn sein, dafür aber eine wunderschöne Aussicht fernab jeder Zivilisation bieten. Na, das wird sich doch bestimmt lohnen.

Die erste halbe Stunde geht es tatsächlich extrem steil bergauf. Es dauert nicht lange und wir kommen ordentlich ins Schwitzen. Doch nachdem diese frühmorgendliche Hürde überstanden ist, empfinden wir den Weg als nur noch halb so schlimm, wie der ihm vorauseilende Ruf, beziehungsweise Name.

Irgendwann geht es auf einer Zickzack-Piste wieder bergab. Dort kommen uns zwei Pilger entgegen, die völlig ungeniert ihre Kameras auf uns richten und ein Bild nach dem anderen knipsen.

»Was soll'n des? Verwechseln die uns mit wem?«, wundert sich Verena.

Die beiden Paparazzi machen keinerlei Anstalten mit ihren Schnappschüssen abzuhauen. Sie bleiben sogar stehen und warten ganz geduldig bis wir sie erreichen.

»Can we take a picture of you?«, fragen sie, als ob sie das nicht ohnehin schon getan hätten.

»Kommt ihr aus Österreich?«, stelle ich die Gegenfrage und glaube die Antwort zu kennen.

»Ah Deeeitsch! Neeein, also mei Frau und i, mia wullten hoalt nua oan, zwoa käschual Bilda van eich moachen. Is des okay fua eich?«, will der Mann mit dem stark Wienerischen Dialekt von uns wissen.

Die Frau hält uns das Display ihrer Kamera entgegen und zeigt uns ungefähr fünfzehn Bilder. Unter der Bedingung, dass sie uns diese per Email schicken, zeigen wir uns mit den Bildern einverstanden. Dann verabschieden wir die zwei Hobbyfotografen aus Österreich mit einem »Servus« ganz freundlich und gehen die restlichen Höhenmeter bergab.

Schon aus der Ferne können wir die vor uns liegende Autobahn sehen und hören. Wenig später endet leider die schöne Schotterpiste direkt neben einer Raststätte. Von dort müssen wir ein ganzes Stück auf der Schnellstraße neben den vorbeiheizenden Autos zurücklegen. Es erinnert mich an die Alternativroute über die Landstraße, die ich mit Yoo-kyung und Mark am ersten Tag unserer Reise gewählt habe. Doch die Autobahn ist nochmal wesentlich schlimmer. Eigentlich hört der *camino duro* hier auf, gefühlt fängt er allerdings gerade erst richtig an.

Unzählige Male überqueren wir den Fluss Valcarce, der sich serpentinenartig seinen Weg durch die Landschaft bahnt. Jedes Mal weist ein kleines Schild am Straßenrand auf ihn hin. Weil wir den Namen aus irgendeinem Grund so urkomisch finden und vermutlich heute schon einen Sonnenstich erlitten haben, machen wir ein kleines Spielchen daraus. Wer immer das Schild mit dem Namen des Flusses zuerst sieht, ruft ganz laut »Valcarce«. Tatsächlich ist das das Einzige, was wir auf diesem Abschnitt der heutigen Etappe verbal im Entenmarsch von uns geben. Obwohl wir immer einen Heidenspaß haben, wenn jemand wieder »Valcarce« ruft, sind wir aber dann doch mehr als erleichtert, als wir die Autobahn endlich wieder verlassen können.

Wir durchqueren ein paar Dörfer und machen schließlich in einer urigen Bar in Vega de »Valcarce« Rast. Gut gelaunt tauschen sich die beiden Damen über ihr gemeinsames Interesse an Tattoos und anderen Dingen aus. Da scheinen sich wirklich zwei gefunden zu haben. Man merkt Anne an, dass sie es genießt, endlich mal in Begleitung einer weiteren Frau zu pilgern. Denn bisher war sie ausschließlich mit männlichen Mitstreitern unterwegs. Ich entscheide die beiden mal alleine zu lassen, trinke meine Cola aus und gehe weiter.

Auf Wanderpfaden und gelegentlich wenig befahrenen Straßen, geht es stetig bergauf. Mal mehr, mal etwas weniger steil. Ich durchquere drei weitere Ortschaften, ehe ich schließlich mit Laguna de Castilla das letzte Dorf in der Region Kastilien und León verlasse. Kurz danach erreiche ich den Grenzstein, der mir signalisiert, dass ich mich nun in Galicien befinde. Das ist die vierte und damit auch letzte Region, durch die mich der Jakobsweg führen wird und wohl auch die, in der ich die Leute kaum bis gar nicht verstehen werde. Denn *Gallego*, so der Name der galicischen Sprache, ist mehr Portugiesisch als Spanisch.

Da es jetzt heute nicht mehr weit ist, nehme ich mir ein paar Minuten Zeit und sehe mir die Kühe auf einer Weide an. Wüsste ich es nicht besser, könnte ich genauso gut in der Schweiz stehen.

Mein Wanderführer behauptet, dass der Ort O Cebreiro aufgrund des Anstiegs unter deutschen Pilgern auch einfältig Oh Krepiero genannt werde. Mir geht es aber ausgesprochen gut und ich freue mich wenig später dort angekommen zu sein.

Ein bisschen Schweiz in Galicien

In dem nur wenige Dutzend Einwohner kleinen Dorf steuere ich die einzige Pilgerherberge an, die sich etwas abseits am Ortsausgang befindet und bereits gut besucht ist.

Im Schlafsaal treffe ich auf die zwei sympathischen Holländer, Danny und Peter, die gerade ihre Betten beziehen. Ich unterhalte mich kurz mit ihnen, bis Peter auf einmal mit einem Paar Laufschuhe unterm Arm den Raum verlässt: »Time to go for a run.«

»Ist das sein Ernst?«, frage ich Danny überrascht. Der hat sich wohl noch nicht genug verausgabt!

Er nickt und fügt unbeeindruckt hinzu: »Peter does that every second day. He says he kind of needs it.«

Respekt. Ich meine, ich gehe selber gerne joggen, aber meine Laufschuhe auf den Jakobsweg mitzubringen habe ich nicht mal ansatzweise in Erwägung gezogen. Während ich und die meisten anderen Pilger am Etappenziel eigentlich nur schnellstmöglich duschen und etwas essen wollen, läuft Peter freiwillig noch einige Extrakilometer. Er scheint der Einzige zu sein, der dafür noch die nötige Energie hat. Ob das nun von Übermut, Leichtsinn oder absolute Disziplin zeugt, ich finde es in jedem Fall sehr bemerkenswert.

Nach einer Dusche mit nur eiskaltem Wasser, fühle ich mich wie neugeboren. Ich setze mich in eine Bar und lasse mir ein Feierabendbier schmecken. Auf einem kleinen Fernseher läuft eine Liveübertragung eines rein spanischen Tennismatches. Es spielt kein Geringerer als mein Tennisidol Rafael Nadal gegen seinen Landsmann David Ferrer. Das Match ist ziemlich ausgeglichen und so endet der erste Satz im Tiebreak, den Nadal glücklicherweise für sich verbuchen kann.

Seitdem ich das erste Mal seine beindruckende Topspin-Vorhand gesehen habe, habe ich kaum ein Match des Mallorquiners verpasst. Trotz seiner häufigen Verletzungen hoffe ich, dass er seine Profikarriere noch lange nicht an den Nagel hängt. Denn ich möchte ihn unbedingt irgendwann mal live spielen sehen. Er ist eine große Bereicherung und ein Vorzeigeathlet für den Tennissport. Seine Biografie *Rafa - My Story* habe ich innerhalb kürzester Zeit verschlungen.

Auch der zweite Satz verläuft ausgeglichen. Am Ende gelingt Nadal aber ein Break und gewinnt damit nach Monte Carlo nun auch das Sandplatzturnier in Barcelona. Nicht umsonst wird der sechsfache Roland Garros French Open Gewinner in Tenniskreisen auch als »The King of Clay« betitelt.

Zurück in der Herberge treffe ich schließlich wieder auf Anne und Verena. Wir gehen zusammen in ein Restaurant und bestellen uns heute mal wieder das Pilgermenü, von dem wir dieses Mal nicht enttäuscht werden. Mit einer obligatorischen Flasche Rotwein lassen wir den Abend gemütlich ausklingen.

Boa noite!

heute: 31 km | gesamt: 640 km | verbleibend: 160 km

P.S. Es ist bereits Montag, der 30. April. Kurz nach drei Uhr. Mitten in der Nacht. Das lese ich von meinem iPod ab, auf dem ich diese Sätze tippe. Ich kann nicht schlafen.

Anders als Anne und Verena, hatte ich gestern das verdammte Pech, in den größten Schlafsaal der gesamten Herberge mit was weiß ich wie vielen quietschenden Stockbetten gesteckt zu werden. Kurz vor dem Schlafengehen bin ich daher einfach in deren Raum umgezogen, da es dort noch unbelegte Einzelbetten gab.

Leider bin aber nicht nur ich auf diese grandiose Idee gekommen, sondern auch ein etwas älterer, spanischer Schnarcher. Dem Himmel sei Dank. Was wäre denn nur eine Nacht in einer Pilgerherberge ohne Schnarcher? Vielleicht so etwas wie eine Nacht mit ausreichend Schlaf?

Obwohl sich lediglich zwei Leute flüsternd miteinander unterhalten haben, hat sich dieses Schnarchtalent gestern Abend vor dem Einschlummern über den Lärmpegel im Schlafraum beschwert. Tja, diesen Lärmpegel produziert jetzt er und zwar ganz alleine. Es schnarchen auch zwei andere, aber die sind wirklich kaum der Rede wert. Ein übliches, normales Schnarchen gelingt mir halbwegs auszublenden. Vermutlich habe ich mich mittlerweile einfach daran gewöhnt. An den Krach, den dieser *señor* von sich gibt, kann und will ich mich aber nicht gewöhnen.

Da ich immer das große Los zu ziehen scheine und es das Schicksal offensichtlich besonders gut mit mir meint, hat es sich dieser Mann mit seinem Schlafsack im Bett direkt neben mir gemütlich gemacht. Er hätte vier Weitere zur Auswahl gehabt, aber dann hätte ich ja unter Umständen sogar schlafen können.

Wütende Gedanken schießen mir durch den Kopf. Ich suche nach dem boshaftesten Vergleich, der den Lärm des Mannes am besten beschreibt. Ich kann ihm natürlich keine bösen Absichten unterstellen, denn wenn er die Wahl hätte, würde er sein Schnarchen (fast hätte ich Grunzen geschrieben) sicherlich sein lassen.

Aber in dieser Situation stauen sich in mir nunmal leichte Aggressionen an, für die ich ja schließlich auch nichts kann.

Was bleiben mir nun für Möglichkeiten? Ich könnte ihn laut anschreien, so wie es Jonathan in Carrión de los Condes rücksichtslos getan hat. Einen Text habe ich bereits auf den Lippen und ich wäre durchaus gewillt es dem Iren gleichzutun. Zwar möchte ich diesen Störenfried wecken und beschimpfen, aber sicherlich nicht meine Pilgerfreunde aus dem Schlaf reißen. Im Gegensatz zu mir, scheinen sie sich ungestört im Land der Träume zu befinden. Ohropax, die sie jede Nacht vorsorglich in die Ohren stöpseln, machen es möglich. Lange habe ich mich geweigert, aber nun sollte ich diesen Dingern vielleicht auch mal eine Chance geben.

Im anderen Schlafsaal hätte ich sicherlich keine besseren Karten gehabt, denn dort schnarchen die beiden Holländer, Danny und Peter. Fest steht, dass mir heute ein Einschlafen absolut unmöglich ist. Ich kann mich nur auf das Grunzen konzentrieren (jetzt habe ich es doch geschrieben). Aus voller Verzweiflung drehe ich für kurze Zeit die Red Hot Chili Peppers über meine Kopfhörer auf und versuche damit das Geschnarche zu übertönen. Das mag mir mit *Dani California* durchaus gelingen, aber einschlafen kann ich davon natürlich auch nicht. Vergiss es. Keine Chance. Oh, wie sehr ich mich doch wieder auf mein Bett zuhause freue…

Ich gebe mich endgültig geschlagen. Solange sich der Typ in diesem Raum befindet, werde ich kein Auge zu bekommen. Da ich ihn nicht einfach samt Bett nach draußen schieben kann, beschließe ich eben selbst das Zimmer mit meinem Schlafsack zu verlassen und mich damit auf die Couch im Vorraum zu legen. Ein letzter Lichtblick.

Hier ist es nicht wirklich bequem, aber immerhin friedlicher. Zumindest im ersten Moment.

Fast falle ich von der Couch, als ich nach wenigen Minuten den Kollegen wieder hören kann. Bei geschlossener Tür, verdammt nochmal!

In etwa drei Stunden werden die ersten Pilger aufstehen. Es wäre schon toll, wenn ich mich bis dahin immerhin noch für ein Stündchen vom Vortag erholen könnte. Denn sonst behält mein allwissendes Pilgerhandbuch Recht und ich krepiere tatsächlich in O Cebreiro.

In diesem Sinne, angenehme Nachtruhe!

30. April 2012
Sarria

Ich lag die ganze Nacht wach. Völlig übermüdet und mies gelaunt mache ich mich an diesem Morgen mit meinem Hörbuch auf den Ohren alleine los. Anne und Verena können auf meine schlechte Stimmung sicherlich verzichten. Ich werde in einer der kommenden Ortschaften auf sie warten.

Zwanzig Kilometer später treffe ich die beiden zur Mittagspause in Triacastela wieder und erzähle ihnen von meiner nächtlichen Umzugsaktion. Trotz der Ohropax, habe auch Anne den Schnarcher gehört. Aber sie sei so müde gewesen, dass sie irgendwann einschlafen konnte.

Verena erging es dagegen wohl ähnlich wie mir. Da sie zudem nach wie vor unter üblen Schmerzen an ihren Füßen leidet, erklärt sie für heute Triacastela schon zu ihrem Etappenziel.

Anne hadert, möchte sich aber noch nicht von ihrer Pilgerfreundin trennen und beschließt daher ebenfalls ihre Zelte hier aufzuschlagen und morgen wieder eine längere Etappe zu gehen.

Auch ich liebäugele mit der Überlegung hier zu nächtigen, rufe mir dann jedoch wieder meinen knappen Zeitplan ins Gedächtnis und halte an meinem Plan fest, heute noch nach Sarria zu gelangen. Von Triacastela sind das nochmal neunzehn Kilometer. Somit ist für mich im Grunde gerade erst Halbzeit.

Ich setze mir meinen Rucksack wieder auf, verabschiede mich von den beiden und ziehe, wie es scheint, als einziger Pilger aus dieser Stadt weiter. Anne werde ich auf jeden Fall wieder treffen, Verena höchstwahrscheinlich nicht mehr. Sie wird den restlichen Weg in kürzere und damit entsprechend mehr Etappen aufteilen.

Bisher hat es auf dem Jakobsweg schon so ziemlich jedes Wetter gegeben. Nasser Schnee, heftiger Hagel, widerlicher Regen, gruseliger Nebel, fieser Gegenwind, aber auch tollster Sonnenschein und angenehme Temperaturen. Heute allerdings komme ich in den Genuss von nahezu allen genannten Wetterlagen. April, April, der macht was er will.

Gedankenverloren folge ich etwas nachlässig den gelben Pfeilen. Doch nach einer Weile kann ich keine mehr sehen. Ich weiß nicht genau, wie lange ich seit Triacastela schon unterwegs bin, aber ich befürchte, dass ich hier nicht richtig bin.

Selbst als ich ein alleinstehendes Wohnhaus erreiche, kann ich keine Menschenseele sehen. Dafür aber einen Hund. Und dem gefällt es offensichtlich überhaupt nicht, dass ich hier herumstreune und meinen Blick auf das Haus richte.

Der freilaufende Vierbeiner fletscht die Zähne und knurrt mich zornig an. Die Aggression steht ihm auf die Schnauze geschrieben und er gibt mir eindeutig zu verstehen, dass ich hier in seinem Territorium nichts, aber auch überhaupt nichts, zu suchen habe. Da hat er womöglich Recht und ich denke nicht mal daran ihm zu widersprechen.

Plötzlich fängt er auch noch an zu bellen. Sein Herrchen dürfte damit alarmiert sein, aber an dem Haus tut sich absolut nichts. Ohne den Blickkontakt zu seiner potentiellen Beute abzubrechen, rückt er mir bedrohlich auf die Pelle. Ich werde nervös und traue dem immer lauter werdenden Hund so ziemlich alles zu. Ohne nachzudenken beschleunige ich meine Schritte und heize blind den Weg vor mir entlang. Während ich mit meinen Wanderstöcken wie wild durch die Luft wedele, versuche ich ihn im Auge zu behalten.

Scheinbar wirke ich damit furchteinflößend genug, um ihn zumindest ein bisschen einzuschüchtern. Jedenfalls macht er keine Anstalten mir noch näher zu kommen. Auf diese Weise gewinne ich Land und werde meinen ungebetenen Verfolger los. Ehrlich gesagt war ich noch nie froher meine Wanderstöcke dabei zu haben. Ich hätte nichts anderes gehabt, womit ich mich im Ernstfall verteidigen hätte können.

Wie kann man überhaupt einen derart aggressiven Hund freilaufend auf dem Jakobsweg platzieren? Und warum zur Hölle sind hier keine anderen Pilger? Sollte sich jetzt herausstellen, dass ich falsch gehe, nehme ich lieber einen Umweg in Kauf, als nochmal an Fluffy, der Bestie, vorbei zu müssen.

Grundsätzlich habe ich keine Angst vor Hunden, Respekt aber allemal. Meine Mutter dagegen scheut Hunde. Solange sie »nur spielen wollen«, hatte sie früher kaum Probleme mit ihnen. Aber das änderte sich schlagartig, als sie eines Tages vom Hund eines damaligen Schulfreundes ins Bein gebissen wurde. Dazu ist es heute zu meinem Glück jedoch nicht gekommen. Spielen wollte der Wauwau aber sicher auch nicht.

Erst nach etwa zehn Minuten, in denen ich mich etliche Male vergewissere, ob mir der Hund vielleicht doch noch folgt, normalisiert sich mein Pilgertempo. Dann kann ich endlich wieder einen der ersehnten Wegweiser erblicken. Vor Erleichterung fange ich fast an laut zu lachen. Dem Kläffer habe ich es aber gezeigt!

Als ob meine Reaktion unmittelbar bestraft gehöre, kommt aus heiterem Himmel ein heftiger Wind auf. Ohne jegliche Vorwarnung fängt es urplötzlich an wie aus Eimern zu schütten. Mit anderen Regentagen auf dem Jakobsweg lässt sich das gar nicht vergleichen. Eine derart heftige Schauer habe ich hier bisher noch nicht erlebt. Der Wetterbericht lag für heute ordentlich daneben.

Nahezu zeitgleich mit dem Wetterumschwung wird mir völlig abrupt schwindlig. Alles dreht sich. Von einem Moment auf den anderen fühle ich mich schwach und kraftlos. Irgendjemand hat den Stecker gezogen. Jeder Schritt ist mühsam und ich kann mich kaum noch auf den Beinen halten. Absoluter Totalausfall meines Körpers, in einer der wohl ungünstigsten Situationen auf dem Weg überhaupt. Hat mich der Stress mit dem Hund so sehr verausgabt?

Ich sehe mich um. Niemand. Verdammt, wäre ich doch bloß auch in Triacastela geblieben. Nach Sarria stehen mir bestimmt noch drei Stunden Fußmarsch bevor. Was ich jetzt brauche, ist eine schnelle Energiezufuhr, sonst kippe ich noch um.

Da sich hier nicht mal annähernd irgendeine Gelegenheit zum Unterstellen bietet, muss ich meinen Rucksack bei Weltuntergangsstimmung auf den bereits überfluteten Weg absetzen, um darin nach energiespendendem Proviant wühlen zu können. Die Inventur ist schnell abgeschlossen. Mein Vorrat lässt stark zu wünschen übrig und beschränkt sich lediglich auf eine große Tafel Schokolade und Wasser. Während ich Ersteres ohne Gewissensbisse gleich komplett verzehre, nehme ich reichlich Flüssigkeit zu mir und betrachte in aller Ruhe das mir gebotene Spektakel. Wie ein Weltuntergang aussieht habe ich mir zwar noch nie überlegt, aber das hier hat ganz sicher apokalyptische Züge.

Um mich auf der Karte zu orientieren, krame ich meinen Wanderführer hervor. Bisher habe ich ihn noch nie im Regen benutzt, nun wird er zum ersten Mal nass. In der ersten Woche hat Julia meist die Reiseleitung übernommen und später Anne. Die beiden, wie im übrigen auch die meisten anderen deutschen Pilger, haben genau das gleiche OUTDOOR-Handbuch. Ihre

Ausgaben werden dem Namen allerdings wesentlich gerechter. Meins könnte man dagegen noch sehr gut als Original verkaufen. Zumindest bis vor wenigen Sekunden. Jetzt hat auch mein Buch einen Wasserschaden. Um es mit Julias Nachschlagewerk aufnehmen zu können, überlege ich mir ernsthaft meins auch noch in den Dreck zu werfen. Es ist ja jetzt ohnehin egal. Aber allein die Vorstellung davon genügt, um mich etwas aufzuheitern. Also verschone ich das unschuldige Werk und stecke es nach dem Studieren der Karte wieder ein.

Als eine hoffentlich energiebringende, aber in jedem Fall motivierende Maßnahme, stöpsele ich mir die Kopfhörer ins Ohr und starte auf meinem iPod ein Album der Rockgruppe Billy Talent. Das höre ich oft zum Joggen, jetzt muss es mich eben beim Pilgern auf Touren bringen.

Danach setze ich den Rucksack wieder auf und werfe mir zu guter Letzt meinen nagelneuen, rosafarbenen Regenponcho über. Kurz vor der Abfahrt in Augsburg hat mir mein Vater dieses bescheuerte Werbegeschenk der deutschen Telekom in die Hand gedrückt. Er wusste, dass es mir nicht gefallen würde, aber seine Worte waren: »Just in case!«

Obwohl ich mir geschworen habe es nicht zu tragen, werde ich das Gefühl nicht los, dass es in meiner ausweglosen Situation nun zu eines der wichtigsten Utensilien aus meinem Rucksack werden könnte. Wenn das Teil seinen Zweck erfüllt, sollte ich froh sein, es dabei zu haben. Zwar ärgere ich mich über die eher weniger schicke Farbe und die Tatsache, wie dämlich ich darin aussehe, aber das kann ich nunmal nicht ändern. Außerdem bin ich hier auf keiner Modenschau, wie mich meine Eltern an dieser Stelle neunmalklug erinnern würden. In Mailand trägt man das gewiss nicht, auf dem Jakobsweg ist es aber total angesagt. Ich habe schon viele Pilger in einer ähnlichen Robe gesehen. Nur eben nicht in quitschepink.

Aber hier ist sowieso keiner, der mich für mein Outfit belächeln könnte. Und davon mal abgesehen, habe ich ganz andere Baustellen, um die ich mir Sorgen machen muss.

In der Hoffnung meine Energiespeicher zumindest temporär etwas aufgetankt zu haben, stapfe ich optimistisch weiter.

Was dann passiert, fällt mir äußerst schwer in Worte zu fassen. Noch vor zehn Minuten war ich ein kleines Häufchen Elend und wusste nicht wohin mit mir. Völlig alleine und energielos bin ich hier irgendwo im Nirgendwo gestrandet, fernab von Pilgerkollegen oder Herbergen. Aber nach der Zwangsunterbrechung, dem Schwächeanfall, fühle ich mich nun auf einmal kräftig und stark. Fast schon kräftiger und stärker als je zuvor. Ein solches Gefühl habe ich auf der gesamten Pilgerreise noch nicht empfunden. Es überkommt mich sogar völlig. Während der Regen nochmal eine Schippe drauf setzt, mutiere ich zum unglaublichen Hulk. Heute ist mir kein Weg mehr zu weit, kein Wetter zu schlecht und kein Hund zu gefährlich! Ich kann es mit wirklich allem aufnehmen.

Dieser Moment lässt sich nicht erklären. Ich habe keine Ahnung woher dieser Energieüberschuss plötzlich kommt. Ist es wirklich die Schokolade? Das Wasser? Die Musik? Ganz egal, was es auch ist, ich bin unglaublich dankbar. Der Zeitpunkt hätte hierfür nicht besser sein können.

Überraschend schnell und ohne erneut zu schwächeln, erreiche ich den Ortseingang von Sarria. Dort läuft mir mein spanischer Pilgerfreund Gerardo über den Weg, den ich schon seit einigen Tagen nicht mehr gesehen habe. Obwohl er hier bereits in einer Herberge untergekommen ist, begleitet er mich freundlicherweise bis zum Stadtkern.

Noch immer fassungslos, schildere ich ihm meine unglaubliche Erfahrung, die ich heute irgendwo hinter Triacastela gemacht habe. Als ich ihm die Details beschreibe, lächelt er und sagt, dass er das gut nachvollziehen könne, da er bereits etwas sehr ähnliches erlebt habe: »Ich war auch alleine, noch lange nicht am Ziel und das Wetter stellte sich gegen mich. Anstatt mich über die Umstände zu ärgern, habe ich sie akzeptiert und versucht das Beste daraus zu machen. Ich habe mich auf das fokussiert, worauf ich Einfluss habe und dann die richtigen Dinge unternommen, um körperlich dem Wetter und der restlichen Etappe gewappnet zu sein. Ich habe mich der Situation angenommen und der Weg hat mich dafür belohnt.«

So habe ich das noch gar nicht gesehen. Aber Gerardo hat völlig Recht. Am Ende habe ich es sogar genossen, dem Regen ausgesetzt zu sein und die geballte Naturgewalt zu spüren zu bekommen.

Ich fühlte mich so lebendig.

heute: 41 km | gesamt: 681 km | verbleibend: 119 km

01. Mai 2012

Portomarín

Während ich mich förmlich zusammenreißen muss, diese Zeilen überhaupt zu Papier zu bringen, frage ich mich, wie meine Stimmung nach den gestrigen Geschehnissen heute so schnell ins krasse Gegenteil kippen konnte.

Ich bin bereits an meinem Etappenziel angelangt und hocke nun in der öffentlich galicischen Herberge von Portomarín in der Küche. Durch das Fenster sehe ich auf der Terrasse einen dicken, albern tanzenden Spanier mit einer Koreanerin flirten. Sie ist mindestens dreißig Jahre jünger als er, findet ihn aber offensichtlich sehr amüsant. Ich verdrehe nur die Augen, weil ich schon jetzt weiß, dass dieses spanische Pummelchen heute Nacht das orchestrale Schnarchkonzert anführen wird. Das hat er während seiner Siesta vorhin auch schon getan.

Meine Laune ist total im Keller und ich ärgere mich einfach über alles. Meine Wäsche ist dreckig, ich kenne hier keine Sau und auf diese Herbergen mit den scheiß Schnarchsälen habe ich einfach keine Lust mehr.

Worte können nicht beschreiben, wie sehr ich mich darauf freue, mein Schlafzimmer schon bald nicht mehr mit neunundzwanzig fremden Menschen teilen zu müssen.

Es gibt hier zwar eine Waschmaschine und sogar auch einen Trockner, allerdings stehen beide Gerätschaften draußen vor der Herberge im strömenden Regen. Sie lassen sich nur erreichen, wenn man einmal die gesamte Unterkunft umständlich umrundet. Das ist mir zu blöd, also stinke ich lieber einen weiteren Tag.

Die Tatsache, dass ich heute in einen ganz neuen Pilgerkreis mit mir völlig fremden Gesichtern geraten bin, ist eine Folgeerscheinung meines Entschlusses die Etappe gestern bis nach Sarria zu verlängern. Würde ich nur einen Tag pausieren, würde ich wieder auf Anne stoßen. Würde ich drei oder vier Tage warten, könnte ich sogar meine Pilgerfreunde aus der ersten Woche wieder treffen. Das unterstreicht in meinen Augen nochmal das große Glück, das wir zu Beginn hatten. Wären wir an unterschiedlichen Tagen gestartet, hätten wir uns vielleicht nie kennengelernt.

Es gibt noch weitaus mehr Dinge, die mich gerade zusätzlich zu einem richtigen Miesepeter werden lassen. Zum Beispiel die in dieser Herberge eiskalten Gruppenduschen, die lediglich zwei vorhandenen Toiletten für mehr als einhundert Pilgerinnen und Pilger und nicht zuletzt auch die riesige Küche, die durch Abwesenheit von jeglichen Utensilien glänzt. Dutzende Schränke, Regale und Schubladen, ohne Töpfe, Geschirr oder Besteck. Da macht eine so außerordentlich große Küche natürlich Sinn.

Eine Sache, eine Begebenheit, nervt mich heute aber am meisten. Sie hat wirklich das Fass zum Überlaufen gebracht und mich überhaupt in diese Gemütslage versetzt. Etwa einhundert Kilometer trennen Portomarín noch vom Zielort Santiago de Compostela. Für viele Möchtegernpilger ist das Anlass genug, erst von hier mit ihrer Pilgerfahrt zu beginnen. Schließlich haben sie das Regelwerk des Jakobswegs gelesen und wissen ganz genau, dass diese Strecke gerade so ausreicht, um am Ende das gleiche Zertifikat in den Händen zu halten wie aufrichtige Pilger, die bereits knapp vier Wochen auf dem Buckel haben.

Insbesondere Reisegruppen, aber auch unzählig viele spanische Schulklassen, reisen hier in Scharen mit Bussen von überall an und verursachen eine unwillkommene Unruhe. Ich verstehe natürlich, dass der Jakobsweg immer populärer wird. Aber die Kids heutzutage am Wandertag auf den Jakobsweg zu schicken, finde ich aus verschiedenen Gründen mehr als unangemessen.

Und so sitze ich hier nun einsam und alleine. Niemand, der mich in meiner persönlichen Misere auch nur annähernd aufmuntern könnte. Draußen schüttet es nach wie vor und die einzige Freizeitbeschäftigung, die mir in den Sinn kommt, ist ein Feierabendbier in einer Bar zu trinken. Also ziehe ich mir meine Kapuze über den Kopf und renne willkürlich in eines der nächstbesten Lokale.

»Una cerveza, por favor!«, gebe ich am Tresen meine Bestellung auf und schlurfe an einen Tisch.

Mit einem Glas San Miguel in der Hand und einem leeren Blick in den Augen, starre ich verzweifelt ins Nichts und lasse dabei die vergangenen Stunden Revue passieren.

Der Tag fing doch eigentlich so gut an. Denn ausnahmsweise hatte ich vergangene Nacht das ganz große Glück in einem nicht voll besetzten Vierbettzimmer in einer Herberge in Sarria unterzukommen. Nichtmal einen Schnarcher gab es, der mich meines Schlafes hätte berauben können. Auch das üppige Frühstück heute Morgen war schwer in Ordnung und stimmte mich rundum glücklich. Soweit also ein wirklich wunderbarer Dienstagmorgen und Maianfang.

Die verhältnismäßig kurze Etappe bin ich dann bei sehr wechselhaftem Wetter recht zügig und ohne nennenswerte Zwischenfälle gegangen. Kurz vor Portomarín habe ich es aber doch nochmal etwas ruhiger angehen lassen und bin kurzerhand in einem nahen Biergarten eingekehrt. Nachdem ich dort Platz nahm und anfing in der Menükarte zu blättern, klopfte mir jemand beherzt auf die Schulter. Dieser Jemand war Gerardo, der sich in Begleitung von niemand Geringerem als Giacomo einen Spaß erlaubte. Lange haben wir uns nicht unterhalten, denn die beiden hatten ihre Pause gerade beendet. Ihr heutiges Etappenziel lag irgendwo hinter Portomarín, weshalb sie sich schon wieder auf den Weg machen mussten. »Disfruta tu descanso!«, sagte Gerardo noch zu mir und zog dann mit Coelho fort.

Als die Kellnerin an meinen Tisch kam, entschied ich mich spontan für eine Cola. Doch bevor ich überhaupt meine Bestellung aufgeben konnte, servierte sie mir ein Glas Rotwein.

»Es un regalo de los dos hombres!«, sagte sie und zeigte dann lächelnd in die Richtung, in die Gerardo und Giacomo vor wenigen Minuten verschwunden waren. Ein Geschenk der beiden Herren. Na, hoffentlich werde ich nochmal die Gelegenheit haben, mich bei ihnen für den *vino tinto* zu bedanken.

Wenig später, nachdem ich wieder aufbrach, traf ich auf den älteren Herrn aus Regensburg, den ich in der kasernenartigen Pilgerherberge in León kennengelernt habe. Ehrlich gab er zu, sein Ziel mit dem Rauchen aufzuhören noch nicht erreicht zu haben. Außerdem sei er seit León mehrere Male mit dem Bus gefahren. Die letzten einhundert Kilometer müsse er nun aber zu Fuß gehen, sonst bekäme er keine Compostela ausgehändigt. Ich wünschte ich ihm dafür alles Gute.

Über eine beeindruckende Brücke kam ich schließlich in Portomarín an. Auf direktem Wege begab ich mich zur Herberge. Dort begann meine gute Laune zu kippen.

Der Rest ist Geschichte.

heute: 23 km | gesamt: 704 km | verbleibend: 96 km

02. Mai 2012
Palas de Rei

Ich denke es ist überflüssig zu erwähnen, dass ich heute Nacht wieder nicht schlafen konnte. Ich tue es trotzdem. Mir ist bewusst, dass ich mich mit der Schnarcherproblematik wiederhole, aber mein Schlafmangel hat nun insgesamt ein Ausmaß angenommen, das mich an anderer Stelle den Jakobsweg vorzeitig abbrechen ließe. Aber das ist für mich natürlich keine Option mehr, schließlich laufe ich schon übermorgen in Santiago de Compostela ein.

Die Etappe nach Palas de Rei gehe ich erneut alleine. Nun ja, natürlich nicht komplett alleine, sondern mit mehreren Hundert Schülern und Pilgertouristen. Am drittletzten Tag meiner Pilgerreise könnte ich nicht desinteressierter sein, neue Kontakte zu knüpfen und mich mit ihnen zu unterhalten. Mit meiner fortwährenden, miesen Laune wäre ich heute aber ohnehin kein angenehmer Gesprächspartner.

Per SMS teilen mir meine Eltern mit, dass ich die letzten Tage auf dem Jakobsweg nochmal genießen solle. Doch dem gut gemeinten Rat kann ich nur bedingt befolgen. Denn mit Genuss hat das hier immer weniger zu tun. Ab sofort will ich eigentlich nur noch in Santiago ankommen.

Inmitten einer regelrechten Völkerwanderung, wird meine Geduld nochmal ordentlich auf die Probe gestellt. Natürlich hat jeder das Recht darauf, den Jakobsweg wann und wo auch immer anzufangen. Aber dass der Weg aufgrund dessen nun so urplötzlich im wahrsten Sinne überlaufen ist, fällt mir schwer zu akzeptieren. Ich möchte einfach nur alleine sein und versuche mich daher mit Musik oder dem Hörbuch abzuschotten.

Natürlich gibt es andere Pilger, die sich daran ebenfalls stören. Allerdings haben Viele auch mit wesentlich schwerwiegenderen Problemen zu kämpfen. Pilger, die zum Beispiel aufgrund ihres Alters oder ihrer Schmerzen deutlich schwächer auf den Beinen sind. Bemerkenswert, wie sie ihre Zähne zusammenbeißen und sich nur darauf konzentrieren, einen Fuß vor den anderen zu setzen.

Trotz des Ärgernisses mit diesen Menschenmassen sollte ich mich daher grundsätzlich glücklich schätzen und dankbar sein, dass mich meine Füße insbesondere auf dem letzten Viertel des Weges überwiegend schmerzfrei pilgern ließen. Dennoch sehen sie nach wie vor absolut verboten aus. Ich frage mich, wie lange es dauern wird, bis meine Wunden nach der täglichen Belastung wieder abheilen.

Ich finde Pilgern ist ein großartiges Sinnbild für das Leben. Vieles ist einfach eine Frage der inneren Einstellung. Mehr als alles andere, ist es, genau wie im Sport, eine reine Kopfsache. Denn nichts verläuft wirklich geradlinig, irgendwas stellt sich immer in den Weg und ständig müssen Anpassungen vorgenommen werden. Das ist aber noch lange kein Grund, die Flinte ins Korn zu werfen. Wenn der Weg ausweglos erscheint, will er eben mit all seinen Hindernissen bewältigt werden. Für manche sind das Schmerzen an den Füßen, für manche sind es laute Schulklassen und für andere gar beides. Lästige Erschwernisse, die aber schlichtweg Teil des Weges werden.

Sobald man aufhört zu jammern und es schafft die Dinge einfach zu akzeptieren, wie sie nun mal sind, fällt danach ganz sicher nicht nur das Pilgern leichter, sondern auch das Leben. Das ist wohl eine der größten Lektionen, die mir der Weg gelehrt hat.

Mit dieser Erkenntnis komme ich schließlich in Palas de Rei an. Bevor ich mich in einer der insgesamt fünf Herbergen einquartiere, kaufe ich mir im erstbesten Supermarkt ein Müsli und etwas Milch. Da ich in der Küche der *albergue* anschließend aber keine Schüssel finden kann, muss ich mein unkompliziert angedachtes Abendessen mühsam getrennt voneinander zu mir nehmen. Nach einem Löffel furztrockenem Müsli, kippe ich einen Schluck Milch hinterher. So geht das etwa zwanzig Mal. Warum ich mir nicht einfach ein Pilgermenü gönne, ist mir schleierhaft. Auf den verbleibenden Kilometern sollte ich nun wirklich nicht mehr damit anfangen auf Sparflamme zu essen.

Immerhin schaffe ich es heute endlich meine Wäsche zu waschen. Das werde ich vor meiner Abreise vielleicht nochmal tun müssen, damit sie mich überhaupt in den Flieger steigen lassen und mein Sitznachbar nicht schreiend von Bord springt.

Am frühen Abend hänge ich meine Wäsche zum Trocknen auf und gehe danach nur wenige Häuser weiter in eine Bar. Dort verbinde ich mich mit dem Internet und kann so meinen besorgten Eltern und meiner Schwester nach einigen Tagen endlich wieder ein Lebenszeichen von mir geben. Allzu sehr ins Detail gehe ich jedoch nicht, denn ich werde schließlich bereits in wenigen Tagen die Gelegenheit haben, ihnen zuhause ausgiebig von meiner Pilgerreise zu erzählen. Aber ich teile ihnen mit, dass ich es heute nach Palas de Rei geschafft habe und jetzt nur noch zwei Etappen verbleiben würden, die es beide nochmal in sich haben werden. Denn morgen sehe ich vor, etwas mehr als dreißig und übermorgen dann nochmal knapp vierzig Kilometer zurücklegen, ehe das Pilgern ein Ende nimmt.

Natürlich erzähle ich meiner Familie auch von den Pilgerscharen, die sich mittlerweile auf dem *camino* befinden.

»Das macht den Jakobsweg plötzlich zu einem komplett anderen Erlebnis…«, beschreibe ich die aktuelle Situation. »Nur der Schlafmangel, der bleibt!«

Und der ist mir auch heute wieder sicher.

heute: 26 km | gesamt: 730 km | verbleibend: 70 km

03. Mai 2012
Arzúa

Es ist der letzte Tag vor meiner Ankunft in der Stadt, der ich seit einem Monat versuche mich mit jeder Etappe ein Stückchen zu nähern. Der Jakobsweg neigt sich dem Ende entgegen und ich zücke nun immer seltener mein Notizbuch. Denn die Zeit rast und ich möchte sie nun doch nochmal bestmöglich nutzen.

Die heutige Wanderung führt mich unter anderem durch Wälder mit Eichen und Eukalyptusbäumen. Irgendwo auf dem Stück zwischen Melide und Ribadiso, treffe ich unverhofft endlich wieder auf Anne. Sie scheint die Trennung von Verena verkraftet zu haben und ich bin sicher, dass sich die beiden nach dem Jakobsweg in einer ihrer Heimatstädte besuchen werden.

Kurz vor Arzúa begegnen wir Henry und Matthias. Zusammen gehen wir ein voraussichtlich letztes Mal in eine öffentliche Pilgerherberge. Die dortigen Duschen sind eiskalt, die Schlafräume übergroß und die Betten total unbequem. Alles Dinge, die wir mit Sicherheit nicht so schnell vermissen werden.

Am frühen Abend lassen wir uns einen guten Italiener empfehlen, bei dem wir um diese Tageszeit wie gewohnt nahezu die einzigen Gäste sind. Stillschweigend nehmen wir unsere Gerichte zu uns und trinken dazu ein Bier. Es scheint fast so, als seien wir uns alle nicht wirklich sicher, ob wir es zelebrieren oder eher bedauern sollen, dass die Pilgerreise morgen endet.

Wir belassen es bei einem weiteren Bier und gehen dann zurück zur Herberge. Gegen zehn Uhr liege ich bereits im Bett. Bevor ich jedoch einschlafen kann, beschäftigt mich eine Frage, über die ich mir schon in den letzten Tagen einige Gedanken gemacht habe. Hat mich der Jakobsweg in irgendeiner Weise verändert?

Ich denke, dass er mich sehr wohl verändert hat. Abgesehen natürlich von meinen körperlichen Wehwehchen, die mich von Anfang an verfolgt haben, hat der *camino* gerade auf emotionaler Ebene einiges mit mir angestellt. Er hat mich Dinge aus der Vergangenheit wieder zutage befördern lassen, die ich längst verdrängt hatte. Darunter schöne sowie auch weniger schöne Erinnerungen. Ich habe gelacht und geweint. Ich war mal sauer und mal traurig. Ich fühlte mich glücklich, aber auch mal ängstlich. Mal jubelte ich, mal verzweifelte ich. Der Weg hat Vieles aufgewühlt und zunächst ein Gedankendurcheinander hinterlassen. Doch dann hat er mir die Chance gegeben, darin aufzuräumen und Ordnung zu schaffen.

Das volle Ausmaß der Auswirkungen auf mein eigenes Leben werde ich wohl erst viel später erfahren. Aber wie es Martin mal ganz treffend gesagt hat, laufen viele Pilger den Weg, um etwas in ihrem Leben zu ändern. Ich dagegen habe gerade erst mein Abitur in der Tasche und es gibt nicht viel, das ich bereits ändern könnte. Es gibt nur viele Dinge, die ich in meinem Leben anfangen möchte. Das ist nur eine von vielen Erkenntnissen, für die ich wohl kaum eine bessere Reise unternehmen hätte können.

Ich betrachte den Jakobsweg als eine Art Therapie, deren Notwendigkeit ich zu Beginn meiner Pilgerreise nicht mal annähernd bewusst war. Sowohl körperlich, als auch mental, habe ich meine Grenzen kennengelernt, ausgereizt und in vielen Fällen auch überschritten. An Tagen, an denen ich völlig ausgelaugt war, hat es der Weg jedoch geschafft mich zu belohnen und um ein Vielfaches wieder aufzubauen. Der *camino* ist eine so intensive Erfahrung, die mich für immer prägen wird. Dessen bin ich mir sicher.

Schon morgen Abend werde ich von mir aufrichtig behaupten können, achthundert Kilometer auf dem Jakobsweg bis nach Santiago de Compostela gepilgert zu sein. Das war ein hartes Stück Arbeit und gehört in meinem jungen Alter zweifelsohne zu meinem größten Erfolgserlebnis. Darauf bin ich stolz und es erfüllt mich mit Glück.

Glück kommt eben nicht von alleine, klopft nicht an die Tür an und hat auch nichts mit Zufall zu tun. Glück ist zwar gut, aber kein Gut, das man einfach erwerben kann. Man muss etwas für sein Glück tun. Schließlich heißt es doch, dass jeder Mensch seines Glückes Schmied ist. Nun, mein Eisen glüht. Mein Leben fängt an ernst zu werden und es wird Zeit es zu formen. So zu formen, wie ich das möchte. Ich habe genau jetzt die Möglichkeit, für mein Glück etwas zu tun, mein Leben nach meinen Vorstellungen zu gestalten und schließlich zur bestmöglichen Version meiner Selbst zu werden.

Der Jakobsweg mag zwar morgen enden, aber mein Weg fängt gerade erst an.

heute: 30 km | gesamt: 760 km | verbleibend: 40 km

04. Mai 2012

Santiago de Compostela

Heute ist es also soweit. Der Jakobsweg führt unsere Pilgerreise zu einem absehbaren Ende. Nach unzählig zurückgelegten Kilometern fällt es mir auf einmal unerwartet schwer diese Tatsache zu realisieren, noch schwerer aber zu akzeptieren. Tage und Wochen habe ich auf diese Zielgerade hingearbeitet und nun bin ich doch überrascht, dass in wenigen Stunden alles vorbei sein wird. Natürlich freue ich mich nach wie vor unendlich auf zuhause, aber mir werden auch ganz sicher einige bereichernde Privilegien fehlen, die mir der Weg Tag für Tag geboten hat. Allem voran zweifellos meine Pilgerfreunde.

Ich stelle mir vor, wie es wäre eine letzte Etappe mit Mark, Yoo-kyung, Merle und Julia zu gehen und mit ihnen in Santiago de Compostela anzukommen. Da sie aber mehr als drei Tagesetappen von Arzúa trennen, wird es leider bei dieser Vorstellung bleiben. Die Gruppe scheint jedoch auch ohne mich in bester Gesellschaft zu sein. Luis und Claire komplettieren wieder die Konstellation der ersten Woche und auch Lucas hat sich ihnen vor ein paar Tagen angeschlossen. Dank Facebook bekomme ich immerhin ihre glücklichen Gesichter auf mehreren Bildern zu sehen.

Yoo-kyung hat in meinen Augen die einzig richtige Entscheidung getroffen. Sie hat ihren Flug nach Dublin umgebucht, um sich nicht von der eingeschweißten Pilgerfamilie trennen zu müssen. Ich finde es zwar immer noch schade, dass ich mich aufgrund meines Zeitdrucks schon nach einer Woche von der Gruppe verabschieden musste, aber es hat einfach so sein sollen. Lange war ich nicht einsam, ehe ich weitere tolle Pilger kennenlernen durfte. Besonders mit Anne und Martin hätte ich wohl keine bessere Pilgerbegleitung finden können.

Vergangene Nacht waren nicht etwa Schnarcher der Störenfried, sondern meine Gedanken, die mich bis in die frühen Morgenstunden nicht einschlafen ließen. Trotz dessen bin ich alles andere als müde, denn das Adrenalin hält mich hellwach.

Die heutige Etappe grenzt zum Abschluss nochmal an die vierzig Kilometer Marke. Eine Distanz, die in den meisten Fällen eine äußerst erschöpfende, mitunter aber auch grenzwertige Erfahrung war. Das Ziel dieser langen Reise ist nun nicht mehr mehrere Tage, sondern nur noch einen mehrstündigen Fußmarsch entfernt. Für diese letzte Wanderung zählen wir auf unsere Expertise und trauen uns die verbleibenden Kilometer an einem Stück zu. Genau genommen sind Anne und ich an diesem Tag ja so erfahrene Pilger wie noch zu keinem Zeitpunkt zuvor.

Allerdings verhalten wir uns heute gerade zu Beginn eher wie blutige Pilgeranfänger. Sicherlich werden wir ein wenig von der Euphorie angetrieben, aber wir legen schon sehr früh ein sehr zügiges, gar leichtsinniges Tempo an den Tag. Ja fast schon stürmisch heizen wir diverse Schotterpisten entlang.

Wenn wir uns jetzt nachlässig verhalten und unser Glück derart herausfordern, legen wir damit womöglich kurz vor dem Ziel noch eine Bauchlandung hin. Vierzig Kilometer sind immer noch vierzig Kilometer und wollen nicht unterschätzt werden.

In Anlehnung an unsere ungezügelte Pilgerweise, frage ich Anne schmunzelnd: »Kennst du die Geschichte von Ikarus und Daedalus?«

Sie nickt.

»Dann lass uns mal lieber nicht zu nah an die Sonne fliegen, sonst wird auch uns der Übermut zum Verhängnis werden…«, ermahne ich uns beide.

Anne stimmt mir zu. An unserer Gangart ändern wir nach meiner Märchenstunde und dem beabsichtigten Appell an unsere Vernunft dennoch kaum etwas.

Ich habe es prophezeit. Es passiert, was passieren musste. Auf einem engen, abfälligen Steinweg setzen wir gerade zum Überholen zweier älterer Pilger an. Plötzlich rutscht Anne auf dem feuchten Untergrund mit dem Fuß weg, verliert das Gleichgewicht und stürzt. Weil ich vor ihr gehe, bemerke ich es zu spät und kann sie nicht mehr abfangen. Als ich mich umdrehe, liegt sie bereits mit schmerzverzerrtem Gesicht rücklings auf dem Boden.

»Alles ok, Anne?«, erkundige ich mich sofort und helfe ihr aufzustehen. Im ersten Moment ist sie total perplex und sagt kein Wort. Das hat sie wohl nicht kommen sehen. Nicht am letzten Tag unserer Pilgerreise.

Vorsichtig macht sie ein paar Dehnbewegungen mit den Beinen und gibt dann zum Glück Entwarnung: »Alles okay, mir geht's gut. Bin nur etwas dreckig geworden…«

Ich bin erleichtert, kann mir aber einen leicht zynischen Kommentar nicht verkneifen: »Womöglich hätte dich dein Gehstock, den du so leichtfertig in Foncebadón weggeworfen hast, vor dem Sturz bewahrt.«

Vielleicht haben wir aber auch einfach nur diese eine Lektion gebraucht, um jetzt ein bisschen vom Gas zu gehen. Wozu überhaupt die Eile? Wir haben alle Zeit der Welt.

Einsichtig passen wir unser Tempo entsprechend an und sind nun vorsichtiger. Unserer Motivation tut diese Schrecksekunde aber keinen Abbruch. Im Gegenteil, heute hält uns nichts mehr auf! Und sollte uns das Glück gänzlich verlassen, kriechen wir eben auf allen Vieren bei Schneefall, Hagel und Gewitter nach Santiago.

Anne erzählt, dass sie sich noch nie eine schwerwiegende Verletzung zugezogen habe und heute alles daran setzen werde, es auch dabei zu belassen. Erfreulicherweise bin ich ebenfalls, bis auf ein paar wenige Kratzer, in der Vergangenheit davon verschont geblieben. Obwohl ich früher oft Skateboard gefahren bin, habe ich mir tatsächlich nie ernsthaft wehgetan, geschweige denn irgendwelche Knochen gebrochen. Lediglich meine Ellbogen mussten dabei das ein oder andere Mal herhalten, weswegen beide ein zierliches Wundmal schmückt. Auch im Gesicht hat sich eine kaum wahrnehmbare Narbe verewigt, nachdem ich mir als kleines Kind an einer Tischkante mit voller Wucht das Kinn angeschlagen habe. Das liegt aber so weit zurück, dass ich mich nichtmal mehr daran erinnern kann. Etwas weniger weit liegt ein Kindergeburtstag zurück, an dem wir eine Nachtwanderung durch den Wald unternommen haben. Weil wir trotz unserer Taschenlampen kaum etwas sehen konnten, habe ich mir dummerweise an einem Ast das linke Knie aufgeschnitten. Zwar hinterließ auch dies eine bleibende Narbe, dennoch sind das allesamt recht harmlose Blessuren gewesen.

Die einzige ernsthafte Operation, die ich bisher in meinem Leben hatte, war die nach einer Blinddarmentzündung. Als sich die ersten Symptome in Form von heftigen Magenschmerzen und Übelkeit bemerkbar machten, suchten wir sofort einen Arzt auf. Dieser stellte fest, dass sich die Entzündung bereits in einem akuten Stadium befand und ich schnellstmöglich behandelt werden musste. Noch am selben Tag wurde ich ins Krankenhaus gebracht und operiert. Bei einer solchen Operation geht es nicht etwa dem Blinddarm selbst an den Kragen, sondern an dessen Fortsatz. Wenn sich dieser derart stark entzündet, muss er in den meisten Fällen operativ entfernt werden.

Ich kann mich noch sehr genau an die Worte des Doktors erinnern, der mir bei einem späteren Termin die Fäden entfernte: »Das sieht gut aus. Die Narbe verheilt und man wird sie nicht mehr sehen können.«

Damit hat er nur teilweise Recht behalten. Denn die Narbe ist zwar verheilt, aber sehen kann man sie bis heute sehr deutlich.

Das Wetter ist nun sehr unbeständig und wechselt gefühlt alle dreißig Minuten. Mal regnet es sehr stark, mal nieselt es nur, mal scheint die Sonne, dann fängt es wieder an zu regnen und das ganze beginnt von vorne.

Am Wegesrand treffen wir auf einmal auf Henry, der es sich in einer Erdmulde im angrenzenden Feld gemütlich gemacht hat. Wenn es nunmal keine Sitzgelegenheit weit und breit gibt, muss man sich eben zu helfen wissen. Nach einer gemeinsamen Trinkpause, helfen wir ihm auf und er schließt sich uns glücklich an. Es dauert aber nicht lange und er fängt an, sich über alle möglichen Dinge zu beschweren. Besonders das Wetter scheint ihm zu missfallen. Henry ist merklich gereizt und muss offensichtlich ein bisschen Dampf ablassen.

Wir schenken dem Alleinunterhalter über mehrere Kilometer unsere offenen Ohren, bis wir schließlich eine kleine, mit Pilgern besetzte Bar erreichen, in der wir ein zweites, süßes Frühstück einnehmen. Zu unserem Schokocroissant und dem ColaCao bekommen wir allerdings zusätzlich auch ein Stamperl gereicht.

»Eigenkreation. Geht auf's Haus!«, erklärt uns die Dame hinter dem Tresen zuvorkommend. Zu dieser äußerst netten und gastfreundschaftlichen Geste sagen wir natürlich nicht nein.

Wir sprechen mit den *chupito* Bechern einen Toast auf unsere heutige Ankunft in Santiago aus, stoßen an und kippen den grünen, leicht glibberigen Pantsch runter. Während wir aufgrund des äußerst hohen Alkoholgehalts unsere Gesichter verziehen müssen, fängt die Barfrau plötzlich an zu lachen. Dann bedient sie einen anderen Pilger.

Fragend schauen wir uns an. Das war irgendwie gruselig. Doch dann müssen auch wir lachen. Wenn die Tante uns jetzt vergiftet hat, wäre das natürlich ganz und gar nicht lustig. Aber alleine die Tatsache, dass wir uns erst jetzt fragen, was da eigentlich drin war, finden wir höchst amüsant. Um den bleibenden Geschmack ein wenig zu neutralisieren, trinken wir die heiße Schokolade hinterher und essen das Gebäck. Danach verlassen wir die Bar und gehen unverzüglich weiter.

»Leute, wir können es noch rechtzeitig nach Santiago schaffen, bevor das Gift in unseren Blutkreislauf gelangt!«, scherzt Henry, der auf einmal in bester Feierlaune ist. Entweder zeigt der hochprozentige Kurze bei ihm bereits eine Wirkung oder er hat heute zuvor das ein oder andere Bier gezwitschert.

Nach einer Weile ist Henry aber schon nicht mehr so siegessicher. Denn trotz angeheitertem Zustand, kann er seine Schmerzen am Fuß nicht ausblenden. Er sieht sich gezwungen eine erneute Pause einzulegen.

»Leute, ich will euch nicht aufhalten. Ich schaff das schon!«, versichert er uns entschlossen und besteht darauf, dass wir weitergehen sollen.

Nach etlichen Kilometern und einem recht schönen Waldstück, erreichen wir eine Lichtung. Auf Höhe der Start- und Landebahn des Aeropuerto Lavacolla, dem Flughafen von Santiago de Compostela, gelangen wir schließlich an eine Stelle, an der wir zunächst nicht weiter kommen. Mitten auf dem Weg hat sich aus dem vielen Regenwasser von heute und vermutlich der letzten

Tage nicht nur eine große Pfütze, sondern gar ein kleiner See gebildet. An dessen Ufer stehen wir nun mit fragenden Gesichtern. Eine echte Alternative gibt es nicht, denn zur Rechten befindet sich lediglich die Autobahn und zur Linken der abgezäunte Flughafen. Aber irgendwie muss es ja einen Weg geben, um auf die andere Seite dieser Wasserlache zu gelangen.

Wir werfen einige Steine und stellen fest, dass die Pfütze nicht nur groß, sondern auch recht tief zu sein scheint.

»Und jetzt?«, überlege ich laut.

»Hm, wie haben es denn andere Pilger gemacht?«, fragt sich Anne auf der Suche nach Spuren.

Der Tag ist zwar noch relativ jung, aber wir sind sicherlich nicht die ersten Pilger, die diese Stelle heute erreichen. Dennoch können wir, abgesehen von einem querliegenden Baumstamm, keine Hilfsmittel sehen, die sich andere Pilger zunutze gemacht haben könnten.

Es vergehen sicherlich zehn Minuten, bis wir schließlich den Versuch wagen, mit Anlauf auf den Baumstamm zu springen, um darauf balancierend auf die andere Seite zu kommen. Weil Anne heute schon einmal gestürzt ist, bin ich das Versuchskaninchen und mache den Anfang.

Mit einem weiten Satz schaffe ich es, wenn auch knapp, auf den Baumstamm und von dort auf die andere Seite des kleinen Sees. Von hier kann ich nun den Stamm etwas besser ausrichten, sodass Anne nicht mehr mit Anlauf drauf hüpfen muss. Ohne nass zu werden, gelingt es schließlich auch ihr auf die andere Seite zu kommen.

In der Hoffnung anderen Pilgern damit einen Gefallen zu tun, lassen wir die provisorische Brücke genauso liegen. Die Kollegen vor uns haben den Baumstamm entweder völlig ignoriert und sind durch das Wasser gewatet. Oder irgendjemand hat, warum auch immer das jemand tun sollte, den Verbindungssteg absichtlich nochmal rückgängig gemacht. Vielleicht ja einfach, um die Anne und den Dominik vor eine weitere Herausforderung zu stellen, bevor sie ihre Pilgerreise heute beenden werden.

Wir erreichen Monte do Gozo. Ein Ort, der übersetzt soviel wie Berg der Freude bedeutet. Dieser Name könnte treffender nicht sein, denn von hier wird uns zum ersten Mal ein Blick auf Santiago de Compostela gewährt. Unglaublich, jetzt ist es wirklich nur noch ein Katzensprung. Dreißig Tage gehen wir dieser Stadt mühselig entgegen, nun stehen wir vor ihr und wollen es gar nicht wahrhaben.

Um den Jakobsweg kurz vor Schluss nochmal zu entschleunigen, gönnen wir uns in einem Café zur Beruhigung ein kühles Bier. Unsere Gläser erheben wir auf uns, den *camino* und Verena, die heute Geburtstag hat. Wir nutzen das verfügbare WiFi, um sie zu beglückwünschen und ihr mitzuteilen, dass wir gleich in dem Ort ankommen werden, wo wir die ganze Zeit hin wollten. Etwas angeschwipst brechen wir dann gen Zielgerade auf.

So sehr wir uns mit unseren müden Körpern darauf freuen, den täglichen Anstrengungen ein Ende zu bereiten, so sehr wollen wir das bevorstehende Ableben des Pilgerdaseins hinauszögern. Im Gegensatz zu heute Morgen, schleichen wir nun in einer Ruhe und Gelassenheit dahin und lassen uns viel Zeit damit, den gelben Pfeilen auf der Straße bergab zu folgen.

Irgendwann aber ist der Point of no Return erreicht und wir können nichts dagegen tun, als auf einmal alles ganz schnell geht. Wir gehen ein paar Treppenstufen hinunter und durchqueren einen Torbogen. Dann stehen wir auf dem Plaza del Obradoiro. Zu unserer Linken erhebt sich die Kathedrale von Santiago de Compostela. Das war's, wir sind da. Anne und ich sind am Ziel unserer Reise und am Ende unserer Kräfte. Wir liegen uns in den Armen und freuen uns, es endlich geschafft zu haben.

Natürlich sind wir nicht die Einzigen. Neben unzählig weiteren, glücklichen Pilgern, halten sich hier überwiegend Touristen aus aller Herren Länder auf. Wir bahnen uns einen Weg durch die Menschenmassen, bis wir schließlich vor der berühmten Kathedrale stehen. Aus gutem Grund gilt sie heute als eine der Größten und Schönsten weltweit.

Während wir ehrwürdig vor ihr stehen und schweigend die beindruckende Fassade bestaunen, werden wir völlig abrupt und etwas taktlos von einem asiatischen Touristen angesprochen: »Can you take a picture of me?«

Widerwillig tue ich ihm den Gefallen, muss aber feststellen, dass ich die offensichtliche Touristenhochburg Santiago total unterschätzt habe. Unter all den vielen Leuten fühle ich mich ganz plötzlich unglaublich eingeengt. Es ist fast so, als ob mir schlagartig jeglicher Freiraum und Platz zum Atmen genommen wird. Eine Wahrnehmung, die mir auf dem weitläufigen *camino* natürlich absolut fremd war. Dieser Ort lädt mich im Moment jedenfalls leider nur wenig zum Verweilen ein.

»Das sind mir irgendwie zu viele Touris hier. Wollen wir vielleicht später nochmal zurückkommen?«, frage ich Anne, unsicher wie sie die Situation empfindet.

Ohne zu zögern, pflichtet sie mir bei.

Wir begeben uns auf den Weg zum Pilgerbüro, das sich in unmittelbarer Nähe zur Kathedrale befindet. Dort angekommen sind wir um die späte Mittagszeit nahezu die Einzigen und müssen daher nicht lange warten bis wir an der Reihe sind.

An dieser Stelle ist Vorsicht geboten. Gibt man an, den Jakobsweg nicht aus religiösen Gründen gelaufen zu sein, bekommt man lediglich eine Art Teilnahmebestätigung in die Hand gedrückt, die den Pilgern die zurücklegte Kilometerzahl bescheinigt. Die eigentliche Compostela, die vermeintlich schmuckvoller und damit beliebter ist, bleibt den Pilgern vorbehalten, die ausdrücklich zu verstehen geben, dass sie der Glaube auf die Pilgerreise geführt hat. Zwar trifft das in unserem Fall nur partiell zu, aber anstatt unsere ganzen anderen Beweggründe aufzulisten, genügt ein einfaches »sí« auf die Frage der Dame im Pilgerbüro und wir erhalten die ersehnte Compostela. Bis auf das handschriftlich eingefügte Ankunftsdatum und meinen lateinisierten Namen, Domenicum Bernardum, verstehe ich kein Wort. Da müssen mir wohl meine Freunde mit einem großen Latinum aushelfen.

Gegen eine kleinen Aufpreis bekommen wir noch eine Rolle gereicht, in der wir die Compostela für die Rückreise sicher aufbewahren können. Mit dem Ankommen auf dem Platz vor der Kathedrale von Santiago de Compostela und dem Erhalten der offiziellen Pilgerurkunde haben wir unser großes Ziel nun erreicht. Wir verstauen die Rollen mit Samthandschuhen vorsichtig in unseren Rucksäcken und verlassen das Pilgerbüro.

Danach gönnen Anne und ich uns die wohl bisher teuersten Einzelzimmer überhaupt. Und nach einer wohltuenden Dusche sicherlich auch das bis dato teuerste Abendessen. Offensichtlich wissen die Gastronomen ganz genau, dass die Pilger nach ihrer langen Reise durchaus gewillt sind hier wesentlich mehr für Hotels und Restaurants zu bezahlen. Vermutlich aber ist es überwiegend der Massentourismus, der die hohe Nachfrage verursacht und damit die Preise derart in die Höhe treibt.

Wohl oder übel müssen wir akzeptieren nun wieder in der kommerzialisierten Welt angelangt zu sein. Ein bequemes Bett und etwas Leckeres zu essen haben wir uns heute aber mehr als verdient.

Bevor die Geschäfte schließen, gehen wir in einem Supermarkt noch ein paar Kleinigkeiten einkaufen. Um auch zuhause weiterhin am Morgen in den täglichen Genuss von meinem mittlerweile wohl absoluten Lieblingsheißgetränk zu kommen, lege ich mir unter anderem eine große Dose ColaCao Pulver zu. Hoffentlich lassen die mich am Flughafen mit dieser Errungenschaft durch den Sicherheitscheck. Wir legen die Einkaufstüten in unseren Zimmern ab und ziehen anschließend durch die Straßen Santiagos.

Spät nach Mitternacht, als wir zurück im Hotel sind, ändere ich auf Facebook meinen Status: »Finalmente llegado en Santiago de Compostela!«

heute: 40 km | gesamt: 800 km | verbleibend: 0 km

05. Mai 2012
Fisterra

An diesem Samstagmorgen wache ich mit einem zufriedenen Grinsen auf dem Gesicht auf. Ich fühle mich einfach großartig. Pünktlich vor zehn Uhr checken Anne und ich im Hotel aus und machen uns auf den Weg in die Innenstadt. Auf der Shoppingmeile kann Anne der Versuchung nicht widerstehen und springt sofort in ein Kleidungsgeschäft. Meine Wenigkeit muss kurzerhand als Berater herhalten. Für Männer gibt es in dem Laden zwar nur einen sehr überschaubar kleinen Bereich, dennoch werde auch ich fündig. Um morgen nicht mit meiner abgetragenen Hose in den Flieger steigen zu müssen, greife ich zu einer günstigen Jeans. Nachdem Anne sich ihres Kaufes dann auch endlich sicher ist, gehen wir in eine nette Bar gegenüber des Pilgerbüros und frühstücken das Übliche.

Es ist elf Uhr und die Pilgermesse beginnt in knapp sechzig Minuten. Obwohl uns geraten wurde, insbesondere am Wochenende bereits zwei Stunden vorher in die Kathedrale zu gehen, haben wir letztlich keine Probleme zwei freie Plätze zu finden. Wenig später treffen Henry und Matthias ein und gesellen sich neben uns. Auf der Bank zwei Reihen vor uns können wir Gerardo und Giacomo sitzen sehen.

Die Messe ist traumhaft schön und bildet nicht zuletzt allein schon aufgrund des Empfangs einen tollen Ausklang für unsere Reise auf dem Jakobsweg. Zu Beginn werden wir nämlich ganz persönlich zum Gottesdienst und in der Hauptstadt Galiciens willkommen geheißen. Neben dem vollen Namen, wird die zugehörige Nationalität und der Startpunkt der Wallfahrt eines jeden Pilgers vorgetragen, der innerhalb der letzten beiden Tage in Santiago angekommen ist und die Compostela erhalten hat.

Anschließend wird gebetet und viel gesungen. Als am Ende der Messe die aufwühlende Orgelmusik ertönt, werde ich emotional. Es ist der Moment, in dem ich nun gänzlich realisiere, dass das Kapitel Jakobsweg zu Ende geht. Was folgt, ist ein beeindruckendes Bild, das es so sicherlich nur einmal in den Kirchen dieser Welt zu sehen gibt. Ein großer Weihrauchkessel wird von mehreren Messdienern in die Höhe befördert und über einen Seilzug völlig kontrolliert zum Schwingen gebracht. Wie ein Pendel, fliegt der sogenannte Botafumeiro im Querschiff der Kathedrale nur knapp über die Köpfe der Leute. Während ich mich frage, ob es hierbei in der Vergangenheit schon Verletzte gab, verteilt sich der Weihrauchgeruch binnen weniger Augenblicke im gesamten Gotteshaus. Dutzende Handys und andere Kameras werden in die Höhe geragt, um das Spektakel in Bild und Ton festzuhalten. Ich sitze nur da und genieße den Moment.

Nach etwa vierzig Minuten ist die Messfeier offiziell beendet. Um einigen der Bräuche der Pilgergemeinschaft zu folgen, legen Anne und ich andächtig unsere Arme über die Schulter der goldenen Santiago Figur direkt hinter dem Altar und betreten anschließend die Krypta, das Grab des heiligen Jakobus.

Danach fangen die meisten Pilger an sich von ihren Weggefährten zu verabschieden. Hier trennen sich die Wege. Auch Giacomo und Gerardo kommen auf uns zu und wollen Lebewohl sagen. Die beiden werden den verbleibenden Weg zum Kap Finisterre zu Fuß gehen. Wenn sie dort ankommen, sind Anne und ich schon längst wieder zuhause in Deutschland.

Buen camino, Gerardo y Giacomo!

Während uns die heutige Pilgermesse von vergangenen Sünden befreit hat, werden den Pilgern im Heiligen Jahr sogar auch die Sünden vergeben, die in der Zukunft liegen. Da der 25. Juli, der Namenstag des Heiligen Jakobus, aber leider erst wieder im Jahr 2021 auf einen Sonntag fällt, beflecken wir mit dem Besuch in einem Fast Food Restaurant gleich schon wieder unsere weiße Weste.

Nach der schuldvollen Stärkung, brechen wir mit unserem schweren Gepäck zum Busbahnhof auf, wo wir uns schließlich ein Ticket für die Fahrt nach Fisterra kaufen. Es sind etwas weniger als einhundert Kilometer, die Santiago de Compostela von Fisterra trennen. Zu Fuß entspricht das mindestens drei Tagesetappen. Aus drei Tagen Wandern wird nun allerdings drei Stunden Busfahren. Von einem Moment auf den anderen mutieren Anne und ich heute also zu waschechten Buspilgern. Oft haben wir uns, meist mit gespielter Ernsthaftigkeit, über solche Leute echauffiert. Jetzt gehören wir selbst dazu.

Zunächst haben wir ein schlechtes Gewissen und es fühlt sich irgendwie falsch an. Doch dieses Empfinden weicht schon bald der Euphorie. Denn Santiago war unser erklärtes Ziel und das haben wir per pedes erreicht. Wir sehen zwar immer noch nach solchen aus, aber mit der gestrigen Ankunft in der Hauptstadt Galiciens haben wir unser Pilgerdasein gemeinsam beendet. In meinen Augen steht es damit uns heute rechtmäßig zu, ohne Gewissensbisse den Bus zu nehmen. Nach achthundert Kilometern mühsamen Fußmarsches ist es jedoch wahrlich merkwürdig, in einem Fahrzeug zu sitzen und ohne Zutun derart schnell von A nach B zu gelangen.

Trotz unserer anfänglichen Bedenken scheinen in Fisterra auch Buspilger, zumindest aus wirtschaftlichem Interesse, sehr willkommen zu sein. Wir sind aus dem Bus noch nicht einmal ausgestiegen, schon werden uns sämtliche Flyer von Hotels und Pensionen in die Hand gedrückt. Da uns diese Art von Werbung aber ein wenig suspekt ist, beschließen wir uns zunächst selbst auf die Suche nach einer Unterkunft zu machen.

Es dauert nicht lange und wir finden ein recht zentral gelegenes Hotel, in dem wir aufgrund des hohen Preises ein Doppelzimmer nehmen. Ohne viel Zeit zu vergeuden, legen wir nur kurz unsere Rucksäcke ab und gehen danach gleich wieder los. Schließlich ist heute mein letzter Tag und das Wetter ist phänomenal. Gerade am Ende unserer Reise meint es der liebe Petrus nochmal gut mit uns.

In einem Supermarkt kaufen wir Baguettes, Schinken, Käse und Dosenbier. Damit laufen wir etwa drei Kilometer ein letztes Mal gen Westen und gelangen dann an das vor langer, langer Zeit irrtümlich benannte Ende der Welt, dem Kap Finisterre. Bevor wir den Leuchtturm erreichen, weist uns ein letzter Meilenstein mit dem Schriftzug »0,00 K.M.« auf das allzu Offensichtliche hin: Weiter geht es nicht. Um die Halbinsel, auf deren Granitgestein wir gerade stehen, erstreckt sich der Atlantische Ozean. Ein bedeutsamer und wundervoller Ort.

Auch hier gibt es natürlich einige Bräuche. Einer davon veranlasst beispielsweise viele Pilger an einer Feuerstelle eines ihrer Kleidungsstücke, ein Paar Schuhe oder wahlweise auch ihre Socken zu verbrennen. Allerdings habe ich gelesen, dass diese Gepflogenheit stark in der Kritik steht und sich erst in den letzten Jahren eingeschlichen haben soll. Da mir meine Klamotten trotz ihres derzeitigen Zustands aber ohnehin viel zu schade sind, fällt es mir nicht schwer auf diesen Usus zu verzichten. Mit der Pilgerreise kann ich auch auf andere Weise abschließen.

Anne und ich klettern die zum Glück wenig besuchte Bucht hinunter und nehmen auf einem Felsen schließlich unser Picknick zu uns. Nach nur wenigen Minuten werden wir von dutzenden Möwen eingekreist, die es gierig auf unsere *bocadillos* abgesehen haben. Jedoch gelingt es mir sie mit fuchtelnden Armbewegungen so sehr einzuschüchtern, dass sie uns schnell wieder in Ruhe lassen.

Wir genießen die traumhaft schöne Aussicht auf den Atlantik und den abendrötlichen Himmel. Schweigend sehen wir uns den Sonnenuntergang an, bis das Tageslicht schließlich hinter dem Horizont verschwindet.

Bei Vollmond machen wir uns im Dunkeln auf den Rückweg. Zum ersten Mal gehen wir nun in die entgegengesetzte Richtung des Jakobswegs. Symbolisch betrachtet, bedeutet dieser Moment das Ende der Pilgerfahrt und der Beginn der Heimreise.

Sonnenuntergang am Ende der Welt

Am nächsten Morgen stehen Anne und ich etwa gegen zehn Uhr auf. Nicht nur time flies, sondern auch mein Flieger. Und zwar heute Abend um elf Uhr. Den letzten Tag möchte ich daher nutzen, zumal das Wetter heute nochmal vom Allerfeinsten ist.

Am Hafen nehmen wir bei einem Italiener ein leckeres Frühstück zu uns. Während Anne danach in eine günstigere Unterkunft umzieht, gehe ich mit vollem Gepäck zum Strand. Ihr Rückflug geht erst übermorgen und sie wird daher noch zwei weitere Nächte in der schönen Küstenstadt bleiben. Beneidenswert. Aus der Tourismusmetropole Santiago wollten wir beide schnell wieder raus, aber hier, am Ende der Welt, möchte man einfach gerne länger verweilen.

Wenig später leistet mir Anne dabei Gesellschaft, den Strand nach Muscheln abzusuchen. Wir werden beide fündig und lassen einige Exemplare in unseren Hosentaschen mitgehen, darunter auch winzige Babyjakobsmuscheln. Hoffentlich gelingt es uns diese Schätze unversehrt nach Hause zu bringen.

Kurz vor meiner Heimreise am Strand von Fisterra

Zum Mittagessen treffen wir schließlich Henry, den wir heute Morgen zufällig am Hafen unter den neu angekommenen Pilgern gesehen haben. Seinen ersten Eindruck von diesem Ort beschreibt er mit seiner häufig benutzten Lieblingsphrase: »Total abgefahren!«

Im Anschluss an unseren gemeinsamen Lunch begibt er sich zum Kap Finisterre, um dort ebenfalls mit seiner Reise abzuschließen. Auch er plant noch mindestens zwei weitere Nächte hier zu bleiben.

Ich dagegen trete meine Heimreise an. Neben der Bushaltestelle, zu der mich Anne begleitet hat, befindet sich ein Fremdenverkehrsbüro. Dort können sich Pilger nicht nur einen letzten Stempel geben lassen, sondern auch ein weiteres Zertifikat. Wir haben gehört, dass diese Urkunde, im Gegensatz zur Compostela, sogar Buspilgern ausgestellt werde. Da ich vor meiner Abfahrt ohnehin noch etwas Zeit habe, reihen wir uns in die lange Schlange vor dem Eingang des noch geschlossenen Büros ein. Die Nachfrage scheint äußerst groß zu sein.

Etwas verspätet werden die Pforten nach einer Weile geöffnet. Allerdings dauert es eine halbe Ewigkeit bis die Zahl der Menschen vor uns merklich weniger wird. Da mein Bus nun bereits an der Haltestelle einfährt, bin ich leider gezwungen die Schlange zu verlassen. Aber damit kann ich leben. Die Urkunde habe ich mir nicht verdient. Schließlich haben mich nicht meine Füße nach Fisterra gebracht, sondern ich habe mich bringen lassen.

Anne folgt mir bis zum Bus, wo wir uns schließlich voneinander verabschieden. Ob wir uns im Leben nochmal begegnen werden, können wir beide nicht sagen. Aber wer weiß das schon so genau? Ich steige in den Doppeldecker ein, kaufe mir beim Fahrer ein Rückfahrtticket nach Santiago und setze mich ans Fenster. Als sich der Bus in Bewegung setzt, winke ich Anne ein letztes Mal Lebewohl.

Während das Meer zu meiner Rechten an mir vorbei rauscht, lasse ich gedanklich einige Erinnerungen meiner Reise nochmal Revue passieren. Ich rufe mir sämtliche Begegnungen in den Kopf, die den Jakobsweg zu einer so bereichernden Erfahrung für mich gemacht haben.

Meine Pilgerreise hätte keinen besseren Anfang nehmen können. Denn schon am ersten Tag lernte ich in Saint-Jean meine wohl engsten Pilgerfreunde kennen: die »Assa!«-Urheberin Yookyung aus Südkorea, den kolumbianisch-niederländischen Paradiesvogel Mark sowie Claire aus den USA mit ihrem mexikanischem Lebensgefährten Legolas aka Luis.

Nur wenig später folgten die Düsseldorfer Geschwister Merle und Julia, der US-Amerikaner Lucas aus Chicago, die sympathische Baskin Joana, meine Irrfahrtkollegin Mara aus Südafrika, die Amerikanerin Becky, deren gemeinsame slowakische Pilgerfreundin Vladimira, die trinkfeste Amerikanerin Emily, der italienische Nintendo Mario Synchronsprecher Denis, die Lufthansa Flugbegleiterin Elke, der Segelflieger Fritz, der irre Ire Jonathan, unsere erste Kandidatin beim Nationen-Raten Verena, der mit seinem Vollbart spanisch anmutende Matthias, der »total abgefahrene« Boxer Henry, der Paulo Coelho Verschnitt Giacomo, mein spanischer Pilgeramigo Gerardo und nicht zuletzt meine zwei treuen und mir so wichtigen Weggefährten, mit denen ich einen Großteil des Jakobswegs absolvieren durfte, den verschmitzt lächelnden Martin und die groß gewachsene Anne. Ich bin dankbar für jeden einzelnen von ihnen.

Auch die anderen Pilgerbekanntschaften, die ich unterwegs auf dem *camino*, in einer Pause, den Herbergen oder in einer der vielen Bars gemacht habe, werde ich noch lange in Erinnerung behalten.

All diese Menschen waren für mich die größte Bereicherung des Jakobswegs.

Nach einer Weile muss ich gegen meine nun immer stärker werdende Müdigkeit ankämpfen. Kurzzeitig habe ich sogar schon Tagträume und bilde mir ein, dass Steve Jobs am Steuer dieses Busses sitzt. Über den Rückspiegel kann ich ihn mir etwas genauer ansehen. Der Fahrer hat aufgrund seiner wenigen Haare auf dem Kopf eine recht hohe Stirn. Zudem trägt er einen Dreitagebart, eine rahmenlose Brille mit runden Gläsern und auch noch einen schwarzen Rollkragenpullover. Das Cover des Steve Jobs Hörbuchs lässt grüßen. Sollte er unter seinen Kollegen heute einen Kostümwettbewerb am Laufen haben, dann stehen seine Chancen gar nicht schlecht.

Ich schaue wieder aus dem Fenster und muss schmunzeln. Erschöpft, aber zufrieden wie nie zuvor, gebe ich mich schließlich geschlagen und lasse mich vom Geschaukel des Busses in den Schlaf wiegen.

Viel zu früh komme ich mit dem Airport Shuttle am Flughafen von Santiago de Compostela an. Ich gebe mein Gepäck auf und setze mich nach dem Sicherheitscheck an meinem Gate auf eine Bank. Dort verbringe ich die Wartezeit damit, draußen interessiert das Geschehen zu beobachten.

Irgendwann fährt der verspätete Airbus A320 direkt vor meiner Nase ein. Das Flugzeug kommt zum Stehen und gewährt mir einen tollen Blick in das Cockpit. Wie ein neugieriges Kind stehe ich da mit meiner Nase an die Scheibe gepresst. Ich sehe mir den Kapitän und seinen Copiloten an. So ganz habe ich mit dem Traum noch nicht abgeschlossen.

Wenig später sitze ich zusammengepfercht als Passagier im brechend vollen Flieger und bekomme nochmal deutlich schlimmere Platzängste, als das bei unserer Ankunft auf dem Plaza del Obradoiro der Fall war. Erneut vermisse ich sofort das Gefühl von Freiheit, das ich im vergangenen Monat so sehr genossen habe. Aber irgendwie schließt sich hier auch ein Kreis. Alles fing mit einer nicht enden wollenden Busodyssee an. Nun hört meine Reise in einem viel zu warmen und klaustrophobisch engen Flugzeug auf. Aber der Jakobsweg hat mir gelehrt die Ruhe zu bewahren, die Situation so zu akzeptieren, wie sie nunmal ist und das Beste aus ihr zu machen. In meinem Fall bedeutet das, den Geruch von Kerosin sowie meinen Fensterplatz auf Höhe der Tragflächen, von wo aus ich die Klappen und Ruder beobachten kann, auf den wenigen Flugstunden zu genießen. Das hilft.

Nach weiteren zwanzig Minuten Verspätung, heben wir endlich ab und lassen die Hauptstadt Galiciens hinter uns. Der Kapitän gibt über die Lautsprecher ein paar Fluginformationen durch und wünscht den Passagieren dieser spanischen Airline einen angenehmen Flug: »Buen vueling!«

Mitten in der Nacht habe ich anschließend einen mehrstündigen Aufenthalt im menschenleeren, dunklen und kalten Flughafen El Prat in Barcelona. Ohne Erfolg, versuche ich vergeblich auf zwei zusammengeschobenen Sitzbänken eine bequeme Liegeposition einzunehmen.

Über dreißig Stunden bleibe ich ohne Schlaf, als ich an diesem Montagmorgen mit meinem frühen Anschlussflug schließlich am Franz Josef Strauß Flughafen in München lande. An der Gepäckausgabe erhalte ich als einer der letzten Fluggäste meinen Rucksack. Er ist ein wenig dreckig geworden, scheint aber nicht beschädigt zu sein. Ein letztes Mal hieve ich ihn mir auf den Rücken und bewege mich damit in Richtung Ausgang.

Als sich die automatische Schiebetür öffnet, sehe ich meine Mutter. Sie hat Tränen in den Augen.

Nachwort

Nur achtundvierzig Stunden nach meiner Heimreise vom Jakobsweg fuhr ich nach München, um zum besagten Eignungstest anzutreten. Neben einem persönlichen Gespräch mit der Studienberatung, absolvierte ich eine theoretische Prüfung, fertigte die Zeichnung einer Naturstudie an und skizzierte zudem eine Bildfolge zu einer von zwei vorgegebenen Geschichten. Bevor ich überhaupt anfing sie mir durchzulesen, fiel meine Wahl intuitiv auf die Zweite von ihnen. Sie stammte von keinem Geringeren als Paulo Coelho.

Nach weniger als einer Woche, erhielt ich postalisch den Bescheid, den Eignungstest bestanden zu haben. Im Zuge des weiteren Bewerbungsprozesses, sollte ich zuletzt noch eine eigene Mappe meiner bisher besten Arbeiten erstellen. Trotz meines fehlenden Zeichentalents, reichte mein Erzeugnis aus, um folglich einen Studienplatz angeboten zu bekommen.

Im September, etwa einen Monat vor Semesterbeginn, erreichte mich ein Anruf der Hochschulleitung. Darin wurde mir mitgeteilt, dass der Studiengang aufgrund zu geringer Teilnehmerzahl in München nicht zustande kommen könne. Im selben Atemzug wurde mir jedoch auch gesagt, dass an ihrem zweiten Standort in

Berlin das Erstsemester für denselben Studiengang regulär starten würde und ich dort bei Interesse einen sicheren Platz hätte.

Zunächst war ich verunsichert, ob ich das vielleicht als Zeichen deuten solle. Letztlich fing ich aber an, Gefallen an der Idee zu finden, in die große Hauptstadt zu gehen. Ich baute meine Zelte in der Heimat ab und zog nach Berlin. Während es meine Freunde, Familie und den Tennisclub in kürzester Zeit zu verabschieden galt, hoffte ich innerlich damit die richtige Entscheidung getroffen zu haben.

Am 1. Oktober 2012 begann ich schließlich an der Mediadesign Hochschule in Berlin Digital Film Design zu studieren. Nachdem ich das Studium im ersten Semester schon fast abgebrochen hätte, wurde mir dreieinhalb Jahre später, im März 2016, als Jahrgangsbester das Bachelorzeugnis überreicht. Kurz darauf bekam ich von einem der weltweit erfolgreichsten Unternehmen der Visual Effects Branche in London meinen neuen »Traumjob« angeboten.

»Sometimes life hits you in the head with a brick. Don't lose faith.«, sagte einst Steve Jobs.

Mir persönlich warf das Leben einen Stein an den Kopf, als mir meine Mutter am Bahnhof in Hamburg den Brief von der Lufthansa vorlas. Sechs Jahre später blicke ich nun auf meinen damaligen Berufswunsch zurück.

Die einst attraktiven Konditionen der Ausbildung bei der Lufthansa haben sich in den vergangenen Jahren deutlich verschlechtert. Die Wartezeit für den Start der Ausbildung an der Verkehrsfliegerschule in Bremen stieg von mehreren Monaten auf gar mehrere Jahre an. Zudem werden Nachwuchspiloten nicht mehr in den Konzerntarifvertrag der Lufthansa übernommen. Gleichzeitig bildet die Airline aber weiterhin mehr Piloten aus, als sie einstellen kann. Nach absolvierter Schulung droht damit nicht nur die Arbeitslosigkeit, sondern auch die Schuldenfalle. Viele versuchen sich mit einem Studium ein zweites Standbein aufzubauen. Andere sind auf mehrere Nebenjobs angewiesen, um den hohen Kredit irgendwie stemmen zu können.

Mit dem Scheitern bei den Tests bin ich derartigen Unannehmlichkeiten unweigerlich aus dem Weg gegangen. Die Türen bei der Lufthansa haben sich für mich verschlossen, viele andere aber geöffnet. Der vermeintliche Misserfolg war letztlich sogar das Beste was mir hätte widerfahren können. Er war ein Wegweiser für den Weg, auf dem ich mich jetzt befinde. Wäre ich anders abgebogen, hätte ich vermutlich nie meine Leidenschaft für die Erstellung von visuellen Effekten für Filme entdeckt. Diese Erkenntnis öffnet mir die Augen und zeigt das Potential des Lebens auf. Es gibt so viel mehr Wege und Pfade, als die, von denen wir glauben zu wissen.

»Be who you want to be«, lautet ein Karriereslogan der Lufthansa, den ich ab sofort beim Wort nehme.

Anders als in der Schule, habe ich nun meine Vokabeln gelernt. Ausreichend reicht mir nicht mehr aus. Gut ist mir nicht gut genug. Ich bin ehrgeizig geworden und möchte kein durchschnittliches Leben. Was ich möchte, ist ein Leben mit Bedeutung und Zweck. Weniger dem Gewöhnlichen hinterher traben und mehr nach dem Besonderen streben. Zu einem besonderen und erfüllten Leben braucht es besondere und erfüllende Ziele. Ich bin wissbegierig und möchte fortan stetig neue Dinge lernen, ausprobieren, mich körperlich sowie mental herausfordern, Bücher schreiben, Marathons laufen, die Welt bereisen, meine Komfortzone verlassen, Risiken eingehen und einfach als Mensch wachsen.

Nicht zuletzt möchte ich mir aber auch meinen großen Traum aus Kindheitstagen erfüllen: einen privaten Flugschein für motorisierte Kleinflugzeuge machen und… Pilot werden.

»Von nichts kommt nichts!« und »Wo ein Wille ist, ist auch ein Weg!«, sind rückblickend betrachtet weitaus mehr als zwei gut gemeinte Ratschläge, die ich als Kind oft eingetrichtert bekommen habe. Es hat ein paar Jahre gebraucht, aber der Wille ist nun endlich da und ich bin auf dem richtigen Weg.

Dankbar, wie sich die Dinge auf meinem *camino* nach dem Jakobsweg in den Folgejahren gefügt haben, glaube ich nun fest daran, dass sie das auch in Zukunft tun werden. Voller Zuversicht blicke ich auf das, was der Weg für mein Leben bereithält.

»You can't connect the dots looking forward; you can only connect them looking backwards. So you have to trust that the dots will somehow connect in your future.«, eine Lebenseinstellung, die Steve Jobs bei seiner Rede den Absolventen der Stanford University 2005 mit auf den Weg gab.

Eine zu ihm sehr ähnliche Weisheit konstatierte bereits im neunzehnten Jahrhundert der dänische Schriftsteller, Theologe und Philosoph Søren Kierkegaard: »Man kann das Leben nur rückwärts verstehen, aber man muss es vorwärts leben.«

Ultreya.

Bis zu diesem Tag trage ich den Schlüsselanhänger an mir, den ich von Mark in Puente la Reina geschenkt bekommen habe. Er lässt mich auf meine lebensverändernde Erfahrung auf dem Jakobsweg zurückblicken und deutet mir noch heute den Weg.

Druck:
Canon Deutschland Business Services GmbH
im Auftrag der KNV-Gruppe
Ferdinand-Jühlke-Str. 7
99095 Erfurt